本书受国家社科基金项目"甲骨文所见殷商灾害研究"（12CZS046）和河南省高等学校哲学社会科学基础研究重大项目"甲骨文所见殷商时期灾患观念与社会应对"（2020-JSZD-08）资助

甲骨文所见殷商灾害研究

刘继刚 著

科学出版社
北京

内 容 简 介

本书是一部利用甲骨文研究殷商时期灾害与社会应对的专著。全书共分为六个部分。第一部分，绪论。将目前学界利用甲骨文进行灾害研究的成果进行较为全面的综述，交代了本书研究的整体思路和主要方法。第二部分，灾害的基本概况。主要包括水灾、旱灾、虫灾、传染性疾病、风灾、冰雹、火灾、地震，以及其他灾害，分别用文献、考古与古文字资料相互印证。第三部分，灾害的基本特征。灾害种类较多，后世的主要灾害在这一时期基本已经出现。农业自然灾害占有较大比重，以水、旱和虫灾为主要灾种的农业自然灾害在卜辞中数量较大，反映了商代以农业为主体的生产结构。第四部分，防灾活动。包括祭祀卜问各类神灵等消极的防御措施和占卜天文气象、巡视生产、储粮备荒等积极的防御措施。第五部分，救灾活动。商代基本形成了以商王为首巫、群巫为主体的精神救助体系和以商王为主、群臣为成员的物质救助体系。第六部分，殷商时期的灾害与生态环境。从甲骨文所反映的灾害基本情况来看，殷墟一期、二期占卜大雨、延雨等反映降水状况的辞例，占卜河流泛滥的辞例，宁水的辞例均有出现，而三期、四期燎祭的辞例更为丰富，反映祈雨内容的辞例较多。灾害与生态环境之间具有较为紧密的互动关系。本书逻辑严谨、材料丰富、内容翔实、论述详略得当。

本书可供从事古文字学、考古学、历史学及相关学科的研究者和大专院校相关专业师生阅读、参考。

图书在版编目（CIP）数据

甲骨文所见殷商灾害研究 / 刘继刚著. —北京：科学出版社，2022.5
 ISBN 978-7-03-072233-1

Ⅰ.①甲⋯ Ⅱ.①刘⋯ Ⅲ.①甲骨文-研究②灾害防治-研究-中国-商代 Ⅳ.①K877.14②X432-092

中国版本图书馆 CIP 数据核字（2022）第 077508 号

责任编辑：张亚娜　闫广宇 / 责任校对：王晓茜
责任印制：肖　兴 / 封面设计：席　乐

科学出版社 出版
北京东黄城根北街16号
邮政编码：100717
http://www.sciencep.com

中国科学院印刷厂 印刷
科学出版社发行　各地新华书店经销
*
2022 年 5 月第 一 版　开本：880×1230 1/32
2022 年 5 月第一次印刷　印张：7
字数：210 000

定价：108.00 元
（如有印装质量问题，我社负责调换）

序　　言

殷商是中国历史上的第二个朝代，是中国第一个有直接的同时期文字记载的王朝。商朝经历了三个大的阶段：先商、早商和晚商。盘庚迁殷后，国都稳定，在今河南安阳一带建都长达273年。1899年，晚清金石学家王懿荣发现了来自河南安阳的甲骨文，百余年来，数量众多的甲骨为研究殷商时期的历史与社会提供了极为珍贵的资料。

2003年春，非典型性肺炎在广州首发个案，之后在全国传播开来，对国人和世界都产生了巨大的震动。有鉴于此，我和我的研究生们一起商议进行一个关于中国灾害史系列研究的选题，以断代的方式分工合作。继刚当时是我指导的硕士研究生，他之前一直是历史学专业，由他负责研究先秦时期的灾害。2005年，他成为我的博士研究生，继续完成先秦灾害研究的任务。2008年9月，他的博士论文出版，成为我主编的《中国灾害通史》的第一卷本《先秦卷》。博士毕业后，继刚多次和我谈起未来的研究方向，我建议他还是要利用新材料在先秦灾害史中进行更深层次的挖掘。2012年，他申报的国家社科基金项目《甲骨文所见殷商灾害研究》获得立项，为他未来的研究提供了有力支撑。

学术界利用甲骨文对殷商时期的社会和历史进行研究由来已久，也取得了丰硕成果，但利用甲骨文对殷商时期的灾害进行研究的成果尚不多见。继刚利用甲骨文和考古材料对文献记载的殷商灾害史料进行对比印证研究，更为全面地展示了殷商时期灾害的发生、发展，对灾害与社会之间的互动关系进行了细致探讨，丰富了先秦灾害史的内涵，具有尝试性意义。在课题研究过程中，他还发表了多篇学术论文，对于殷商时期灾害的研究有了更为深刻的认识。

书中仍然沿用了传统灾害研究的范式，以梳理灾害史料、分析灾害特征、挖掘防灾救灾措施、考察灾害与生态环境关系为主要框架，理清了殷商时期灾害的基本脉络。由于甲骨辞例和考古材料记载并不完整，作者以传世文献为主线，进行多种材料的对比研究，以准确呈现灾害的状况，这是符合马克思主义历史观的，也很好地避免了陷入片面的灾害史观。

继刚博士从本科到研究生阶段攻读的一直是历史学专业，在文献上花了不少功夫，尤其是先秦文献真伪掺杂，着实让他付出了不少精力。他读书期间多次和我谈到先秦灾害史料太少，且记载简略，必须要借助于古文字材料、考古材料进行丰富和拓展。一方面他选修了古文字和考古课程，另一方面还积极向相关专业同学请教，甚至合作开展研究，才让他在先秦灾害史研究上打开了一条通道。毕业后，他能转向用甲骨卜辞来探讨殷商灾害问题，说明他具有积极探索的勇气，这一点值得称赞。但毕竟他在甲骨学方面的功底还比较薄弱，对材料的运用难免会有不当之处，还望学界专家能对其指正。

继刚博士也深知甲骨文非其所长，书稿撰写过程中常常向古文字学、考古学的老师和同学们请教，让我甚感欣慰。求学的路上需要不耻下问、博采众长，希望继刚以后的学术道路越走越宽。

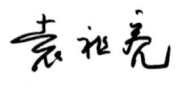

2022 年 4 月 26 日

凡　例

1. 释文中，缺一字用"□"表示，缺两字用"□□"表示，所缺字数不明确者用"☒"表示。凡残字或可根据辞例拟补的字用"〔　〕"符号表示。

2. 释文通常采用严式。对于某些已经沿用多年或用法较为固定的通假字，不标注本字，统一使用现行通用字，如"鼎"使用"贞"；对于一些暂未得到确释的字，我们采取学界考释成果并加注出处；对于其他字，我们多采用隶定，不再标明其通用字，如"㞢"可以用为"又""侑"，我们统一采用"㞢"。

3. 本书引用卜辞，命辞末尾一般标问号，不标句号。

4. 本书对于殷墟甲骨组类的判定主要依据黄天树先生《殷墟王卜辞的分类与断代》一书。

5. 一般性文字陈述采用简体字、通行字。引用原释文或强调者除外。

6. 正文中的引书，在首次引用时用全称，其后使用简称，如"《合集》""《合补》""《屯南》""《英藏》"等。著录全称及简称请参照"甲骨著录及简称对照表"。

7. 其他需要提示或说明的内容，参阅脚注。

甲骨著录及简称对照表

《续存》《甲骨续存》,胡厚宣,群联出版社,1955年。

《怀特》《怀特氏等收藏甲骨文集》,许进雄,加拿大皇家安大略博物馆,1979年。

《屯南》《小屯南地甲骨》,中国社会科学院考古研究所,中华书局,1980年上册(含2分册)、1983年下册(含3分册)。

《合集》《甲骨文合集》,郭沫若,中华书局,1978~1982年。

《英藏》《英国所藏甲骨集》,李学勤、齐文心、艾兰,中华书局,1985年。

《合补》《甲骨文合集补编》,彭邦炯、谢济、马季凡,语文出版社,1999年。

《花东》《殷墟花园庄东地甲骨》,中国社会科学院考古研究所,云南人民出版社,2003年。

《村中南》《殷墟小屯村中村南甲骨》,中国社会科学院考古研究所,云南人民出版社,2012年。

目　　录

序言 ··· i
凡例 ··· iii
甲骨著录及简称对照表 ··· v
绪论 ··· 1
 第一节　甲骨文与殷商灾害研究概述 ································· 2
 第二节　基本思路、研究方法和几个需要说明的问题 ················· 6
  一、基本思路 ·· 7
  二、研究方法 ·· 7
  三、对殷商时期灾害的界定 ······································· 9
  四、关于本研究所选用卜辞资料的说明 ··························· 10
第一章　殷商时期灾害的基本概况 ····································· 15
 第一节　水灾 ·· 15
  一、历史文献所见殷商时期的水灾 ······························· 15
  二、甲骨文所见殷商时期的水患 ································· 19
  三、考古发现与殷商时期的水患 ································· 30
 第二节　旱灾 ·· 31
  一、历史文献所见商代的旱灾 ··································· 31
  二、殷墟甲骨文所见的旱情 ····································· 33
  三、考古发现所见商代旱灾 ····································· 44
 第三节　虫灾 ·· 45
  一、历史文献所载商代的虫灾 ··································· 46
  二、甲骨文所见的"龖"字与商代的虫灾 ························· 47
  三、考古发现所见商代的蝗灾 ··································· 51

第四节　传染性疾病·····································53
　　　　一、历史文献和考古材料所见的传染性疾病·············53
　　　　二、甲骨文所见的疫病·································55
　　第五节　风灾···58
　　　　一、历史文献所见风灾·································58
　　　　二、甲骨文所见大风之祸·······························59
　　第六节　冰雹···62
　　　　一、历史文献所见冰雹灾害·····························63
　　　　二、殷墟甲骨文所见的冰雹灾害·························64
　　第七节　火灾···65
　　第八节　地震···67
　　　　一、历史文献所见的地震·······························67
　　　　二、殷墟甲骨文中的"震"字与震灾······················68
　　第九节　其他灾害性天气·······························70
　　　　一、雷···70
　　　　二、霾···71

第二章　甲骨文所见殷商时期灾害的基本特征···············73
　　第一节　灾害种类较多·································73
　　第二节　农业自然灾害严重·····························75
　　第三节　气候变化诱发灾害频发·························77
　　第四节　灾害对商代社会产生重大影响···················79
　　第五节　殷商王朝积极应对灾害·························82
　　　　一、祭祀弭禳是基于殷人对灾害的认识···················83
　　　　二、祭祀弭禳有助于消除人们的恐慌心理·················84
　　　　三、祭祀弭禳对灾害防御具有一定积极意义···············85
　　　　四、巫医禳灾活动中与药物治疗相结合，具有一定的
　　　　　　科学意义···85

第三章　甲骨文所见殷商时期的防灾活动 …… 88
第一节　祭祀神灵 …… 88
第二节　占卜气象和天文 …… 93
一、占卜气象 …… 93
二、占卜天文 …… 94
第三节　巡视生产 …… 97
第四节　防御饥荒 …… 101
一、重视农业生产 …… 101
二、种植多种谷物 …… 112
三、加强田间管理 …… 121

第四章　甲骨文所见殷商时期的救灾活动 …… 127
第一节　殷商时期的救灾机构 …… 127
一、西周救灾体系的考察 …… 128
二、甲骨文所反映的殷商时期的救灾情况 …… 132
第二节　殷商时期的救灾活动 …… 142
一、祭祀禳灾 …… 143
二、治理水旱灾害 …… 148
三、治理虫害 …… 150
四、治疗疾病 …… 152

第五章　殷商时期的灾害与生态环境 …… 158
第一节　殷墟的地理位置 …… 158
第二节　殷墟的自然资源 …… 161
第三节　殷墟的生物资源 …… 163
一、殷墟的动物资源 …… 163
二、殷墟的植物资源 …… 168
第四节　殷墟的水资源 …… 170
一、殷墟的河流 …… 170
二、殷墟的水井 …… 173

第五节　殷墟的气候·· 179
　　第六节　殷墟的灾害与生态环境································ 184
参考文献·· 188
　　一、古典文献·· 188
　　二、学术著作·· 189
　　三、学术论文·· 194
后记·· 205

绪　　论

　　殷商灾害研究是中国灾害史研究的重要组成部分。从公元前1318年盘庚迁殷到公元前1046年商纣败亡的270余年间，殷商定都于今河南省安阳市，商王室贵族在这里留下了大量的文字记录——甲骨文。自1899年首次发现甲骨文以来，仅从安阳一地就出土有字的甲骨约15万片，这其中包括大陆所收藏的约9.8万片，台湾地区收藏的3万多片，香港地区收藏的约90片，我国收藏共计约12.8万片。除上述外，英国、美国、加拿大和日本等国家共收藏了约2.7万片。从1899年到2019年，已知刻辞甲骨的数量及其收藏、著录情况又发生了较大变化，葛亮以孙亚冰《百年来甲骨文材料统计》为基础，对其中50余家机构或个人的收藏情况作了修订，增删相抵后，所得片数可增加2541片以上。此外又增补收藏殷墟刻辞甲骨的机构或个人19家，藏品约3115片，增补殷墟以外出土的甲骨约695片。以上三项共计6351片以上，与《百年来甲骨文材料统计》的统计结果相加，总数为161710片以上①。到目前为止，在这些甲骨上，所能见到的甲骨文字目已达4200余个，再加之文字的同源分化和通假等因素，那么殷墟甲骨文中与后世字书具有明确对应关系的字目数有1490个②。李宗焜经统计指出，截至2010年底所见殷墟甲骨文字，共计单字4378号，可释者1682号③。黄德宽等经统计认为，甲骨文单字总数为3904号，可释1243号④。商人事鬼，殷代的王公贵族无论国家大事，还是私人生活，像祭祀、天时、年成、

---

　① 葛亮：《一百二十年来甲骨文材料的初步统计》，《汉字汉语研究》2019年第4期。
　② 王蕴智主编：《中原文化大典·文物典·古文字》(上册)，中州古籍出版社，2008年。又见王蕴智：《殷商甲骨文研究》，科学出版社，2010年。
　③ 李宗焜：《甲骨文字编》，中华书局，2012年。
　④ 黄德宽等：《古汉字发展论》，中华书局，2014年，第90页。

征伐、王事、旬夕等,事事皆向神灵卜问,由此来预知未来的祸福吉凶,再根据情况安排行动。因此,在国家政治生活中,占卜非常重要,朝廷还专门设立了相应的官职和机构,这些占卜材料尤其是那些有文字的龟甲和兽骨,因为真实记录了当时社会的真实生活而具有了国家档案的性质。鉴于其中记录内容相当丰富和珍贵,甲骨文日益成为学者们研读殷商时期社会状况的重要材料。利用甲骨文资料研究殷商时期的灾害,可以大大弥补传统文献材料的不足。

利用甲骨文进行殷商时期灾害研究意义重大。一是可以丰富和充实殷商灾害研究的内涵。利用甲骨文可以弥补商代后期因文献材料缺乏而造成的灾害史料的不足,为殷商灾害史研究提供更为有力的证据,完善殷商灾害史研究的体系。二是可以提升甲骨学研究。甲骨文所记的内容涉及祭祀、征伐、病患、气候、田猎、收成、出门、生育等社会生活的诸多方面,利用甲骨文进行社会生活史、经济史、农业史等研究均已取得丰硕成果,利用甲骨文进行灾害史研究也必将大大推动相关研究的发展,进一步彰显甲骨学的价值,提升甲骨学研究的层次。三是殷商时期防灾救灾的方法和措施可以为现代社会的救灾减灾工作提供有益的借鉴。

利用甲骨文进行殷商灾害研究的想法虽好,但难度也是相当大的。一是对甲骨文所见灾害史料的分析辨别比较困难。由于甲骨文是用于记录占卜的辞例,语言简略,分析辨别材料存在一定难度,需要有较强的甲骨文识读能力。二是目前常用的董作宾提出的五期分类方法,存有一定的缺陷,若是对所收灾害史料进行时间排谱,需要谨慎处理好前后关系。可喜的是,多年来古文字学者、考古工作者和历史学者进行了深入研究,丰硕的成果为本课题的开展提供了基础。

第一节 甲骨文与殷商灾害研究概述

自20世纪80年代初以来,学者们利用甲骨文材料对殷商时期的灾害进行分析,不但有水、旱、虫等较为常见的农业自然灾害,而且有火灾、传染病等对当时社会产生严重威胁的其他灾害;不但有对灾害整体情况的分析,而且有对防灾救灾措施的分析。

在旱灾研究方面。徐云峰《武丁时代稻谷生产中的一次旱灾》①一文通过对相关甲骨卜辞所记丙子日到庚寅日十四天里两次占雨的分析,推断出武丁时期稻作生产中发生了一次严重旱灾。张俊成《殷墟祈雨卜辞及其相关问题》②一文指出,甲骨文中有许多关于莫字的卜辞,唐兰将其释为"旱"字是可信的。这些由商王亲自卜问旱情的辞例有力地说明了殷商时期旱灾的严重。杜小钰《试论殷墟卜辞中的"虹"——殷人农业中的旱神》③一文认为,甲骨文中的"虹"字象双首蛇拱躬之形。虹是殷人农业生产中控制雨水的旱神,关系着殷人年成的丰歉,受到殷人的普遍重视。彭明瀚《浅议殷人的田祭》④一文认为,殷人举行田祭的目的也在于求得风调雨顺、五谷丰登。商王和贞人一起在田间跳起求雨的舞蹈,也是为祛除干旱。王浩《殷墟卜辞所见焚巫祷雨习俗探讨》⑤一文则通过大量辞例证明商代惯用投女牲于火上焚烧来祭神祈雨。

在水灾研究方面。王建军《商代甲骨文所反映的水灾研究》⑥一文将甲骨卜辞所反映的卜问水灾归纳为以下几种情形:卜洹水是否为祸,卜宁雨,卜宁水,卜河是否害某、求(咎)⑦某,卜"不其鱼",卜"虫(亡)大雨""虫(亡)大水"等相关水情水患。作者认为,盘庚迁殷之后,商朝仍然被水患困扰,殷人的治水实践也为后世积累了宝贵的经验。

在虫灾研究方面。彭邦炯《商人卜螽说——兼说甲骨文的秋字》⑧和范毓周《殷代的蝗灾》⑨二文,都证明了商代蝗灾的存在。彭文对螽字

---

① 徐云峰:《武丁时代稻谷生产中的一次旱灾》,《农业考古》1983年第2期。
② 张俊成:《殷墟祈雨卜辞及其相关问题》,《内江师范学院学报》2010年第3期。
③ 杜小钰:《试论殷墟卜辞中的"虹"——殷人农业中的旱神》,《中国农史》2010年第4期。
④ 彭明瀚:《浅议殷人的田祭》,《农业考古》1992年第3期。
⑤ 王浩:《殷墟卜辞所见焚巫祷雨习俗探讨》,《文物季刊》1999年第3期。
⑥ 王建军:《商代甲骨文所反映的水灾研究》,《中原文化研究》2013年第6期。
⑦ 裘锡圭:《释"求"》,《裘锡圭学术文集·甲骨文卷》,复旦大学出版社,2012年,第274~285页。
⑧ 彭邦炯:《商人卜螽说——兼说甲骨文的秋字》,《农业考古》1983年第2期。
⑨ 范毓周:《殷代的蝗灾》,《农业考古》1983年第2期。

的衍化进行了考证，认为▇指蝗虫，是螽的本字，甲骨文的螽字原为蝗虫形，后来简化讹变，加上了虫旁，由简增繁，才至螽字。殷商时期，蝗虫对农业构成极大的威胁，商人祈求神灵保佑以避免受其侵扰。范文则通过对《撫续》216版卜辞中▇与田的连用的解读，证明蝗是与农业相关的灾害，认为此卜辞是目前所知我国最早的蝗灾记录。王贵民《商代农业概述》①一文指出，甲骨文中已经有蝗字，商代的虫害是严重的，商人祈求上帝保佑以祛除灾害。龚光明《先秦害虫观念与防治浅探》②一文指出商人认为害虫由天而降，最佳方法是祷请神灵赐福消灾。

在火灾研究方面。连劭名《卜辞所见商代自然崇拜中的火》③一文指出，卜辞表明在商代已经有火灾发生，商王曾占卜火灾并希望能消除火灾。卜辞中还有"执火"，也与祭祀活动有关。

在传染性疾疫研究方面。胡厚宣《殷人疾病考》④一文认为，卜辞中有"疾年"（《前编》61.5）一词，一年之中疾病流行，可能是具有传染性一类的疾病。王晖《殷墟卜辞所见我国最早的传染流疫考》⑤一文依据《合集》137正片中的记载，推断武丁时期在鄞地、鬼方等地区与方国曾流行过传染性疾疫，此外，《合集》13887片与《合集》17446片中也有与流行性疾病有关的记载，说明商王对当时流疫疹气的情况高度关注。这也是我国所见最早的武丁时期有关病毒性传染流疫的记录。刘钊《释甲骨文中的"役"字》一文，从甲骨文中"役"字的形体分析入手，梳理了甲骨文中"役"字的考释历史，考证了"役"字的演变逻辑，并对"疫"字的读法和相关解释进行了全面剖析，包括疫病的形成原因、除疫方法、与饥馑之间的并发关系等。刘氏认为，如果考释结论可信，就不光解决了"役"字的早期构形和形体演变的问题，而且发现

---

① 王贵民：《商代农业概述》，《农业考古》1985年第2期。
② 龚光明：《先秦害虫观念与防治浅探》，《河北北方学院学报》（社会科学版）2012年第6期。
③ 连劭名：《卜辞所见商代自然崇拜中的火》，《中原文物》2001年第3期。
④ 胡厚宣：《甲骨学商史论丛初集》（外一种），河北教育出版社，2002年，第302~325页。
⑤ 王晖：《殷墟卜辞所见我国最早的传染流疫考》，《殷都学刊》2007年第2期。

了中国最早的有关传染病的记录,将古人认识和预防传染病的历史大大提前[1]。

在整体性研究和应对措施方面,郭旭东《殷商时期的自然灾害及其相关问题》[2]一文指出,甲骨文中已经记录了包括旱灾、水灾、风灾、雹灾、蝗灾、震灾等灾害,还有一些被殷人视为灾害的日食和月食等天象。殷商王朝所处的地理环境和区域内的气候因素是导致灾害肆虐的根本原因。面对众多的自然灾害,殷人一方面寄希望于神祖的保佑,同时也采取了一些力所能及的防灾救灾措施。李亚光《从甲骨文看商代的自然灾害及救治》[3]一文考证了甲骨文中记录的水灾、旱灾、风灾、火灾、震灾、沙尘暴和蝗灾等自然灾害,认为商代自然灾害种类很多,其中水、旱灾害最为频繁,并引起自然环境的恶化。殷人心目中导致灾害发生的因素有天帝神祇降祸、祖先降灾、鬼神警示等。面对灾害,殷人更多采取的是巫术救灾的办法,同时也采取了一些主动有效的救灾措施。韩国学者赵容俊以巫者的活动为切入点,发表了多篇有关甲骨文中有关巫者与灾害关系的学术论文,新见颇多。他在《甲骨卜辞所见之巫者的救灾活动》[4]一文中指出,殷商时期的巫人以巫仪安抚人心,使民众走出疑惧的阴影,具体方式有祈雨、止风雨、卜问战事和平息蝗灾等。他在《甲骨卜辞所见之巫者的医疗活动》[5]一文中指出,古代巫医不分,由于人类将疾病致因视为鬼魂作用,故以巫者充当人鬼间的中介,寄希望于巫术行医、安抚死神从而达到消除疾病的目的。正因基于此观念,医与巫、医疗与巫术、药物心理与巫术心理取得了自然的结合,求药与求巫两者皆统一于医疗活动之中。商代的医疗知识仍然处于中国医学的

---

[1] 该字解释暂无定论,刘钊读为"役"(刘钊:《释甲骨文中的"役"字》,《书馨集续编——出土文献与古文字论丛》,中西书局,2018年,第4~50页);陈剑读为"虞"[陈剑:《据〈清华简(五)〉的"古文虞"字说毛公鼎和殷墟甲骨文的有关诸字》,《古文字与古代史》(第五辑),2017年,第261~286页]。暂从刘说。

[2] 郭旭东:《殷商时期的自然灾害及其相关问题》,《史学集刊》2002年第4期。

[3] 李亚光:《从甲骨文看商代的自然灾害及救治》,《锦州师范学院学报》(哲学社会科学版)2003年第5期。

[4] 〔韩〕赵容俊:《甲骨卜辞所见之巫者的救灾活动》,《殷都学刊》2003年第4期。

[5] 〔韩〕赵容俊:《甲骨卜辞所见之巫者的医疗活动》,《史学集刊》2004年第3期。

萌芽，带有一些迷信色彩，常常会与巫教信仰交织在一起，但在客观事实上，当时巫医的这些行为却开辟了中国医学的先河。除利用药材之外，商人还知道运用针刺方法来治疗疾病。在医疗方面的巫术的具体活动主要包括医疗巫术和逐疫除凶。赵容俊《甲骨卜辞所见之巫者的建筑巫术活动》①一文则从巫者从事建筑方面的巫术活动入手，指出巫者运用巫术和禁忌来追求吉祥和驱凶辟邪。

对灾害的时间和空间分布研究方面。袁祖亮《中国灾害通史·先秦卷》②一书将《甲骨文合集》《小屯南地甲骨》《英国所藏甲骨集》《殷墟花园庄东地甲骨》等文献中相关的灾害史料进行了搜集和整理，并做了相关的时间排谱。此外，还有龚胜生、刘杨、张涛《先秦两汉时期疫灾地理研究》③和王元林、孟昭锋《先秦两汉时期地质灾害的时空分布及政府应对》④等文也利用甲骨文中的相关材料对殷商时期灾害的时间和空间分布进行了探讨。

前辈学者的研究是卓有成效的，但我们也能看到，对殷商灾害的研究还很薄弱，甲骨文与殷商灾害的研究尚未形成体系，利用甲骨文对殷商灾害进行研究还有很大的发展空间。如：对目前所见甲骨文灾害材料进行分类整理，对殷商时期的灾害时间和空间分布进行分析，对灾害成因、灾害观念、防灾救灾措施等的探讨都有待进一步深化。

第二节　基本思路、研究方法和几个需要说明的问题

本文在马克思历史唯物主义和辩证唯物主义指导下，结合具体史料

---

① 〔韩〕赵容俊：《甲骨卜辞所见之巫者的建筑巫术活动》，《殷都学刊》2009年第4期。
② 袁祖亮主编，刘继刚著：《中国灾害通史·先秦卷》，郑州大学出版社，2008年。
③ 龚胜生、刘杨、张涛：《先秦两汉时期疫灾地理研究》，《中国历史地理论丛》2010年第3期。
④ 王元林、孟昭锋：《先秦两汉时期地质灾害的时空分布及政府应对》，《陕西师范大学学报》（哲学社会科学版）2011年第3期。

和历史背景，通过科学分析对甲骨文所载殷商时期灾害情况进行系统整理与研究。

一、基本思路

第一，系统整理《甲骨文合集》《甲骨文合集补编》《小屯南地甲骨》《英国所藏甲骨集》《殷墟花园庄东地甲骨》等记载的各类灾害。先辨别分析灾害的种类，进行归纳，再按董作宾的五期分类法进行时间排谱。

第二，总结殷商时期灾害的基本特征。虽然商王占卜各种灾害都有明确的时间，但是甲骨文并没有详细地记录到某一天，甚至明确记录年份的也不多见，这为研究带来了一定的困难。

第三，分析殷商时期防灾和救灾措施的意义及对当代社会防灾减灾工作的借鉴。卜辞中记录商王卜问灾害之事数量甚众，其卜问之后是否应验，以及所采取的应对措施都比较详细，这些对于当今社会的防灾减灾工作意义重大。

二、研究方法

本研究属于灾害史的研究范畴，殷商灾害史研究运用历史文献、考古材料和古文字材料等梳理殷商时期灾害的基本状况，并对灾害的时间和空间分布情况进行考查。在研究过程中不但要对资料进行科学准确的解读，而且需要运用一些数学统计方法进行数据分析，将定量分析与定性分析相结合。灾害史作为一门社会科学，已不再只属于社会科学的范畴，而是越来越多地融入了自然科学的成分。因此，在研究方法上有其别具特色的一面。不可否认的是，殷商时期文献和古文字中记录灾害的方式与现代灾害学的要求是有着一定差异的。对于古代文献中的数据，不能一味套用现代灾害学的计算方法，要注重历史文本所表述的客观事实，坚持定性为主，定量为辅，最大程度还原历史的原貌。

第一，在历史唯物主义与辩证唯物主义指导下，运用三重证据法，对甲骨文中的灾害资料进行梳理。

灾害史研究一定要坚持马克思主义思想的历史唯物主义和辩证唯物主义指导。我们有时难免片面夸大古人对自然环境的破坏作用，最终夸大人类活动在自然灾害形成中的作用。马克思主义对于灾害史料的分析要求与当时的社会生产力发展水平相结合，要尊重历史发展的客观真实。马克思主义关于地理环境作用的论述，对于研究殷商时期的灾害研究也具有非常重要的指导意义。在此理论指导下，我们再运用三重证据法对这一时期的灾害形态进行全面剖析。三重证据法是饶宗颐在王国维二重证据法的基础上，将考古材料又分为两部分（即考古资料和古文字资料）而提出的。三重证据便是有字的考古资料、没字的考古资料和史书上之材料，饶宗颐指出，探索一个文化，必须将田野考古、文献记载和甲骨文的研究三个方面结合起来。即主张从出土文献和实物中系统地整理"寻绎出有规律的历史条理"[①]。本研究中所用的甲骨卜辞便是典型的有字的考古资料，将古文字与考古发现相结合，再与历史文献相印证，再加上一些无字的考古器物，会为我们更加全面、准确地呈现殷商时期灾害的真实情况。

第二，多学科交叉研究。利用灾害学、地理学和统计学等学科的研究方法来探究灾害的形成与发展，借鉴人类学和民俗学等学科的研究方法来探讨传统灾害思想的起源，运用社会心理学的方法来分析殷商灾害思想在灾前防范和灾后救助中的作用。

对殷商时期自然灾害的研究一定要坚持多学科交叉原则。利用灾害学、地理学和统计学等学科的研究方法来统计灾害种类、灾害发生的时间和空间等，进行定量和定性分析，再进行图表呈现，会更加直观地呈现灾害的基本状况和发生的时空特点。人类学和民俗学等学科的研究方法对于传统灾害思想的起源，尤其是早期人类对于自然界的认识有着重要的借鉴意义。此外，一些人类学和民俗学的研究成果也可以作为有价

---

① 饶宗颐：《古史重建与地域扩张问题》，《九州》（第二辑），商务印书馆，1999年，第21～28页。

值的参考。社会心理学的研究方法有助于我们更为合理地分析殷人占卜的行为。对惯用的占卜、弭禳等传统意义上的"非科学"防灾方法进行重新审视,对灾害应对措施作更为科学理性的分析。

三、对殷商时期灾害的界定

商代的甲骨文是为了卜问而刻的,既然是卜问,一定是不可预见的,而且是极其担心的。既然担心,必然是重要的,会对生产和生活产生重大影响的。因此,通过对甲骨卜辞解读,可以了解影响商王的重大活动,这其中就包括了灾害。甲骨文中记录的是自然现象还是自然灾害呢?

灾害的出现是与人类的感知相关的。自然界每天每时每刻都在发生着各种变化,如地震、山洪、火山喷发等,但若是发生在荒无人烟的地方,无人感知,只能算作自然现象。若是发生在有人类活动的地方,被人感知,而且对财产或生命造成了损失或威胁,便成为自然灾害。人类自诞生以来,生产力越来越进步,经济越来越发展,活动的范围不断扩大,感受自然界的变化就越来越多,原本称为自然现象的东西对人类造成的威胁和损失也就越来越多,自然灾害也就随之越来越多。

从上述情况看,在自然灾害面前人类似乎是无能为力的,实则不然,随着社会的发展与进步,人类也会将一些自然灾害化解。比如,当人们认识到干旱之后,选择距离水源地不远的地方,通过汲水灌溉以减轻干旱的影响。邹逸麟就曾指出:"当自然界的变异,对人类社会造成不可承受的损失时,才称之谓灾害……自然灾害不仅决定于来自其原动力的自然界,还决定于其承受体的人类社会。"[①]商王占筮一方面是因为对此事无法预见,另一方面是因为此前发生过这种情形已经造成了不利影响,也可以视为受到了不可承受的损失。

---

① 邹逸麟:《"灾害与社会"研究刍议》,《复旦学报》(社会科学版)2000 年第 6 期。

四、关于本研究所选用卜辞资料的说明

(一) 资料来源

1.《甲骨文合集》

甲骨文自1899年发现至今,已有甲骨16万余片,目前搜集编纂内容最为丰富的仍是《甲骨文合集》(以下简称《合集》)。《合集》由郭沫若担任主编,著名甲骨文字专家胡厚宣担任总编辑,编订工作从1960年正式开始至1979年10月,由中华书局出版社陆续出版,直到1983年方才全部出齐。《合集》所收内容包括中央研究院于殷墟发掘的全部所得以及国内外收藏的甲骨和拓本,共选录了41596片,是1949年中华人民共和国成立以前发现的甲骨最为丰富的结集。在编辑过程中,学者们对其进行了细致的辨伪、去重和缀合等工作。《合集》编排方式是采用分期分类法,把甲骨按时间先后分为五期,第一期,武丁及其以前;第二期,包括祖庚和祖甲;第三期,包括廪辛和康丁;第四期,武乙和文丁;第五期,帝乙和帝辛。每个时期又按照社会历史内容分成阶级和国家、社会生产、思想文化、其他共四大类。

2.《小屯南地甲骨》

因发现于河南安阳小屯村南地而得名。1973年,中国科学院考古所安阳工作队把在河南安阳小屯村南地发掘的一批带有卜辞的甲骨,称之为"小屯南地甲骨",为1949年以后"考古10大发现"之一。著名考古学家和古文字学家姚孝遂亲自参与了出土甲骨的整理,后来由中国社会科学院古文字学家赵诚任编辑,将此次所发掘的甲骨片编订成册。1980年和1983年,《小屯南地甲骨》(以下简称《屯南》)上册(二卷本)和《小屯南地甲骨》下册(三卷本)由中华书局出版社出版发行,成为继《合集》之后又一重要的甲骨学研究材料。

3.《英国所藏甲骨集》

1985年,由李学勤、齐文心和艾兰编订整理,中华书局出版。1982年至1991年间,中国社会科学院历史研究所李学勤、齐文心与英国伦敦大学亚非学院合作,将英国当时所藏的11宗共3089片有字甲骨进行筛选,整理出2674片,编纂而成《英国所藏甲骨集》(以下简称《英藏》)。分为上下两编,每编各有上下两册,上编主要是图版、照片和拓本,下编主要是释文、论文、附表和字词索引。此外,上编未收之61件照片和拓本,作为《图版补正》收入下编。《英藏》的图版,除了照片和拓本之外,还附有必要的摹本,具有较高的科学性和学术性。两个图版分为5期,与《合集》和《补编》相同。每一期下又分为20类,即①祖、父、妣、母、兄、子、帚;②侯、伯;③贞人及人(或国族)名;④王事活动;⑤职官、刑罚;⑥战争;⑦地理;⑧贡纳;⑨农业;⑩田猎;⑪畜牧;⑫天文、历法;⑬气象;⑭建筑;⑮生育、疾病;⑯上帝、先公和其他神祇;⑰祭祀;⑱卜法;⑲吉凶梦幻;⑳其他,与《合集》略有不同。图版方面特别值得一提的是收入了所谓《家谱刻辞》。

4.《东京大学东洋文化研究所藏甲骨文字》

1983年,由日本学者松丸道雄编订整理,东京大学东洋文化研究所出版。共收录了1315片甲骨,所有甲骨都标注有对应的版号、期别、甲或骨、内容及其编号;书中每一版甲骨都用拓本、照片来相互对照印出;对于背面施钻凿的甲骨也以拓本和照片的形式呈现出来。

5.《怀特氏等收藏甲骨文集》

1979年,台湾学者许进雄编著,加拿大皇家安大略博物馆出版,十六开本,一册。目次包括:序言(分为英文版、中文版)、甲骨拓本、甲骨缀合例、甲骨摹本、甲骨长凿图、释文。本书共收录甲骨1915片,全部为拓本。《怀特》的甲骨来源:①绝大部分是怀履光1931年收藏的3000片;② 1920年George Grotts收藏的65片;③ 1967年Spanfaing夫妇捐赠的7片,原为Samnel Mircir教授藏品;④属于明义士的一些藏品,但以前专著未曾采用或与该馆尚未出版的甲骨缀合者；⑤其他。该书甲骨以时代为序，分为五期，即：第一期武丁及其前世，1~1009号；第二期祖庚、祖甲，1010~1297号；第三期康丁，1298~1480号；第四期武乙、文丁，1481~1680号；第五期帝乙、帝辛，1681~1915号。

6.《殷墟花园庄东地甲骨》

2003年，中国社会科学院考古研究所编著，云南人民出版社出版，全书共六册。此书基于1991年中国社会科学院考古研究所在殷墟发掘的编号为花东H3的一座甲骨坑所作的著录，包括出土的有字甲骨689片。《殷墟花园庄东地甲骨》是继1936年小屯YH127、1973年小屯南地甲骨发现之后的第三次重大发现。编著者在对H3甲骨特点进行了科学严谨的描述后，提出了许多带有较大启发性的观点。此外，书中还收录了许多非王卜辞，不但数量庞大，而且包含着丰富的内容，加之是主动科学发掘，遗址保存完整，给商代语言、历史等方面的研究提供了极为宝贵的资料。

7.《殷墟甲骨辑佚：安阳民间藏甲骨》

2008年，段振美、焦智勤、党相魁、党宁编，文物出版社出版。此书收集了民间散见甲骨，包括拓片（不清晰者另附摹本）共1008片，附录94片。1008片甲骨按照董作宾的五期分类法分成五大部分：第一编（第一期）296片，第二编（第二期）249片，第三编（第三期）72片，第四编（第四期）59片，第五编（第五期）332片。《辑佚》所收录的甲骨大多是以往著录书中未公布过的新材料，具有较高的研究价值。

（二）资料的使用

甲骨卜辞是商代贵族记录占卜之时留下的刻辞，多是只言片语，很少有完整记录一件事情始末的辞例，使用时具有一定难度。商王卜问灾祸时并不一定是当时就真的发生了灾祸，多是问未来的某时是否会发生灾祸，但是可以推知殷人过去曾经受到过此种灾祸的侵扰。因此，可以从频繁卜问的辞例中寻找到一些蛛丝马迹。当然，甲骨文中的"祸"不一定就成灾,可能只是一种异常,但是"农业灾害的冲击破坏最初表现为异常的自然现象,如淫雨、干旱、大雾、大雪、大风等,当自然变异的强度超过了农业生产的耐受范围和人类社会的抗御能力时,灾害的冲击就波及农业生产领域,农作物、农畜、农业生产环境遭到破坏"①。此外,商代的占卜几乎都是由贵族和商王掌握,所卜之事都是统治阶级所关心的,有学者认为,"如果灾区较小,社会自身调节功能发挥作用,相对缓解了灾害对全社会的冲击破坏,灾害的冲击仅限于低层次而不能上达中央政府;当灾区较大,社会调节功能失效,灾情日益严重,影响到社会经济的正常运行,灾害冲击波直达最高层次"②。这样看来,商代社会中由贵族和商王卜问的事情一定是灾害冲击波比较大的事情,在国家层面上具有举足轻重的作用。如此,卜辞中所记录的有关灾祸和灾害的事情都具有严重的破坏性了。

殷商卜辞中与灾害研究相关的资料,大多归属于气象类卜辞:主要有雨、云、雷、风、雹、雾、霾等,再加上水、旱、火、震、虫等一些威胁较大的自然灾害,就可以大致了解殷商时期气象和灾害的基本状况了。在整理材料过程中,我们不对文字作过多的考释,也不专论文字的隶定,主要是借鉴目前学界比较公认的,或是能够支持我们观点的考释和解读。由于甲骨辞例内容简略,残缺不全,辨别难度可想而知,我们在选取一些相对完整的记录进行分析的同时,也会充分考虑事件发生的概率。通常来说,在气象和灾害记录中,卜问次数多的词,发生的概率会相对更高;在同一个月份中卜问次数越多的词,发生的概率也会越大。

(三)资料的搜集与分析方法

以先秦甲骨金文简牍词汇资料库(https://inscription.asdc.sinica.edu.

---

① 卜风贤:《周秦汉晋时期农业灾害和农业减灾方略研究》,中国社会科学出版社,2006年,第23页。
② 卜风贤:《周秦汉晋时期农业灾害和农业减灾方略研究》,中国社会科学出版社,2006年,第24页。

tw/c_index.php?tdsourcetag=s_pctim_aiomsg）所提供的辞例为研究内容。包括《合集》《屯南》《英藏》《东藏》《怀特》《花东》等。分别以雨、燍、燎、水、火、风、雷、雹、雾、霾、震、秋、虫、一月、二月、三月、四月、五月、六月、七月、八月、九月、十月等为关键词，在《全文检索资料库》中进行检索，然后对结果进行分类归纳整理。

在分析过程中，首先力求对辞例意思的准确解读；其次，弄清辞例所载各种自然现象之间的关联关系；最后，对于可能带来祸患的天气进行重点解读，分析成灾的可能性。

（四）释文凡例

卜辞释文一般采用严式，对于常用字不再随文注明正字与本字，例如：鼎—贞；匕—妣；弜—勿；且—祖；隻—獲；屮—有、又；禽—擒等。对于观点尚未统一的字，笔者根据自己研究采取一家之言并随文标注，例："𤉢"释为"疫"；"囚"释为"祸"等。引文有所省略的用"☑"表示；依据残字或文例拟补的字，外加"[ ]"。本文对于殷墟甲骨文组类的判定主要依据黄天树先生《殷墟王卜辞的分类与断代》一书。

第一章 殷商时期灾害的基本概况

《管子·度地》载:"善为国者,必先除其五害……水、一害也,旱、一害也,风雾雹霜、一害也,厉(疾病)、一害也,虫、一害也。"①《管子》所谓"五害"涵盖了自然界中主要的灾害种类,除疾病之外,其他的灾害都与农业生产有着密切的关联。殷商时期已进入农耕时代,商王重视农业生产,占卜之事常与农业有关,所涉及的灾害基本在《管子》所述之列。其中水灾、旱灾、虫灾资料较多,其他灾害相对较少,亦有震、霾之类的灾害在卜辞中出现。

第一节 水 灾

《管子·度地》载:"五害之属,水最为大。"②在古人看来,水灾是五种灾害中危害最为严重的一类。殷商时期所发生的水灾,在历史文献、甲骨文以及考古发现中都有记述。

一、历史文献所见殷商时期的水灾

关于商王朝都城的迁徙,学界有"前八后五"之说。商代的都城因

---

① 黎翔凤撰,梁运华整理:《管子校注》,中华书局,2004年,第1054页。
② 黎翔凤撰,梁运华整理:《管子校注》,中华书局,2004年,第1054页。

何而迁？学界争议颇多。有人以为是政治斗争所致①，有人以为是军事战争所致②，有人以为是游农经济所致③。较多学者则认为水患是其主因。水患说的首倡者是西汉的孔安国，见于汉代的《尚书序》之中："祖乙圮于耿。"之后传承者颇多，唐孔颖达《尚书正义》、南宋蔡沈《书集传》均持此说。《山西通志》："祖乙既立，是时相都又有河决之患，乃自相而徙都于耿。"④今人吴泽认为："盘庚迁殷前，史称自汤到盘庚，均因水灾而迁都者凡五次。"⑤顾颉刚、刘起釪认为，商代迁都是由于"水

---

① 郭沫若曾认为"阶级斗争"是商代都城"屡迁"的原因之一，但并未做具体说明。见郭氏主编《中国史稿》，人民出版社，1962年，第90页。黎虎根据《史记·殷本纪》记载仲丁之后曾有"九世之乱"事件发生，认为统治阶级的"王位纷争"是导致商代都城"屡迁"的原因。见黎虎《殷都屡迁原因试探》，《北京师范大学学报》1982年第4期。王冠英也认为"殷都屡迁完全是内乱引起的"。见王冠英《殷都屡迁原因、过程及殷后期诸王之改革》，《北京师范大学学报》1988年第1期。孙淼认为："仲丁以后，既有内忧，又有外患。正值此时，发生了屡次迁都。详情虽然不得而知，但据此分析当时迁都的原因，可能与这种内外交困的政治形势有密切关系。"见孙淼《夏商史稿》，文物出版社，1987年，第369页。

② 邹衡认为："在奴隶社会中，战争是经常发生的，甚至可以说，奴隶社会的存在与发展，在很大程度上依附于战争的胜败……在当时的交通、运输等条件下……要跋涉远征毕竟是比较困难的。因此，当时选择王都的地点，不能不考虑到作战的方便，就是说，不能不从军事的角度上考虑迁都的问题。"见其《夏商周考古学论文集》，文物出版社，1980年，第209~210页。杨升南认为："国力强盛的首都，常在与敌方相对的国防第一线内，以便利于战争高度，且不示弱于敌人。"见其《甲骨文商史丛考》，线装书局，2007年，第294~328页。王冠英认为，盘庚迁殷的原因，虽是以军事战略为出发点，但它的推动力量却是大胆的内政改革。见其《殷都屡迁原因、过程及殷后期诸王之改革》，《北京师范大学学报》1988年第1期。

③ 王玉哲认为：到了商代，经济虽然以农业生产为主，但其前期处于粗耕农业阶段，耕作到一定时期，地力耗尽，必须抛荒迁徙；至盘庚以后，农业生产进入精耕农业阶段，因而定居下来，未再迁徙。见王氏著《中国上古史纲》，上海人民出版社，1959年，第63页。又见傅筑夫《中国经济史论丛（上）》，三联书店，1980年，第47页。丁山指出："部落时代之生活，农业方在萌芽，大部分生活基础仍为游牧，游牧者因水草而转徙，部落之领袖因其族类而亦转徙不定；于是政治中心所在，既无所谓都邑，更无固定而言。……北魏、金、元之都邑屡迁……亦可证其尚未完全脱离游牧生活。更上考之三代，夏后氏十迁，宗周以前，周人七迁，不独殷人之'不常厥邑于今五邦'而已也。"见其《由三代都论其民族文化》，《中央研究院历史语言研究所集刊》第五本第一分册，1935年，第87页。

④ （清）储大文：《山西通志》，《影印文渊阁四库全书》史部第五四八册，台湾商务印书馆，1986年，第585页。

⑤ 吴泽：《吴泽文集》（第一卷），《中国历史大系·古代史》，华东师范大学出版社，2002年，第225页。

涝给旧地造成了祸患，引起了经济、社会的问题，不得不迁"①。史念海认为，除了政治、经济等诸多因素之外，三代都邑的频繁迁徙，与第四纪全新世以来的新构造运动导致黄河中下游主河道及其支流灌溉系统的决口改道、泛滥成灾，有着更密切的因果关系②。商代都城究竟因何而迁，恐怕不是单一因素所致。这里我们姑且不论有多少种因素所致，仅就商代是否发生过水灾进行探讨。

《尚书正义》载："仲丁迁于嚣，河亶甲居相，祖乙圮于耿。"③这段话涉及商王三次迁都之事。一是"仲丁迁嚣"。李民力主"水患"说。李认为，仲丁迁嚣是由于水患所致，并剖析其原因：首先，文献记载西亳曾被洪水淹没过。《洛阳伽蓝记》卷三《沕颂》云："导沉熊耳，控流巨壑，纳谷吐伊，贯周淹亳。"④李还明确指出："由于伊河洪水泛滥，才导致成周、西亳被淹。"其次，偃师地区地势低洼，极易被淹。偃师位于洛阳盆地最低处，又是伊水、洛水两河流交汇处，北面相距不远又有黄河毗邻。再次，从偃师商城的保存情况看，其应被洪水淹没过。整个偃师商城被厚厚的淤土覆盖在地面之下，应是被淹的证明。而其他地方发现的商城城墙多立在现今地面上。此外，郑州商城的防水功能增强，这从另一方面说明商族曾受洪水之害⑤。

二是"河亶甲居相"。河亶甲居于相，但是其从何处迁徙而来？元代史家金履祥在《通鉴前编》中言："河亶甲立，丁亥河亶甲元祀徙居相……丙甲祖乙元祀圮于耿徙居邢。"⑥嚣即商代仲丁所居之隞都，关于隞都之地望，史家争论颇多，大致有敖山说、敖地说、郑州商城说、河

---

① 顾颉刚、刘起釪：《〈盘庚〉三篇校释译论》，《历史学》1979年第1、2期。
② 史念海：《历史时期黄河流域的侵蚀与堆积》，《河山集（二集）》，生活·读书·新知三联书店，1981年，第1～84页。
③ （汉）孔安国传，（唐）孔颖达疏，廖名春、陈明整理，吕绍纲审定：《尚书正义》卷八《咸有一德》，北京大学出版社，1999年，第221页。
④ （北魏）杨衒之撰，范祥雍校注：《洛阳伽蓝记校注》，上海古籍出版社，1958年，第159页。
⑤ 李民：《殷商社会生活史》，河南人民出版社，1993年，第34～35页。
⑥ （元）金履祥：《通鉴前编》，《影印文渊阁四库全书》史部第三三二册，台湾商务印书馆，1986年，第88页。

北说、小双桥遗址说、陈留说和山东说。以上有关隞都的各家观点,从目前材料来看,除敖地说、小双桥说和山东说外,其他观点成立的可能性并不大。但从商汤前期的迁徙来看,隞都的防水性能应该比较强,而金履祥认为河亶甲时因为隞都有河决之患,可见,这个地方应当与河流相距不远,河水泛滥是早期人类生活中似乎永远也解不开的矛盾。由于河决有了肥沃的土地,但河决又影响着人们的生活,当这种人地矛盾令人们无法承受时,亦可能会另寻别处,安居生活。

三是关于"祖乙圮于耿"。《尚书正义》引《释诂》云:"圮,毁也。故云河水所毁曰圮。"① 按文言格式可以理解为祖乙所居之耿被水冲毁。而《史记·殷本纪》:"祖乙迁于邢。"② 司马迁理解的是祖乙以前的都城相地发生了水灾,之后祖乙将都城迁至邢地。对此郑玄有不同的看法,他认为:"祖乙又去相居耿,而国为水所毁,于是修德以御之,不复徙也。"③ 宋人蔡沈《书集传》也持此说,云:"自祖乙都耿,圮于河水。"这两种看法的不同之处在于,一个认为水灾发生在相地而不得不迁都于耿,一种认为水灾发生在耿地,但并没有因此而徙都,而是由于君王修德,很快平息。关于相的地望争议颇多,其中以内黄说和安阳说最值得注意。持内黄说者,以岑仲勉为代表④,丁山早年也主此说⑤。内黄所在地濒临古黄河,地势不高,易受河水泛滥之灾。若是相地为水所毁,则相地为内黄较为切实,但目前尚无考古发现。1997年考古工作者发掘安阳洹北花园庄遗址,发现了早于武丁而晚于仲丁的文化遗存,刘绪、雷兴山认为该遗址早期极有可能就是河亶甲所居之相⑥。安阳地势较高,若相在此,那么即使发生了水灾,也不会影响太大。若以被河水所圮来

---

① (汉)孔安国传,(唐)孔颖达疏,廖名春、陈明整理,吕绍纲审定:《尚书正义》卷八《咸有一德》,北京大学出版社,1999年,第221页。
② (西汉)司马迁:《史记》卷三《殷本纪》,中华书局,1959年,第100页。
③ (汉)孔安国传,(唐)孔颖达疏,廖名春、陈明整理,吕绍纲审定:《尚书正义》卷八《咸有一德》,北京大学出版社,1999年,第222页。
④ 岑仲勉:《黄河变迁史》,人民出版社,1957年,第106页。
⑤ 丁山:《由三代都邑论其民族文化》,《中央研究院历史语言研究所集刊》第五本第一分册,1935年,第87~129页。
⑥ 刘绪、雷兴山:《洹北花园庄遗址与河亶甲居相》,《文物世界》1999年第4期。

讲，内黄的可能性较大。

商代还有一次较大的水患，发生在盘庚时期。《尚书·盘庚下》云："今我民用荡析离居，罔有定极。"①《尚书正义》曰："言古者我之先王，将欲多大于前人之功，是故徙都而适于山险之处，用下去我凶恶之德，立善功于我新国。但徙来已久，水泉沈溺，今我在此之民，用播荡分析，离其居宅，无有安定之极，我今徙而使之得其中也。"②可以看出，盘庚迁殷的一个重要原因是"水泉沈溺"，又曰："民居积世，穿掘处多，则水泉盈溢，令人沈深而陷溺。"盘庚迁都之前所居在何处？疑问很多。《古本竹书纪年》载："盘庚旬自奄迁于北蒙，曰殷。"③而司马迁却认为："盘庚渡河南，复居成汤之故居。"④可是成汤之故居当在亳而不在奄。这些问题还有待于更深入的研究，但可以肯定的是，在盘庚迁往殷地之前的都城所在地，一定发生了水灾，无法生活下去，所以决定迁移都城。

据此，我们认为，在盘庚迁殷以前至少在商代所都之处发生过四次大的水灾，再加之其他因素，迫使统治者迁都以避祸。但是盘庚迁殷之后，文献中少有提及殷墟水灾的情况。

二、甲骨文所见殷商时期的水患⑤

甲骨文中有一个字，由两条或多条横向曲线或纵向曲线平行排列而成，形似波浪，被释为"𡿨𡿨"字。其表示的意义有两大类，一是河水的泛滥，一是河流的壅塞。

---

① （汉）孔安国传，（唐）孔颖达疏，廖名春、陈明整理，吕绍纲审定：《尚书正义》卷九《盘庚下》，北京大学出版社，1999年，第243页。
② （汉）孔安国传，（唐）孔颖达疏，廖名春、陈明整理，吕绍纲审定：《尚书正义》卷九《盘庚下》，北京大学出版社，1999年，第243页。
③ 方诗铭、王修龄：《古本竹书纪年辑证》，上海古籍出版社，2005年，第30页。
④ （西汉）司马迁：《史记》卷三《殷本纪》，中华书局，1959年，第102页。
⑤ 刘继刚：《从甲骨文"灾"字看殷商时期的灾害》，《河南科技大学学报》（社会科学版）2017年第1期。

（一）河流泛滥

其中两条横向曲线组成的代表性字例可见：〰（《合集》1772正）、〰（《合集》4016）、〰（《合集》4086）、〰（《合集》4087）、（《合集》4381）、〰（《合集》6040）、〰（《合集》10530）、〰（《合集》10531）、〰（《合集》13986）、〰（《合集》17199）、〰（《合集》17218）等；三条横向曲线组合而成的代表性字例有：〰（《合集》48）、〰（《合集》52）、〰（《合集》1824）、〰（《合集》3982）、〰（《合集》4088）、〰（《合集》4281）、〰（《合集》5933）、〰（《合集》6656）、〰（《合集》12836正）等；四条横向曲线组合而成的代表性字例有：〰（《合集》3222正）等①。

"災"字最初是一个象形字，源自人们对河流最直接的观察，用起伏较大的二条或三条曲线来表示河水汹涌，这些线条的曲折度较大，不同于一般的水流。起伏的水流掀起巨大的波浪，导致河流溢出了原来的河道，泛滥成灾。罗振玉说："其作〰、〰等状者，象横流泛滥也。"②孙海波将其释为"象洪水横流成災之形"③。李孝定亦认为："作〰、〰、〰者，象洪水横流之形，当是初文。"④横流，即大水不循道而泛滥。叶玉森说："〰、〰、〰三形尤显浩浩滔天之势。"⑤《孟子·滕文公上》曰："当尧之时，天下犹未平，洪水横流，泛滥于天下。"⑥又《史记·集解》引孔安国语："九州之泽皆已陂障无决溢也。"⑦可见，古"災"字，充分反映了远古时期人们对于水灾的感知，汹涌的洪水给人们的生产和生活带来了损失，因此，人们用多条起伏较大的曲线叠加在一起将其记录下来。

甲骨文中还有一个"〰"字，释为"川"，也是由两条或多条纵

---

① 以上字例引自李宗焜：《甲骨文字编》，中华书局，2012年。
② 罗振玉：《殷虚书契考释三种》，中华书局，2006年，第403页。
③ 于省吾主编：《甲骨文字诂林》，中华书局，1996年，第1293页。
④ 李孝定：《甲骨文字集释》，"中央研究院"历史语言研究所，1965年，第3404页。
⑤ 于省吾主编：《甲骨文字诂林》，中华书局，1996年，第1292～1293页。
⑥ 焦循撰，沈文倬点校：《孟子正义》，中华书局，1987年，第374页。
⑦ （西汉）司马迁：《史记》卷二《夏本纪》，中华书局，1959年，第75页。

向曲线平行排列组合而成，如🌊（《合集》28180 无名类）、🌊（《合集》5708 正宾组）、🌊（《合集》21734 子组）、🌊（《合集》33357 历组）①等。虽然同为纵向曲线的平行排列，其实两者有着较大的区别。首先，组成"巛"字的曲线全都是实线，而"巛"字由实心曲线和虚心曲线共同组成，或由两条实线加一条虚线，或由三条实线加两条曲线。《说文解字》云："贯穿通流水也。"②孙海波认为："象畔岸而水在中流之形。"③则实线表示河岸，虚线表示河水。其次，"巛"字曲线弯度起伏较大，表示波涛汹涌，而"巛"字曲线弯度较为平缓，象征河流的自然形状。总之，河水在河畔之中平稳贯穿流过，不会对人们的生活造成影响，一旦波浪翻滚，冲出了河岸，就会奔流泛滥，造成灾难。殷商时期的都城周围分布着洹水、瀧水、滴水等河流，季节性的泛滥让殷人常常担心不已。在殷卜辞各组类④中均有关于卜水的记录。请参：

（1）☐洹☐燎？　　　　　　　　　　　　（《合集》9648 宾一类）
（2）戊午卜，王：燎于瀧三宰，坎三宰？　（《合集》14362 宾一类）
（3）燎于屮水，叀犬？　　　　　　　　　（《合集》10151 宾三类）
（4）丁丑［卜］☐贞：☐其屮☐［弗］水☐［月］
　　　　　　　　　　　　　　　　　　　（《合集》24438 出一类）
（5）庚☐［卜］☐贞：☐水☐　　　　　　（《合集》24443 出一类）
（6）☐☐卜，即：☐其中☐水？　　　　　（《合集》24442 出二类）

---

① 以上字例参见刘钊主编：《新甲骨文编》，福建人民出版社，2014 年。
② （汉）许慎撰：《说文解字》，中华书局，1963 年，第 239 页。
③ 于省吾主编：《甲骨文字诂林》，中华书局，1996 年，第 1270 页。
④ 董作宾的五期分法，即"分期"说。第一期：武丁及其以前（盘庚、小辛、小乙）；第二期：祖庚、祖甲；第三期：廪辛、康丁；第四期：武乙、文丁；第五期：帝乙、帝辛。"分期"曾引领学界进行分组分类，并为目前学界的分类与断代研究奠定了坚实的基础。本文有关卜辞的分类与断代主要参考了以下著作：李学勤、彭裕商《殷墟甲骨分期研究》，上海古籍出版社，1996 年；黄天树《殷墟王卜辞的分类与断代》，科学出版社，2007 年；杨郁彦《甲骨文合集分组分类总表》，台湾艺文印书馆，2005 年；〔日〕崎川隆《宾组甲骨文分类研究》，上海人民出版社，2011 年；王建军《宾组卜辞的字形特征及类型划分》，郑州大学博士学位论文，2006 年。

（7）秦①年于滴，又大☒吉。　　　　　（《合集》28243 无名类）
（8）王其又于滴，才又石燎，又雨？　　（《合集》28180 无名类）
（9）辛巳卜：其告水入于上甲，祝大乙牛，王受又？

（《合集》33347 无名类）

可见，殷人对区域内河流季节性的泛滥深有体会，并希望通过祭祀上帝与河神保佑自己不再受河水泛滥之苦。

（二）河流壅塞

除了上述用多条起伏较大的曲线叠加在一起表示"灾"字外，还有用在多条竖向平行曲线中间加横线表示。如：𡿯（《合集》36650）、𡿯（《合集》36569）、𡿯（《怀特》1904）、𡿯（《英藏》2566）、𡿯（《合集》37513）②等。《说文解字》云：𡿨𡿨𡿨，"从一雝川"③。段玉裁认为"𡿨𡿨𡿨"是会意字，即河道壅塞之意。罗振玉认为："象水壅之形，川壅则为𡿨𡿨𡿨也。"④如此，则中间的那条横线就表示有异物阻断了水流。河流为害通常有两种情况：一是河流的泛滥，由于水流来势凶猛，突然暴涨，漫溢出河道；另一种是河泽受到淤塞，流通不畅，冲溃堤坝，形成灾害。陈炜湛认为："中晚期作𡿯、𡿯、𡿯，象川流壅塞成灾。"⑤商承祚在解释𡿨𡿨𡿨字时指出："甲骨文有如昔字所从同，又或作𡿯，《说文》𡿨𡿨𡿨，'害也，从一雝川'。川壅而溃，故泛滥成灾。甲骨文又作𡿯，整齐之

---

① 该字学界观点不一，但多认同与"祝祷"相关，文中皆使用隶定格式。参看冀小军《说甲骨金文中表祈求义的秦字——兼谈秦字在金文车饰名称中的用法》，《湖北大学学报》（哲学社会科学版）1991年第1期；陈剑《据郭店简释读西周金文一例》，《北京大学中国古文献研究中心集刊》2，北京燕山出版社，2001年，第378～396页；陈剑《甲骨金文考释论集》，线装书局，2007年，第20～38页；董莲池《"秦"字释祷说的几点疑惑》，《古文字研究》（第二十七辑），中华书局，2008年，第117～121页；李聪《甲骨文"秦"字补释》，《甲骨文与殷商史》（新九辑），上海古籍出版社，2019年，第303～310页。
② 以上字例参见刘钊主编：《新甲骨文编》，福建人民出版社，2014年。
③ （汉）许慎撰：《说文解字》，中华书局，1963年，第239页。
④ 罗振玉：《殷虚书契考释三种》，中华书局，2006年，第403页。
⑤ 陈炜湛：《甲骨文用义词研究》，《古文字学论集初编》，香港中文大学出版社，1983年，第150页。

而为𓏞，象川道被土石壅塞之形，为其初义，至用 十 为声符，乃后世事。"①《春秋左传》"川雍为泽凶"，即河道排水不畅，将会带来祸患。《史记·集解》引孔安国语："九州之川已涤除无壅塞也。"②只有解除壅塞方能化危为安。

（三）卜辞中的水灾

甲骨文中卜问水情的辞例很多，甚至一些水名被尊称为神，成为受祭者。商王致祭水神的主要目的是出于对水情及都邑生存保障问题的关注，尤其是在汛期时，按惯例必祭水神，以防灾情发生。下面根据甲骨资料，重点梳理与解读反映商代水灾的一些辞例。

1. 卜洹水是否为祸

洹，本洹水之名，今称安阳河，乃自北向南折流经殷都的一条大河。它是殷都区及洹水流域殷人赖以生存的重要水资源。故辞中之洹既是水名，又被敬称为神③。举例如下：

（10）☐㱿贞：洹其乍兹邑𡆥（祸）？／洹弗乍兹邑𡆥（祸）？／甲子卜，㱿贞：妇嫀冥（娩）④，妫（嘉）？四月。

（《合集》7853 反典宾类）

（11）其乍兹邑𡆥（祸）？／洹弗乍兹邑𡆥（祸）？四月。☐／贞：妇嫀冥（娩），不其妫（嘉）？　　　（《合集》7859 典宾类）

（12）其乍兹邑𡆥（祸）？／弗乍兹邑𡆥（祸）？四月。☐／贞：妇嫀冥（娩）不妫（嘉）？　　　　　　（《合集》7860 典宾类）

（13）庚☐「卜」，☐贞：☐水☐／己酉卜，祝贞：桒年于高且？四

---

① 商承祚：《〈石刻篆文编〉字说（二十七则）》，《中山大学学报》（哲学社会科学版）1980 年第 1 期。
② （西汉）司马迁：《史记》卷二《夏本纪》，中华书局，1959 年，第 100 页。
③ 王蕴智：《妇嫀贞娩考》，《殷都学刊》2009 年第 2 期。
④ 赵平安：《从楚简"娩"的释读谈到甲骨文的"娩妫"——附释古文字中的"冥"》，《简帛研究》，广西师范大学出版社，2001 年；后收入氏著《新出简帛与古文字古文献研究》，商务印书馆，2009 年，第 47~55 页。

月。/辛卯卜,大贞:洹引,弗辜(敦)邑?七月。/丁酉卜,□□:□小艿老?八月。二告/己巳卜,大贞:翌辛未煮益启?/甲申卜,出贞:翌□□子㞢其㞢于匕辛同岁,其□□巳。 (《合集》23717 出一类)
(14) 戊子贞:其寮于洹泉大三牢,宜牢? (《合集》34165 历二类)
(15) 庚午卜:其又于洹,又雨? (《合集》28182 无名类)

反映洹水灾害的龟甲
(《合集》23717 正)

上揭例(10)~(13)皆围绕洹水是否危害"兹邑"所卜。辞中的兹邑当指"大邑商",即殷都和王室所在地。贞人㱿反复问卜洹水是否为祸,很显然,此与洹水发生灾情有关。辞中显示四月的某日,在妇蝶(此为武丁时较常见的诸妇名之一,约在妇鼠、妇嬐之后,略早于妇好、妇妌)临产前贞娩的同时,殷人又反复记下了有关洹水暴涨并向神灵告急的祷词。

据研究,卜辞中的九月、十月称春(《合集》9652),从十月至来年的一~三月均出现过打雷这种在春分之后和仲秋之前才会有的气象记载(《合集》13406)。如此推算,殷历的三~五月应属一年中的秋天,四月乃为仲秋时节。据上揭"四月"辞的记载分析,当时洹水的秋汛尚未结束,商王国仍处在水患灾情的威胁之中。

此外,例(13)为出一类卜辞。贞人祝问卜是否向高祖致秦年祭。此与例(10)所卜的时间相同,也是"四月"。至七月份,贞人又卜"洹引"之事。这反映出商王十分关切洹水的漫溢是否会冲毁邑落。此后贞人出的问卜内容,或认为与前面的水患灾情有关。

关于洹水是否危害"兹邑"的问题,陈梦家也曾做过较为系统的研究。陈氏认为:古人滨河而居,为便于取水;但有取水的方便,也有遭受水患的危险。殷都屡迁,这是原因之一。当时防治水灾的技术,一定没有很发达；而当时是否有沟洫灌溉的设施，亦属疑问。陈氏还列举了从武丁到乙辛时的 20 条卜辞，进而论证了当时的水祸大致分两种情况，一是河水来入为患，一是久雨成大水为患[①]。现在看来，陈氏的意见仍是正确的。

2. 卜"宁雨"

由上文可知，盘庚迁殷后，商王国遭受的水患威胁并未消除。卜辞中受祭的水神主要有河、洹、滴、瀤、渦等。大自然实在是变化无常，河流也经常出现季节性的泛滥，着实令殷人担心甚至惧怕。卜辞中的"甹（宁）"，是止息灾害的一种祭祀。宁雨，即祈祷神灵止息水患，以免商王国遭受灾难。根据对"宁雨"辞的梳理，此类问卜多存在较固定的语序关系，即"宁雨于某"。"某"为止息水患而受祭的神灵。请参：

（16）［丁］丑贞：其宁雨于方？　　　　（《合集》32992 历二类）

（17）甲午卜：乙未☒于甯，易日☒／戊申卜：宁雨？

（《合集》33137 历二类）

（18）己未卜：叀元示又伐？／己未卜，宁雨于土（社）？

（《合集》34088 历二类）

（19）癸卯卜：甲㲋？不㲋，竹（系"冬"之误刻）夕雨。／不㲋？允不㲋，夕雨。／宁雨于䖒？　　　（《屯南》744 历二类）

上揭例（16）卜"宁雨于方"。辞中之"方"，当为方神之方，殷人对方神祈祷祭享的内容主要是宁雨、宁风、祈年等农稼之事。方神之名亦见于典籍，且多与土地神并祭。例（18）卜"宁雨于土"。辞中之"土"，读作"社"，是祭祀土地神的地方。如《诗经·甫田》云："以社以方。"毛传云："方，迎四方气于郊也。"[②]商代的方，盖即为天庭中司掌殷人四方土地和粮食生产的神灵。例（19）卜"宁雨于䖒"。"䖒"，乃远古先公名，其神权范围在自然权能方面，也是商王围绕宁雨、祈年

---

① 陈梦家：《殷虚卜辞综述》，中华书局，1988 年，第 523～524 页。
② （汉）毛亨注，（汉）郑玄笺，（唐）孔颖达疏，龚抗云、李传书、胡渐逵整理，肖永明、夏先培、刘家河审定：《毛诗正义》卷十四《甫田》，北京大学出版社，1999 年，第 838 页。

之事而祈祷的对象[1]，此为历二类卜辞。本版骨条上的文字密集而无间隔或界划线，除了"癸卯"这一条卜辞有前辞可以断句之外，其他两条要依据文意和钻凿来判断[2]。

3. 卜"宁水"

卜辞除见"宁雨"外，亦见"宁水"，但其用例远少于前者。请参：

（20）贞：其宁秋于帝五丯臣，于日告？/☐入商，左卜占曰"弜入商"。/甲申，秋夕至，宁，用三大牢。/☐己☐/宁于滴？

（《屯南》930 历二类）

上揭辞末，🔣形乃商、水合用之构件，当释作"宁于滴"。该辞系"宁水于滴"之倒文，用法当与"宁雨于方""宁雨于🔣"同。故"滴"亦为止息水患的祭祀对象。滴本亦水名，卜辞中习见商王擒猎的记事，滴即为濒近殷人田猎区的一条重要水流。故殷人也升华其为神性之属。滴水流域也为殷人重要的农垦地带，殷墟中期之后处于开发高潮，故于廪康卜辞中习见祭滴之贞，以企盼滴神保护地方上的农业生产。

4. 卜河是否害某、求（咎）某

卜辞所见之河，其中一部分是指黄河之神，另外一些当指黄河之名。从卜事看，殷人祭河规格高、数量多。殷人敬重的先公先王中也只有上甲、大乙等才能与之相比。在殷商时期，黄河之神已经升华为宗祖神。河神既是水源的主宰，也是殷人灵与肉的保护神。作为自然界的一条大河，卜辞显示出它身具二重性格，既造福殷人，又为害殷人。请参如下辞例：

（21）庚申卜，永贞：河［虫（害）雨］？/贞：河弗虫（害）雨？

（《合集》14620 宾一类）

（22）庚寅卜，隹河虫（害）禾？　　（《合集》33337 历一类）

---

[1] 刘风华：《殷墟村南系列甲骨卜辞整理与研究》，上海古籍出版社，2014年，第198页。

[2] 中国社会科学院考古研究所编：《小屯南地甲骨·下册》，中华书局，1983年，第1699页。

（23）庚午卜，贞：河盅（害）云？／隹岳盅（害）云？／隹高且亥［盅（害）］云？　　　　　　　　（《屯南》2105 历二类）

（24）壬午卜，宾贞：河求（咎）我？　　（《英藏》1167 典宾类）

上揭诸辞反映出河神对商王施灵的大致作用范围有：害雨、害禾、害云、咎我等权能。可见，河的神力堪与上帝相比。但从卜辞中，我们很难看到因河而造成水患的相关内容，多数卜辞显示，商王献祭河神的目的只是为了禳除其他灾患。

5. 卜"不其鲶"

出组卜辞见有关于"鲶益舀"和"不其鲶"的贞问。李学勤、彭裕商认为："鲶益舀"意义不明确，可能与水患有关[①]。请参以下诸辞：

（25）甲申卜，贞：［翌］乙酉鲶［酻］莽，之日酻［莽］☒堂祊☒小人☒雨？　　　　　　　　　　　　　（《合补》8299 宾三类）

（26）丁丑［卜］，☒贞：告☒室？／甲子卜，出贞：翌丁卯鲶益舀？／丙寅卜，出贞：翌丁卯鲶益舀？　　（《合集》26763 出一类）

（27）丙寅卜，出贞：翌丁卯鲶益舀？／辛卯卜，贞：来丁巳易日？十月。／壬申卜，出贞：丁宾户喊亡勾？／贞：不其易日？☒☒。
　　　　　　　　　　　　　　　　　　　　（《合集》26764 出一类）

（28）☒亥☒其☒洹？／丙寅卜，出贞：翌丁卯鲶益舀？不鲶。
　　　　　　　　　　　　　　　　　　　　（《合集》26766 出一类）

（29）戊寅卜，出贞：今日鲶益舀？／☒益☒雨☒
　　　　　　　　　　　　　　　　　　　　（《合集》26768 出一类）

上揭例（25）为宾三类，例（26）～（29）为出一类，出一类诸辞都是与天气有关的同版占卜，因此推测"鲶"很可能与雨水雨情有关。另外，我们还可以看到"不其鲶"的卜辞常记有验辞，这一点与出组的卜雨辞常有验辞的现象很相似，所以说，这对鲶与水之间具有关联性认

[①] 李学勤、彭裕商：《殷墟甲骨分期研究》，上海古籍出版社，1996 年，第 131 页。近来有学者认为该辞与商代祭祀乐歌、乐舞有关。可参看：王子杨《揭示若干组商代的乐歌乐舞——从甲骨卜辞"武汤"说起》，《"中央研究院"历史语言研究所集刊》第九十本第四分册，2019 年，第 635～670 页。

识,也是一种佐证。另外与㽙同版共卜的还有其他祭祀卜辞。

6. 卜"虫/亡大雨"、"虫/亡大水"等相关水情水患

村北系甲骨各组类卜辞中,几乎都有问卜"虫/亡大雨"等相关水情水患的辞例,而较少看到"虫/亡大水"的占卜。如何来解读此类占卜内容呢?对此,裘锡圭做过较为系统的研究。他认为,辞中之"虫",当读为"有"。"在现代汉语里,反复问句'有没有×'也可以说成有×没有×'。殷墟卜辞所用的跟'没有'相当的词是'亡'(应读为'无'或'罔')。有些卜辞在说了'有×'之后紧接着就说'亡×',从形式上看跟'有×没有×'这类问句很相像。"①此言甚确。通过比较辞例,我们发现,自组、何组所问卜的"虫/亡大雨"辞较少,而宾组、出组以及黄组则较多。请参下揭:

(30)癸丑卜,贞:今岁亡大水?

(《英藏》2593 宾三类)

(31)庚辰卜,大贞:亡来大[水]?/贞:囗虫[大]水? (《合集》24439 出二类)

(32)辛亥卜,出贞:今日王其水寝?五[月]。

(《合集》23532 出二类)

(33)己亥[卜],囗贞:今囗其囗雨?之囗/[甲]辰卜,出贞:商受年?十月。(《合集》24428 出一类)

(34)翌日庚其乘乃霝,卯(比)至来庚又大雨?/翌日庚其乘乃霝,卯(比)至来庚亡大雨?/来庚剝乘乃霝,亡大雨。② (《合集》31199 出一类)

以上除例(30)为宾三类之外,其他皆为出组卜辞。出组问卜是否"虫/亡大雨""虫/亡大水"的辞例有20余片。黄组贞问是否"有大水""遘大雨""多

占卜有无大雨的龟甲
(《合集》31199)

---

① 裘锡圭:《裘锡圭学术文集·甲骨文卷》,复旦大学出版社,2012年,第325页。
② 裘锡圭:《裘锡圭学术文集·甲骨文卷》,复旦大学出版社,2012年,第340页。

雨""兹夕有大雨""今夕征（延）雨"的卜雨辞，则比较多见。此不赘举。

更为重要的是，宾组各类卜辞中对雨情的区分则比较详细，如大雨、多雨、列（歺）雨、雨疾、延雨、联雨、足（正）雨、小雨、从雨等。其中多雨、大雨（《合集》12579 宾一类、3537 正宾二类、12598 宾二类、12704 宾二类、12705 宾二类、12706 宾二类，3250 宾三类、12808 宾三类）、列（歺）雨（《合集》6589 正宾一类）、延雨（《合集》12766 宾一类、12794 正宾一类、12801 正宾一类，12761 宾二类、12763 宾二类、12764 正宾二类、12765 宾二类、12767 正宾二类、12768 宾二类、12769 宾二类、12770 宾二类、12771 宾二类、12779 宾二类、12780 正宾二类、12781 宾二类，12772 宾三类、12773 宾三类、12774 宾三类、12775 宾三类、12776 宾三类、12777 宾三类、12778 宾三类、12790 宾三类、12795 宾三类、12796 宾三类、12797 宾三类、12798 宾三类、12799 宾三类）、雨疾（《合集》12674 宾一类、12668 宾二类、12669 宾二类、12670 宾二类、12671 正宾二类、12673 宾二类）等雨情现象，很可能常给商王国带来"水患"灾害。下面以"多雨"辞为例探讨相关问题：

（35）甲午卜，宾贞：今五月多雨？二告。不☒/贞：今五月不☒二告　　　　　　　　　　　　　　（《合集》12577 正宾一类）

（36）辛未卜，争贞：生八月帝令多雨？三/贞：生八月帝不其令多雨？一二三四/丁酉雨，至于甲寅，旬㞢八日。[九]月。
　　　　　　　　　　　　　（《合集》10976 正宾一类）

（37）□□[卜]，韦贞：今夕多雨？　（《合集》12692 宾一类）

（38）己丑卜，古贞：翌庚寅不雨？/丙申卜，亘贞：今二月多雨？王占曰：其隹丙☒一　　　　　（《合集》12511 正典宾类）

（39）贞：雨？一二三/不其雨？一二三/贞：今日其雨？一二三四五六二告今日不其雨？[一二三四]五六/癸酉卜，亘贞：生月多雨？一二三[四]二告五六七八九十一二三二告
　　　　　　　　　　　　　　　（《合集》8648 正典宾类）

（40）□申卜，□贞：□[多]雨？　（《合集》12703 宾三类）

以上例（35）、（36）、（37）、（38），皆为殷人记有月名的"多雨"

卜辞。例（37）所记的时间"今夕"，即为问卜之日的夜晚；例（39）的"今日"，是指问卜之日的白天。辞中的"今五月""今二月"是指问卜之日所属的那个五月和二月。较难理解的是"生八月"和"生月"。关于这一问题，裘锡圭曾说："陈梦家在《综述》中指出，卜辞称贞卜时的那个月为'今月'或'兹月'，称下一个月为'生月'。此说已为学者普遍接受。"①由此可知，辞中的"生八月"和"生月"，都是指问卜之月的下一个月份而言。在谈到殷商时期连绵雨甚多问题时，胡厚宣举第（36）辞为例，指出："此次连绵雨凡降十八日…如'三正'之说为可信……则殷代安阳一带之雨量，必远较今日为丰。又屡见联绵雨之事，亦非今日北方黄河流域之所可能也。"②

此外，由卜辞也可以看到，殷人在问卜雨情、雨量等内容时，往往也突显"雨佳灾""雨佳祸""雨佳孽""雨佳害"等诸如此类的问题。不仅如此，在久雨之后，殷人还尤为关注是否"易日"、是否"启"等天文气象。

村南系历组、无名组各类卜辞中关于水患的内容并不多见。以上谈及的历组有"宁雨于土"的贞问。实际上，"土（社）"与"河"一样，他们都有禳除水灾、抵御水患的强大功能。

三、考古发现与殷商时期的水患

考古工作者对殷墟进行了近百年的发掘工作，除了出土了大量的甲骨材料和墓葬城址，也基本摸清了殷墟河流的变迁情况。殷墟境内的主要河流是洹河，这里又属于东亚季风区内，降雨存在着阶段性集中高发的情形，所以具有季节性泛滥的特点。

殷商时期都城周围河流的泛滥除了季节性的降雨，也不排除有河流壅塞的因素。考古工作者发现历年来殷墟的考古发掘中，常常有这种堆

---

① 裘锡圭：《释"木月""林月"》，《裘锡圭学术文集·甲骨文卷》，复旦大学出版社，2012年，第340页。
② 胡厚宣：《甲骨学商史论丛初集》（外一种），河北教育出版社，2002年，第874~875页。

积现象：在商代地面的低洼之处，常发现一层深灰或黑色的淤积土。考古学者分析指出："殷商王朝毁亡的原因是多方面的，但非衰极而终。考古发掘表明，殷墟从一期到四期，是一个不断发展的过程。殷都依洹河而建，又距漳河不远，水患可能是殷都废弃的重要原因。……不管是河水来入，还是久雨成大水，都会导致洹河水上涨，威胁到小屯宫殿宗庙区和整个都城的安危。……在历年来殷墟的考古发掘中，常常发现这么一种堆积现象，即在商代地面的低洼处，常发现一层深灰或黑色的淤积土。……该堆积层能明确判定时代者，均为殷墟四期偏晚阶段。据科技考古学者现场考察分析，认为这种堆积应是由于水的作用而形成的淤积土层。……该淤积土层很可能与殷墟四期偏晚阶段的洹水泛滥有关。"① 洹河的泛滥是季节性的，前文已有材料可证，并未造成致命的灾难，但是到了殷墟四期偏晚阶段，洹河的水患却对殷墟都城造成了致命性的破坏，这与洹河水道的壅塞恐怕不无关系。

第二节　旱　　灾

旱灾也是农业生产中常见的灾害之一。殷墟的主要区域位于今河南省安阳市境内，以旱作农业为主，虽然作物耐旱能力较强，但是年均降雨的不均以及殷商晚期气候的转冷都会造成严重的干旱灾害。文献、甲骨文和考古材料都有一定的反映。

一、历史文献所见商代的旱灾

商代的旱灾在商汤建国之初就已经开始，甚至可以说商朝初年的干旱，是夏代末年干旱的延续。《今本竹书纪年》载："（汤）十九年，大旱。氐、羌来宾。二十年，大旱。夏桀卒于亭山。禁弦歌舞。二十一年，大旱。铸金币。二十二年，大旱。二十三年，大旱。二十四年，大

---

① 岳占伟、岳洪彬：《谈谈殷墟都城的毁灭原因》，《殷都学刊》2012年第1期。

旱。王祷于桑林，雨。"①先秦诸子的著作中也多有提及。《吕氏春秋·顺民》载："天大旱，五年不收，汤乃以身祷于桑林……雨乃大至。"②《通鉴前编》记："三月，商王践天子之位，是岁大旱。"盘庚迁殷之后，旱灾并没有因此而停息。商代后期也出现了大旱，大约在文丁之后，直到商纣灭亡。《古本竹书纪年》载："（太丁）三年，洹水一日三绝。"③太丁，即大丁，商王文丁。洹水，方诗铭、王修龄注：洹水在殷都之旁。"一日三绝"意为几尽断流，是干旱灾情的典型表现。又《今本竹书纪年》载："（帝辛）五年夏……雨土于亳。"④《墨子·非攻下》："逮至乎商王纣，天不序其德，祀用失时，兼夜中十日，雨土于薄。"⑤"雨土"，即从空中降落尘土，和现在的沙尘暴天气特征相似。沙尘暴是一种高强度风沙灾害，并不是在所有有风的地方都能发生，只有那些气候干旱、植被稀疏的地区才有可能发生。薄通亳，亳，商汤时的都城，相传有三处，即：南亳，今商丘市东南谷熟；北亳，蒙地，今河南偃师市西，汤受命为盟主之处；西亳，今偃师，汤攻夏时所居。此文是说，在商纣统治初期，河南偃师或商丘一带的旱情异常严重，植被稀疏，大风卷起沙尘，造成了一连十几天的沙尘暴天气，也可视为旱灾的表现。帝辛末年，干旱尤为严重。《国语·周语上》记伯阳父之言："河竭而商亡。"⑥《淮南子·俶真训》载："逮至殷纣……峣山崩，三川涸。"⑦《淮南子·览冥训》载："峣山崩而薄落之水涸。"⑧何宁案：三川，《国语·周语》注、《史记·周本纪集解》俱云"泾、渭、洛"。二书皆记幽王二年事"三川竭，岐山崩"。《周语》云："川竭山必崩。"注："水泉不通，

---

① 方诗铭、王修龄：《古本竹书纪年辑证》，上海古籍出版社，2005年，第225~256页。
② （战国）吕不韦著，陈奇猷校释：《吕氏春秋新校释》，上海古籍出版社，2002年，第485页。
③ 方诗铭、王修龄：《古本竹书纪年辑证》，上海古籍出版社，2005年，第36页。
④ 方诗铭、王修龄：《古本竹书纪年辑证》，上海古籍出版社，2005年，第236页。
⑤ 吴毓江撰，孙启治点校：《墨子校注》，中华书局，2006年，第217页。
⑥ 徐元诰撰，王树民、沈长云点校：《国语集解》，中华书局，2002年，第27页。
⑦ 何宁：《淮南子集释》，中华书局，1998年，第158~159页。
⑧ 何宁：《淮南子集释》，中华书局，1998年，第461页。

枯竭而崩。"是川竭与山崩相因也。《史记·正义》云："泾、渭二水在雍州北，洛水在雍州东北，则此崤山当在雍州，不当在南阳矣。"①此说可信。当时文王居于周原，由于干旱缺水，粮食绝收，出现了严重的饥荒，不得不将都城从周原（今陕西岐山县东北岐山下）迁到程（今陕西咸阳市东北）。《逸周书·大匡解》："维周王宅程三年，遭天之大荒，作《大匡》以诏牧其方。"②三年之后程地又遇歉收，不得不从程迁到了丰邑。《今本竹书纪年》载："周大饥，西伯自程迁于丰。"③丰，位于今陕西长安区西北沣河西岸。由此可见商末的大旱持续时间之久、影响之大。

二、殷墟甲骨文所见的旱情

殷墟出土的甲骨文中习见"熯"字，原字形写作：▨（《合集》20305 自肥笔类）、▨（《合集》22067 午组）、▨（《合集》10184 宾一类）、▨（《合集》10171 正宾二类）、▨（《合集》25811 出二类）、▨（《合集》29544 何一类）④，相关的形体可见▨（《合集》10178 自宾间 A 类、10181 宾二类、10183 正宾二类），亦可见▨（《合集》9815 自宾间 A 类、10186 宾一类、25370 出一类、25971 出一类）等。通过梳理甲骨材料，此"熯"字已见于著录的相关辞例有 220 余条。如果从字体构形来看，古"熯"字，早期是一个写作▨的正面人形。▨则是在原字形的基础上别加口符的黑字人形，而▨又是在▨字下部叠加火旁而表意。很显然，作为表"旱灾"的本字，在构形上逐步出现了繁化倾向。此字今作"旱"。许慎《说文解字》："熯，干儿，从火漢声。诗曰，我孔

---

① 何宁：《淮南子集释》，中华书局，1998 年，第 159 页。
② 黄怀信、张懋镕、田旭东：《逸周书汇校集注》，上海古籍出版社，2007 年，第 144～146 页。
③ 方诗铭、王修龄：《古本竹书纪年辑证》，上海古籍出版社，2005 年，第 238 页。
④ 孙俊、赵鹏认为该字读为"艰"，参《"艰"字补释》，宋镇豪主编《甲骨文与殷商史》（新二辑），上海古籍出版社，2011 年，第 131～142 页。现仍从唐兰说，参氏著《殷虚文字记》，上海古籍出版社，2016 年，第 130 页。

汉矣。"①《说文解字》："旱，不雨也，从日干声。"②从文字发展的过程来看，"暵"是先出现的古字，而"旱"出现较晚，但二者所表达的皆为"久旱不雨"之义。如上所举，作为一个表"旱灾"的符号，古"暵"字，主要出现在武丁时期的自组、宾组（包括历一类），自武丁之后，经庚甲、廪康直至武乙、文丁时期的无名组以及乙辛时期的黄组仍常见到这个字。

为研究方便，我们对殷墟出土甲骨文中所见的古"暵"（下文用"旱"代"暵"，以便书写）字符号进行剪切了数例，以上所示只是其中的一部分。在诸多气象卜辞中，有些辞例较为明确地问卜干旱是否危害商王国及其他区域，这反映出商王对当时发生旱灾的极大关注。兹从以下两个方面进行探讨。

（一）卜"我"与"四土"等地是否降旱

现择录有关"旱"字的卜辞于下，然后加以解读。
（1）贞：我不暵（旱）？一月　　　　（《合集》10178 自宾间类）
（2）☐北土☐暵（旱）？　　　　　　（《合集》10185 宾一类）
（3）☐西土亡暵（旱）？　　　　　　（《合集》10186 宾一类）
（4）丙戌卜，宾贞：商其［旱］？一二二告三／贞：商暵（旱）？
　　　　　　　　　　　　　　　　　（《合集》249 正典宾类）
（5）☐丑卜，贞：不雨，帝叀暵（旱）［我］？
　　　　　　　　　　　　　　　　　（《合集》10164 典宾类）
（6）丁未［卜］，☐龙方☐［降］暵（旱）？（《合集》10187 典宾类）
（7）庚戌卜，贞：帝其降暵（旱）？　　（《合集》10168 宾三类）
（8）甲辰卜，永贞：西土其㞢降暵（旱）？二月
　　　　　　　　　　　　　　　　　（《续存·下》155 典宾类）

上揭诸辞所载发生灾害的地名，是商王关注的重要区域，如果加以厘清，不仅可以进一步了解当时旱情的范围，还可以了解商王室与其他

---

① （汉）许慎撰：《说文解字》，中华书局，1963 年，第 207 页。
② （汉）许慎撰：《说文解字》，中华书局，1963 年，第 138 页。

诸侯方国之间的关系等问题。下面我们先探讨与上举（1）、（5）辞具有关联的"我"这个地名问题。从卜辞记载来看，关于"我"的所指主要有以下几种：第一，指商王畿以内的范围。商王畿是指以商王都为主体的政治、经济和文化中心区域。殷人常将"我"与"四土""四方"相区分。

第二，指商王或商王国。如"我狩"（《合集》10198正）、"我启"（《合集》27882）等。

占卜是否会有大旱的龟甲
（《合集》10168）

第三，指"我"邑这个地名。林沄在《花东子卜辞所见人物研究》一文中，曾谈及"邑人"问题，在举述"在我"（《花东》7、467）以及"我人"（《花东》183）[①]等辞例论证时，他指出，这些辞例中的"'我'既是地名，'我人'当是居于我邑之人"[②]。这是很精辟的见解。

第四，指诸侯方国名。卜辞常言"某入若干"，如"我入囗"（《合集》3971），"唐入十"（《合集》892反、7440反），"竹入十"（《合集》902反），"奠入二"（《合集》151反）等。胡厚宣认为，唐、竹和奠所"入"的物品是龟[③]。王宇信进一步认为，唐、竹、奠，这些侯伯子男等诸侯被称为商王室的"外服"，他们有领土，在政治、经济上具有相对的独立性，是一个政治实体。他们在商王畿的周边，因此被称为"殷边侯田（甸）"（参《大盂鼎》铭文），除为商王守土外，还有贡纳的义务[④]。

[①] 林沄《花东子卜辞所见人物研究》一文认为，《花东》183卜辞中的"我人"，是指我邑之众人。其解甚确。见《林沄文集·古史卷》，上海古籍出版社，2019年，第243页。

[②] 林沄：《林沄文集·古史卷》，上海古籍出版社，2019年，第259页。

[③] 胡厚宣：《武丁时五种记事刻辞考》，《甲骨学商史论丛初集》（外一种）上，河北教育出版社，2002年，第430页。

[④] 王宇信、杨升南主编：《甲骨学一百年》，社会科学文献出版社，1999年，第519~520页。

由此可以推知,"我入□"之辞中的"我"亦应是一个诸侯方国,此与上举表商王畿以及商王朝的"我",的确有所不同。

综上,(1)、(5)两辞中的"我"当指商王畿以内的区域。当时旱灾迫逼商王畿,直接影响着商王室生活的方方面面。因此,从辞(1)看,商王武丁用反问语气问卜:王畿之内应该不会发生大旱之灾吧?此卜意在表明商王迫切期待天降甘霖,以便早日缓解旱灾对商王畿的严重威胁。此外,卜辞中的十月至十二月,以及来年的一月、二月、三月常称春①。上揭(1)、(8)辞所署的月份分别为一月、二月,可见当时商王国的"我"和"西土"都正面临严重的春旱威胁。

还应说明的是,以上例(2)中的"北土"与(3)、(8)两辞中的"西土",皆指与商王畿相对的一些边远区域。陈梦家认为,"四土"之地是介于大邑商与大小邦方之间的地理区域,当属文献所载的"殷国""殷邦"或"大邦殷"的范围②。陈氏的分析是比较符合实际的。

上揭例(4)占卜"商"地会不会遭遇大旱?关于"商"的位置,从罗振玉、王国维、陈梦家、董作宾、岛邦男到郑杰祥、钟伯生等学者都进行过讨论。备受关注的解释有以下几项。董作宾在排帝辛征人方谱时,提出"商""大邑""大邑商"皆指河南商丘③。陈梦家同意董氏"商"指商丘,但认为"大邑商"指沁阳,"天邑商"指朝歌(今淇县)④。岛邦男则认为,除"兹商"是指安阳外,其他如"商""商丘""中商""大邑商"皆指商丘⑤。郑杰祥的看法,正好与此相反,他

---

① 见《合集》18"戊寅卜,争贞:今春众有工?十月"以及《合集》37852"[乙]亥[卜],王□自今春至□翌人方不大出?王占曰:吉。在二月。遘且乙彡,更九祀"等。在商代晚期黄组卜辞的时代,盛行用周祭祭祀记录日期的风气,时值当春的二月。商王及王室贵族每当遇有重要事情需要进行占卜时,往往都要在刻辞的最后部分附记上当日的周祭祭祀,以此作为一种记日的方式。参徐明波:《殷墟黄组卜辞断代研究》,四川大学博士学位论文,2007年。
② 陈梦家:《殷虚卜辞综述》,中华书局,1988年,第325页。
③ 董作宾:《董作宾先生全集·乙编》第二册,《殷历谱》下编卷九《帝辛日谱》,台湾艺文印书馆,1977年,第745~754页。
④ 陈梦家:《殷虚卜辞综述》,中华书局,1988年,第255~258页。
⑤ 〔日〕岛邦男:《殷墟卜辞研究》,上海古籍出版社,2006年,第693页。

认为,"商""大邑商""天邑商"都是指王都今安阳或朝歌,"中商"指安阳附近①。钟伯生在对这几个地名词进行分期研究时,将五期中有关"商"的称谓制成了一个表格(即"卜辞地名分期表")。他认为,商在甲骨文中应有广狭两义。狭义的指某一地,而广义的"商"应指商王国的王畿②。关于王畿的范围,李学勤认为,西界南段是沁水,西界北段大约以太行山为界。南界即宋,在今商丘以北。东界应在曲阜以西,北界无确认③。孙亚冰和林欢的《商代地理与方国》一书,在第三章"王畿区和四土地名考订举例"中,结合卜辞的内容,认为"商"应指商方,其地望与并地邻近,并在殷之西北地区④。同时,她们还论证了例(6)中的龙方应与殷西北的羌、彭、耳等地接近⑤。龙方是侯伯子男以外较为偏远的方国部族。尽管如此,商王对龙方遭遇旱情的关注,在一定程度上,说明了当时商王朝与龙方之间存在着友好关系。但卜辞又言"王叀龙方伐?"(《合集》6583)和"弓乎妇妌伐龙方?"(《合集》6585)。此二例显示出,当龙方对商王朝出现敌意或不友好时,商王对自己是否亲伐,还是委派妇妌征讨龙方进行选择性占卜。此正反映了商王武丁对较为偏远方国部族的一种复杂心态。

(二)殷人为禳除"旱灾"而祈雨

也有卜辞记录殷人用莘雨、祭河赐雨、焚人求雨、舞雨的方法向神灵举行祭祀,以求禳除旱灾。下面,我们结合具体辞例加以探讨。

1. 卜"莘雨"

殷人为禳除旱灾而"莘雨",即通过不同的祭祀方式向帝、河、岳以及祖先、旧臣等神灵以祈雨。请参下揭辞例。

(9)壬午卜:于河莘雨,燎? （《合集》12853 自宾间类）

---

① 郑杰祥:《商代地理概论》,中州古籍出版社,1994年,第4~18页。
② 钟伯生:《殷商卜辞地理论丛》,台湾艺文印书馆,1989年,第48页。
③ 李学勤:《殷代地理简论》,科学出版社,1959年,第95~97页。
④ 孙亚冰、林欢:《商代地理与方国》,中国社会科学出版社,2010年,第289~291页。
⑤ 孙亚冰、林欢:《商代地理与方国》,中国社会科学出版社,2010年,第285~289页。

(10)［庚］午卜：方帝三豕㞢犬，卯于土宰，桒雨？三月。/庚午卜，桒雨于岳？　　　　　　　　　　（《合集》12855 典宾类）

（11）甲戌卜：其桒雨于伊奭？　　　（《合集》34214 历二类）

（12）壬申贞：桒雨于示壬一羊？　　（《屯南》2584 历二类）

上揭例（9）中的"河"既是黄河之名，又指黄河之神①。此辞反映出商王燎河的目的就是为了使河神赐予甘霖，以便禳除旱灾。但从该辞看，在执政初期的商王武丁，这次致祭河神的规格、品物以及祭所等信息的记载均不太明朗。而例（10）是一版典宾类卜辞，此辞记录了在武丁执政中期的某年三月份，商王国遭遇了一场大旱。庚午这天，武丁问卜是否举行祊祭用进献三头豕、三只犬的祭品祭祀帝神，用对剖十只圈养的羊牲的仪典祭祀社神，以求神灵赐雨。庚午日又问卜，是否向岳神②举行祈雨的仪式。该辞中的"帝"即为上帝，殷人以为上帝是至上神，风雨雷电等皆由其掌控。由卜辞来看，这次祭祀所致祭的神灵、祭祀手段以及献纳的牺牲种类和数量等都有较为明确的记载。辞中的"三月"，正值殷历的春末，这是禾苗的抽穗期。可以推想，一场春末大旱，紧逼商王国，商王采取了祭祀求雨的方法，祈祷神灵赐雨，使禾稼丰收有望。上举例（11）、（12），是两版历二类卜辞，记录了商王祖甲分别向伊奭（旧臣）和商先王示壬致求雨祭，以禳除旱灾。

2. 卜"祭河赐雨"

殷人遇旱常举行"祭河赐雨"的问卜，参下揭辞例。

（13）［戊子卜，㱿］贞：王令酻河，沈三牛，燎三牛，卯五牛？王占［曰］：丁其雨。九日丁酉允雨。/［戊子］卜，㱿贞：王弜令［酻］

---

① 王建军：《商代甲骨文所反映的水灾研究》，《中原文化研究》2013 年第 6 期。

② 彭裕商认为，卜辞中的"岳"似当指嵩山。并举"贞：弜辛未酻岳？"（《合集》8843 宾二类）以及"叀岳先酻，雨？"（《合集》34221 历二类）等为例加以说明。他指出，嵩山在今河南省中部，距殷都安阳不远。在殷代当为内地，常为殷人所瞻视，故以为群山之首而名为岳……周因于殷礼，西周也以之为岳。以上为求雨之祭，岳能兴雨，故对之求雨。《礼记·祭法》："山林川谷丘陵能出云，为风雨，见怪物，皆曰神。"《公羊传》僖公三十一年："不崇朝而遍雨乎天下者，唯泰山尔。"见彭氏撰《卜辞中的"土""河""岳"》，《四川大学学报丛刊》（第十辑），四川人民出版社，1982 年。

河？二月。(以上为正面) / 丁,王亦占曰:其亦雨。之夕允雨。(此条为背面)
(《合集》12948 正反典宾类)

上揭是由贞人㱿"祭河赐雨"的问卜。该辞记录了商王武丁在戊子日所作的占辞,预计九天后的丁酉日将会有雨,占卜后所附的验辞表明,第九天的丁酉日果然下了雨。稍后,或许雨停了,商王又把卜龟拿出来再作占断,认为天还会下雨。结果,那天的晚上天又下了雨[①]。该版正面的辞末署明的时间是"二月"。这已是殷历的春末了,面对如此旱情,商王向河神求雨,此次举行的祭祀较为复杂,贞人㱿问能否用酻祭,再行沉三头牛、燎三头牛以及对剖五头牛的祭仪祈祷河神。此外,龟版背面的辞义显示出武丁亲自"占"了又"占",这次问卜,突出了商王武丁对"久旱不雨"灾害的一种纠结,又彰显了他作为王者渴望河神赐雨以解除旱情的家国情怀。

3. 卜"焚人求雨"

殷人遇旱,常行焚人(字写作 或 形)求雨的祭祀。历史文献对这种极具特色的禳灾巫术,有较多记载,裘锡圭结合卜辞做了系统的整理与论证,并从中得出殷人"焚人求雨"的方式主要有"焚巫尪"与"作土龙"[②]。下面,我们通过辞例解读并就相关问题进行探讨。

(14)贞:燓婞,业雨? / 弜燓妦,亡其雨? (《合集》1121 正宾一类)

(15)贞:弜燓,亡其从雨? / 贞:燓妫,业从雨? / 贞:燓闻,业从雨? / [贞]:弜[燓]闻。 (《合补》3799 典宾类)

(16)□□卜,其燓侃,毋又大雨?大吉 (《合集》30172 无名类)

(17)于甲燓凡? / 甲申,贞:燓嬌,雨? / 才 燓嬌? (《合集》32299 历三类)

(18)其燓,此又雨? (《合集》32300 历三类)

(19)戊寅卜,巫又伐,今夕雨? / 于己卯雨? / 己卯卜,燎犬四

---

① 黄天树:《殷墟甲骨文验辞中的气象纪录》,《黄天树甲骨金文论集》,学苑出版社,2014 年,第 167~199 页。

② 裘锡圭:《说卜辞的焚巫尪与作土龙》,《裘锡圭学术文集·甲骨文卷》,复旦大学出版社,2012 年,第 194~205 页。

云？/癸未卜，雨？/丙戌卜，丁亥雨？/丙戌卜，戊子雨？/庚寅不雨？/辛卯雨？/戊寅卜，燹？/戊子卜，至庚寅雨？

(《合补》13267 历无名类）

（20）于☐燹［雨］？/于夫燹，雨？/于☐燹，雨？/于河燹，雨？/癸丑卜，其燹☐☐？　　　　(《合补》9554 无名类）

以上七版辞例中的"燹"，原字形写作▨（《合集》1121 正宾一类）、▨（《合集》32300 历三类）、▨（《合集》30172，无名类）等，过去学界多将其释作"燎"。叶玉森首先指出，燎字象投人于火，燎祭是用人牲求雨之祭①。裘锡圭认为此字释"燎"不妥，当释作"燹"，象"尩"在"火"上，是专用于"焚巫尩"的"焚"字的异体②。从上举以及其他辞例来看，殷人求雨所焚的人牲有㜸、奻、妟、嫴、娄、嬸、奴等，裘氏认为，这些无疑都是女子之名。关于被焚女子的身份，于省吾以为是女奴，姚孝遂认为是女俘，陈梦家认为是女巫，胡厚宣认为可能是女奴，也可能是女巫，而当以女巫为多。结合具体字形、辞例与历史文献，裘氏通过严密的论证进一步认为，商代有焚巫求雨的习俗，至于象焚尩的"燹"（▨）字所以也可以用来指焚巫，此是由于焚尩、焚巫这两件事性质相近的缘故③。这样看来，裘的意见与胡的看法较为接近。此外，王晖从巫术文化的角度也进行过研讨，他认为，旱为阳，女为阴，焚烧妇女求雨"是同性相斥、异性相吸的阴阳交感巫术"④。此可备一说。

另外，卜辞还常见写作▨（《合集》32289）形的字。裘氏认同学界将此字与前举字例用法视为相同的观点，仍隶作"燹"，但确认二者的构形有别，并举一片残甲（《合集》19802）同见两种字形为例加以说明。关于此字所见的辞例，可参下揭辞例。

（21）丙戌卜，燹婆？/丙戌卜，燹女？　　(《合集》32301 历一类）

---

① 叶玉森：《殷虚书契前编集释》（卷五），大东书局，1934年，第35～36页。
② 裘锡圭：《说卜辞的焚巫尩与作土龙》，《裘锡圭学术文集·甲骨文卷》，复旦大学出版社，2012年，第198页。
③ 裘锡圭：《说卜辞的焚巫尩与作土龙》，《裘锡圭学术文集·甲骨文卷》，复旦大学出版社，2012年，第203页。
④ 王晖：《商代卜辞中祈雨巫术的文化意蕴》，《文史知识》1999年第8期。

（22）戊辰卜，蓐受于𝄞，雨？　　　　　　（《合集》32289 历一类）

这是两片村南系的历一类卜辞，此如前文所言，商王被焚以求雨的也都是女性人牲。由此看来，焚尪求雨是历史非常悠久的一种习俗，其产生也许早于焚巫。据《左传·僖公二十一年》载："夏，大旱。公欲焚巫尪。"杜预注："巫尪，女巫也，主祈祷请雨者。或以为尪非巫也，瘠病之人，其面向上，俗谓天哀其病，恐雨入其鼻，故为之旱，是以公欲焚之。"①《礼记·檀弓下》："岁旱，穆公召县子而问然，曰：'天久不雨，吾欲暴尪而奚若？'曰：'天久不雨，而暴人之疾子，虐，毋乃不可与？然则吾欲暴巫而奚若？'曰：'天久不雨，而望之愚妇人，于以求之，毋乃已疏乎？'"②裘锡圭认为，《左传·僖公二十一年》疏据《檀弓》篇巫、尪分言，这是肯定了杜注的后一说。焚烧巫尪以求雨，在鲁僖公的时代一定仍是一种相当普遍的现象③。由此可见，殷商时期"焚尪求雨"的占卜习俗一直影响到了春秋时代的焚尪祭祀。这是中国古代文化在宗教习俗方面的一种延续和发展。

另外，古代在遭遇大旱时，往往也会作土龙以求雨。殷商时期作土龙以求雨的巫术，见于下揭卜辞。

（23）叀庚蓐，又［雨］？／其乍龙于凡田，又雨？
　　　　　　　　　　　　　　　　　（《合集》29990 无名类）
（24）乙未卜：龙亡其雨？　　　　　　（《合集》13002 宾一类）
（25）十人又五☐／☐龙☐田，又［雨］？　（《合集》27021 何一类）
（26）叀鷹龙乍，又大雨？　　　　　　（《合集》28422 何二类）
（27）其归鷹龙☐　　　　　　　　　　（《合集》28420 无名类）

上揭例（23），同版记载了两种求雨的方式，即"焚尪"与"作

---

① （周）左丘明传，（晋）杜预注，（唐）孔颖达正义，浦卫忠、龚抗云、于振波整理，胡遂、陈咏明、杨向奎审定：《春秋左传正义》卷十四《僖公二十一年》，北京大学出版社，1999 年，第 398 页。

② （汉）郑玄注，（唐）孔颖达疏，龚抗云整理，王文锦审定：《礼记正义》卷十《檀弓下》，北京大学出版社，1999 年，第 328～329 页。

③ 裘锡圭：《说卜辞的焚巫尪与作土龙》，《裘锡圭学术文集·甲骨文卷》，复旦大学出版社，2012 年，第 194 页。

龙"。据辞义分析,这版村南系的无名类卜辞,问卜的目的就是为凡田求雨。对此,裘锡圭认为,此中所言之"龙"就是求雨的土龙①。例(25)是村北系何组的一条残辞。该辞记载的可能还是"作龙于某田"的占卜。这为《淮南子·地形训》所记"土龙致雨"(高诱注:"汤遭旱,作土龙以象龙,云从龙,故致雨也。")②提供了出土文献依据。其他三条辞例的问卜内容,也都与作土龙以求雨有关,此不赘述。

4. 卜"舞雨"

殷卜辞习见的"舞",是求雨的祭祀行为,请参下列诸辞。

（28）☐弜舞今日,不其雨？允不。　　（《合集》20972 自历间类）
（29）辛巳卜,宾贞:乎舞,屮从雨？　　（《合集》12831 正宾一类）
（30）贞:弓舞河亡其雨？　　（《合集》14197 正宾一类）
（31）贞:我舞雨？　　（《合集》14209 宾一类）
（32）贞:乎取舞臣‖　　（《合集》938 典宾类）
（33）贞:今丙戌蒉奶屮从雨？/贞:奶,亡其从雨？二告/叀己丑奏？/弓隹今己？/舞岳屮？/弓舞岳？/于翌庚蒉。
　　　　　　　　　　　　　　　（《合集》9177 正典宾类）
（34）贞:王其舞？若。/贞:王弓舞？（《合集》11006 正典宾类）
（35）贞:舞岳屮雨？　　（《合集》14207 典宾类）
（36）癸卯卜,叴贞:乎多簪［舞］☐/贞:弓乎多簪舞☐/王占曰:其屮雨？甲辰☐丙午亦雨。多☐　　（《合集》16013 典宾类）
（37）庚寅卜,辛卯奏舞,雨？/庚寅卜,癸巳奏舞,雨？/庚寅卜,甲午奏舞,雨？　　（《合集》12819 自宾间类）
（38）甲辰卜,翌乙巳我奏舞,至于丙午［雨］？
　　　　　　　　　　　　　　　（《英藏》1282 典宾类）
（39）叀万霝盂田,又雨？吉。　　（《合集》28180 无名类）

---

① 裘锡圭:《说卜辞的焚巫尪与作土龙》,《裘锡圭学术文集·甲骨文卷》,复旦大学出版社,2012年,第204页。
② 何宁:《淮南子集释》卷四《地形训》,中华书局,1998年,第342页。

（40）叀戍乎舞，又大雨？／叀万乎舞？又大雨？

（《合集》30028 无名类）

（41）于翌日丙舞，又大雨？吉。　　（《合集》30041 无名类）

（42）王其乎舞？大吉。　　　　　　（《合集》31031 无名类）

由上举（34）、（42）辞"王其舞"可知，商王有时亲自参与以舞求雨的活动。跳舞求雨或伴有呼叫，或伴有奏乐，伴有呼叫者为舞雩，甲骨文中称"乎（呼）舞"，伴有奏乐的称"奏舞"。例（32）反映出商王求雨时问卜是否呼取舞臣Ⅱ。王宇信认为，"Ⅱ"为人名。舞臣有名，故非为奴隶而应为官名。此类"舞臣"，应属宗教类职官①。例（36）中的"簪"②，从裘锡圭释。该辞是求雨之辞，求雨既要跳舞，又要奏乐，所以此与簪（乐舞之女奴）有关。例（33），记载了商王在问卜旱情、求雨等内容时，往往也突显是否"蔑妟""舞岳"等诸如此类的问题。如前文所言，"蔑妟"即焚烧女性人牲以求雨。"舞岳"之"岳"，即为嵩岳。实际上，"岳"与"河"一样，他们都有禳除旱情、抵御灾患的强大功能。

以上诸辞都是商王问卜商王国遭遇旱情的一些辞例。由此综合来看，当时旱情发生的范围大多集中在殷王畿及其西北一带。对于这个时期旱情频发的原因，郭旭东教授也进行过认真考察，他认为，殷商时代，由于受地理位置因素的影响，中原地区大陆性气候的特征还是难以改变的。因此造成了在殷王畿之内，每年的冬春两季（此与我们的观点有所不同，卜辞所见只有春秋，而无明确的冬夏记载）总是干燥少雨，常发生旱灾。由于长时期干燥，来自偏北的大风随着南移而风力不断加大，有时形成狂风。而暴风很容易刮起地上干燥的沙土形成扬尘天气，甚至是沙尘暴③。邹逸麟则将此问题归于人类对自然环境造成破坏这一深层原因上，他认为，当人类社会生产中出现了原始农业，即开始改变

---

① 王宇信、杨升南主编：《甲骨学一百年》，社会科学文献出版社，1999 年，第 461 页。

② 裘锡圭将此字释作"簪"。见《关于殷墟卜辞的"簪"》，《夏商周文明研究·六——2004 安阳殷商文明国际学术研讨会论文集》，又载于《裘锡圭学术文集·甲骨文卷》，复旦大学出版社，2012 年，第 512 页。

③ 郭旭东：《殷商时期的自然灾害及其相关问题》，《史学集刊》2002 年第 4 期。

天然植被^①。这些意见都是值得重视的。

三、考古发现所见商代旱灾

商代安阳的气候与现在的气候是有较大差别的。单从"豫"字的解释就可见一斑。《说文解字》云:"豫,象之大者。"^②豫也是河南省的简称。徐仲舒指出,河南是产象的^③。胡厚宣对盘庚迁殷后的安阳及其周边地区的气候有过较为详细的论证,他认为,殷代气候与现在是不相同的,和同时期的欧洲一样,其气候比今天热;从文献记载看,这里大量种植竹子和稻谷,桑蚕业发达,貘、竹鼠、野猪等南方亚热带动物来往其间,是气候温热的典型体现;殷代终年都有降雨,即使降雪也是雪量不大,常以雨夹雪的形式出现,而且降雪之时多在夜间天气较凉之时;常下连阴雨,如今日之江南^④。如此,商代的气候较现代温度较高,湿度也较大。

但考古发现殷墟的地下水位明显低于商代中期,甚至有的比现今的还要低一些。河北藁城台西商代遗址发现的两眼水井分属于不同的时代。其中属于中商时期的 J2 深约 3.7 米,J1 则相当于殷墟二期(商代晚期),深约 6.02 米。相比之下,J1 比 J2 深约 2.3 米^⑤。显然在河北藁城地区商代中期的水位比殷墟二期即商代晚期要高,说明在河北藁城一带商代中期比商代后期更为湿润。殷墟的情况也是如此。据专家统计,在殷墟发现的许多水井深度大部分都在 10 米以上,更有一些井深达 16～17 米。在洹北花园庄遗址(早于殷墟大司空一期)中最深的水井深度可至 7.8 米。可见,与商代中期相比,殷墟晚期的地下水位已经大幅下降,说明商代后期气候是偏于干旱的。

从殷墟时期的埋葬方式上也能对当时水位有所反映。商代埋葬有

---

① 邹逸麟:《中国历史地理概述》,上海教育出版社,2007 年,第 24 页。
② (汉)许慎撰:《说文解字》,中华书局,1963 年,第 198 页。
③ 徐中舒:《殷人服象及其南迁》,《中央研究院历史语言研究所集刊》第二本第一分册,1930 年。
④ 胡厚宣:《甲骨学商史论丛初集》(外一种),河北教育出版社,2002 年,第 904 页。
⑤ 河北省文物考古研究所:《藁城台西商代遗址》,文物出版社,1985 年,第 32～33 页。

"上不遗臭，下不及泉"的特点，即埋葬不能低于当时的水位线，王室贵族也不能例外。这样我们可以通过殷墟墓葬的深度来考察当时的水位情况。在安阳殷墟西北冈王陵有四条墓道的大墓深度都在 10 米以上，最深的一座达 13.5 米，杨锡璋认为这些王陵都是殷墟二期至四期的[1]。殷墟妇好墓南侧的一座编号为 M34 的特型墓，墓深 13.5 米[2]；属于殷墟二期的后冈大墓 M12 深 9.3 米；属殷墟四期的 M9 深 10.7 米[3]。还有安阳郭家庄殷墟四期的墓葬 M160 深达 8 米[4]；地势较低的殷墟西区墓地，M698 深 7.8 米；M699 深 7.3 米；M700 深 7.4 米，都属于殷墟三、四期[5]。深达 8 米以上的大中型墓葬几乎遍布了殷墟的各个区域。

那么胡厚宣的分析是不是出现了问题呢？我们不妨这样认为，胡厚宣只是就商代整体气候状况作了研究，总体趋势是对的，即商代与现代相比，处在一个相对温暖湿润的时期。但随着一些考古材料的出现，更为细致的变化逐渐得到认识。在商代相对暖湿的大背景下，存在阶段性的差异。魏继印就通过大量考古材料证明，商汤至仲丁时期比现在干旱许多，仲丁至武丁时期属于温暖湿润的气候，武丁至帝辛时期开始向冷干转变，直到商末达到严重干旱的程度[6]。这也与文献所载商纣末年的大旱相吻合。

第三节　虫　灾

虫害是农业生产中最大的威胁之一，由于农作物本身的特性和所处

---

[1] 中国社会科学院考古研究所：《殷墟的发现与研究》，科学出版社，1994 年，第 103~106、112 页。
[2] 中国社会科学院考古研究所：《安阳小屯》，世界图书出版公司，2004 年，第 153 页。
[3] 中国社会科学院考古研究所安阳队：《1991 年安阳后冈殷墓的发掘》，《考古》1993 年第 10 期。
[4] 中国社会科学院考古研究所安阳工作队：《安阳郭家庄 160 号墓》，《考古》1991 年第 5 期。
[5] 中国社会科学院考古研究所安阳工作队：《1969—1977 年殷墟西区墓葬发掘报告》，《考古学报》1979 年第 1 期。
[6] 魏继印：《殷商时期中原地区气候变迁探索》，《考古与文物》2007 年第 6 期。

地域气候的变化,在我国广阔的地域上,有各种各样的虫灾。就目前的材料来看,殷商时期主要的虫害就是蝗虫一类。在历史文献、甲骨文和考古材料中都有体现。

一、历史文献所载商代的虫灾

距今一万年前,我国已经出现了原始农业。由于气候和土壤的不同,我国北方黄河流域主要是种植以粟、稷为主的旱地作物,南方长江流域则是种植以水稻为主的水生作物。有了农业就会有病虫害的发生,零星的虫害对农业收成影响不大,但大规模、大范围的虫害就会形成灾害。

我国虫灾的种类有很多,主要以螟蝗类为害成灾。《谷梁传·隐公五年》载:"螟。虫灾也。甚则月,不甚则时。"① 螟,一种食禾害虫。杨伯峻注:"螟,蛾属,昆虫类鳞翅类,幼虫曰螟,栖稻之叶腋或茎中,蛀食稻茎之髓部,《尔雅·释虫》所谓'食苗心螟,螟是也'。"② 又《谷梁传·桓公五年》载:"螽,虫灾也。甚则月,不甚则时。"③《说文解字》云:"螽,蝗也。"④ 螽,即是蝗虫。从《谷梁传》的注解来看,两种虫害危害性大致相同,严重的达一月之久,不严重的几天时间就过去了。文献中对于商代的虫害记载阙如,但是古人对蝗虫的特性已经掌握得比较清楚。《毛诗序》载:"《螽斯》,后妃子孙众多也。言若螽斯不妒忌,则子孙众多也。"《毛诗正义》曰:"此不妒忌,得子孙众多者,以其不妒忌,则嫔妾俱进,所生亦后妃之子孙,故得众多也。"⑤ 此文是赞扬周文王的正妃太姒,胸襟宽广,能容后宫妃嫔,使文王子孙众多。这

---

① (晋)范宁集解,(唐)杨士勋疏,夏先培整理,杨向奎审定:《春秋谷梁传注疏》卷二《隐公五年》,北京大学出版社,1999年,第21页。
② 杨伯峻:《春秋左传注》,中华书局,1990年,第41页。
③ (晋)范宁集解,(唐)杨士勋疏,夏先培整理,杨向奎审定:《春秋谷梁传注疏》卷三《桓公五年》,北京大学出版社,1999年,第42页。
④ (汉)许慎撰:《说文解字》,中华书局,1963年,第283页。
⑤ (汉)毛亨注,(汉)郑玄笺,(唐)孔颖达疏,龚抗云、李传书、胡渐逵整理,肖永明、夏先培、刘家河审定:《毛诗正义》卷一《樛木》,北京大学出版社,1999年,第43页。

里巧妙借用了螽斯的两个特点,一是群居,一是繁育能力强。现代科学研究表明,蝗灾的主要蝗种具有繁殖速度快、生殖后代多、食性广、食量大、扩散迁飞能力强等生态学特性,常常是蝗灾过后片叶不剩。文王曾为商之西伯侯,商人已经认知蝗虫的特性是毋庸置疑的。

二、甲骨文所见的"龜"字与商代的虫灾

殷墟甲骨文中习见"䖵(龜)"字,原字形写作:䖵(《合集》11535 自宾间类)、䖵(《合集》9632 宾一类)、䖵(《合集》7343 宾二类)、䖵(《合集》11540 宾三类)、䖵(《合集》28114 何一类)、䖵(《合集》24115 出二类)、䖵(《合集》33230 历二类)、䖵(《合集》28206 无名类)相关的形体亦可见:䖵(《合集》29715 无名类)、䖵(《合集》32854 历二类)等。

关于古"龜"字的释读与解析,学界有不同的看法,过去有学者将其隶作"龜"。叶玉森认为,应该是蝉的一种。董作宾赞同叶说,他认为,此字"甲骨文中夏之形,象蝉之侧面"[①]。饶宗颐认为:"卜辞䖵又作龜,借为䖵即'秋'字。"[②]唐兰在《殷墟文字记》中将䖵释为龜,认为是虬,卜辞借为秋,或是从焦,有敛聚之义,会秋时收聚五谷之意。许进雄指出,由于蝗虫是活动于秋季的昆虫,故古人以之代表秋季[③]。于省吾则认为:"或以'龜'乃象蝗虫之形。卜辞'告秋'、'宁秋'之祭,均与灾异有关。解为蝗祸皆可通。蝗至秋时为害最烈,故可引申为春秋之'秋'。'龜'字仍当以取象于蝗虫即'螽'为是。"[④]于说甚是。王贵民亦指出,此字为蝗虫,很有可能,因为甲骨文中的䖵字有用作灾害的意义[⑤]。此与于说相合。

---

① 于省吾主编:《甲骨文字诂林》,中华书局,1996 年,第 1832 页。
② 饶宗颐:《殷代贞卜人物通考》,香港大学出版社,1959 年,第 37 页。
③ 许进雄:《中国古代社会——文字与人类学的透视》,中国人民大学出版社,2008 年,第 584 页。
④ 于省吾主编:《甲骨文字诂林》,中华书局,1996 年,第 1835~1836 页。
⑤ 王贵民:《商代农业概述》,《农业考古》1985 年第 2 期。

通过梳理甲骨材料,该字见于著录的相关材料有 210 余条。如果从字体构形来看,古"龜"字,早期象首有触须并突出其背部之翼的昆虫形,后或追加火旁和禾旁,乃为古"秋"字所本。我们认为作为时令用词的"秋",当指秋季(卜辞习见"今秋"的记载);而作为昆虫的"秋",则指今人所说的蝗虫。殷墟甲骨文中有诸多反映蝗灾的记录,如"乙亥卜:其宁秋夕至于嚳?"(《合集》32028);"其宁秋于帝五丰臣,于日告?/贞:甲申秋夕至,宁,用三大牢?"(《屯南》930)。此二例皆为商王祖甲执政时期的历二类卜辞。很显然,辞中所见之"龜",皆指蝗虫(又称阜螽或蚱蜢)而言。

为研究方便,我们对殷墟出土的甲骨文中所见的"龜"字(前文已说明有学者将此字隶作其他形体,为方便书写,下文一律写作"秋",不再另注),符号剪切了 20 余例,以上所示是其中的一部分。在诸多有关"秋"的卜辞中,有些非常明确地问卜"秋(即蝗虫)"是否危害商王国的农业生产,这反映出商王对当时发生蝗灾的极大关注。

1. 卜"秋"至

(1)贞:[秋]其至?/庚申卜,出贞:今岁秋不至兹商?二月。　(《合集》24225 出一类)

(2)□𰀀□秋□禹,至于商?六月,才敦。
　　　　　　　　　　(《合集》18792 典宾类)

(3)癸酉贞:秋不至?(《怀特》1600 历二类)

上揭例(1)占卜"兹商"今年会不会出现"秋"至,即遭遇蝗灾蝗祸?关于"兹商"的位置,当指商王畿,即今天的安阳。此外,卜辞中的十月至十二月,以及来年的一月、二月、三月常称春。所以,当时商王畿内的农作物或许正面临严重的春旱,商王担心蝗虫会不会来袭。例(2)问卜"商"地是否会发生较大规模的蝗灾。辞中之"商",亦应指商王畿内的区域。此例所署的时间是六月,这

占卜是否会有蝗虫的龟甲

(《合集》24225)

是殷历的秋季。例（3）是怀特氏收藏的一片反映蝗灾的甲骨，该片未记录商王关注蝗灾的地理区域以及月份。由上可知，殷商时期，不论是春季还是秋季，在商王国广袤的农田里都有可能遭遇蝗虫的危害，因此，商王十分关心蝗虫"至"与"不至"的问题。

2. 卜"秋"隽、大隽

（4）乙酉卜，宾［贞］：☒秋大［隽］？　　（《合集》13538 典宾类）

（5）乙未卜，宾贞：于☒告秋？/ 乙未卜，［宾］贞：于上甲告秋，［大］隽？/ 贞：丁巳雨？　　　　　　　　（《合集》9629 典宾类）

（6）丁酉贞：秋不隽？/ 其秋隽？　　　（《合集》33281 历二类）

（7）壬戌☒于☒/ 壬戌贞：其告秋隽于高☒

　　　　　　　　　　　　　　　　　　　（《合集》33226 历二类）

（8）□戌贞：其告［秋隽］于高祖夒，六□？

　　　　　　　　　　　　　　　　　　　（《合集》33227 历二类）

（9）□［酉］卜：于☒告秋隽。　　　　（《合集》33232 历二类）

上举（4）、（5）辞，是由贞人宾的问卜。此二辞记录了商王武丁在乙酉、乙未两日分别问卜商王国会不会发生大规模的蝗灾。柯昌济在《甲骨文字诂林》"隽"字按语下指出，"隽"字用作动词，主要有"隽众"和"秋隽"，均有聚集之义。"秋隽""秋大隽"，当指蝗虫为患，祭告于神祖[①]。卜辞中相告祖神之事，多属意外遭遇而需要得到祖神佑护的棘手艰难之事，如方国侵扰、水火蝗、雷电、日月之食、地震山崩以及各种怪异灾变等，蝗灾亦属此类。辞中之"大隽"有大规模地发生之意。例（6）是问卜蝗虫会不会大片大片成群地飞来。这是商王十分关注的一种自然灾情，唯恐遮天蔽日的蝗虫对农业生产造成严重的危害，因此，要虔诚地告（祮）祭上甲和高祖夒等祖先神灵。例（7）、（8）、（9）三辞，皆属历二类，是商王围绕"告秋隽"之事进行的占卜，此不赘言，下文还要谈及。

---

① 于省吾主编：《甲骨文字诂林》，中华书局，1996年，第1724～1725页。

3. 卜"宁秋"

（10）乙亥卜：其宁秋于弩？　　　　　　（《合集》32028 历二类）

（11）庚午贞：秋大隻，于帝五丰臣宁□？才祖乙宗卜。兹用。

（《合集》34148 历二类）

（12）贞：其宁秋，来辛卯酢？　　　　　（《合集》33233 历二类）

以上例（10）、（11）都是商王祖甲执政时期的占卜之辞。很显然，辞中所见之"秋"，皆指蝗虫而言。辞中之"宁秋"，是祖甲为止息蝗灾而举行的一些祭祀活动。历二类卜辞中屡见"帝五丰臣"，其为宁秋的对象，也就是说"帝五丰臣"可消弭蝗灾。无名组卜辞有"帝五臣"和"帝臣"之称，其为求雨的对象。"帝五丰臣"、"帝五臣"和"帝臣"应是同一概念的不同称谓，是不同时代的用法，其皆指"上帝在天庭中的属僚"。从现有卜辞而论，不同组类卜辞中，其神能也有变化。

4. 卜"告秋"于某（神灵）

（13）甲申卜，宾贞：告秋于河？　　　　（《合集》9627 宾三类）

（14）丙辰卜，宾贞：其告秋于上甲，不□，隹其□隹□/丁丑[卜]，有□　　　　　　　　　　　　　　　　　（《合集》9628 典宾类）

（15）贞：于王[亥]告秋？　　　　　　　（《合集》9630 典宾类）

（16）丁巳[卜]，□[贞：告]秋[于]西[邑]？七月。

（《合集》9631 典宾类）

（17）[乙]未卜，宾贞：于□告秋？一月。（《合集》9632 典宾类）

（18）其告秋，上甲二牛？大吉　　　　　（《合集》28206 无名类）

（19）□戌贞：其告秋隻于高祖夒，六□？（《合集》33227 历二类）

（20）壬□其寻告秋？/弜告秋于上甲？　（《合集》33230 历二类）

（21）其告秋于上甲，一牛？/壬午卜：其㞢秋于上甲，卯牛？

（《屯南》867 历二类）

（22）□□贞：其告秋于上甲□　　　　　（《屯南》1095 历二类）

上揭诸辞之"告"，字从口，与言语有关，当读为"祰"。许慎《说文解字》："祰，告祭也。"即以祭祀方式告知祖神某些事项，其实是由巫祝向神祇祷告的一种告祭仪式。"告秋"是将发生蝗灾之事以裖祭的形式向祖神报告，为求其护佑。以上诸辞中"告秋""告秋隹"的对象多为先公上甲和高祖夒、王亥等。此外，还有河以及其他神灵。

例（16）、（17）所署的时间分别是七月和一月。七月份发生蝗灾的区域为"西邑"，"西邑"的位置可能在畿内的西部。据科学界研究，安阳处于黄河中下游地区，受东亚季风气候的影响，主要的蝗虫种类是东亚飞蝗，每年可发生2代至4代。关于蝗虫的生长环境，明代农学家徐光启认为："蝗之所生，必于大泽之涯……必也骤盈骤涸之处。"① 据卜辞可知，每年的春季（殷历十月至来年的三月）或季节交替前后，殷都一带容易出现旱情，这给东亚飞蝗的发育和繁殖提供了极为有利的环境，也使黄河中下游的滩地成为飞蝗滋生的适宜场所。

三、考古发现所见商代的蝗灾

考古发现证实殷商时期人们已经对蝗虫有了一定的认知。1976年，中国社会科学院考古研究所安阳工作队在殷墟妇好墓（安阳殷墟五号墓）②的发掘中出土了一枚圆雕玉器，浅绿色，有褐斑。其造型生动，身量细长，昂首挺立，圆眼突起，双翅并拢，下有两较大后肢前屈（见图1）。1981~1984年，安阳工作队在殷墟戚家庄东269号墓③发现了乳白色玉器，形似螳螂，长6.8厘米，厚0.6厘米（见图2）。2004年，中国社会科学院考古研究所安阳工作队在大司空村东南、豫北纱厂厂区中部偏北进行了较大面积的勘探和发掘，在T1418M303中发现了两件乳白色玉器。形制、大小基本相同。勾首，翘尾，卧伏，栩栩如生。体长6.0厘米左右，厚0.4厘米左右（见图3）④。考古工作者将上述四件器物

---

① （明）徐光启：《农政全书》卷四十四《荒政·备荒考中》，上海古籍出版社，2020年，第988页。
② 中国社会科学院考古研究所安阳工作队：《安阳殷墟五号墓的发掘》，《考古学报》1977年第2期。
③ 安阳市文物工作队：《殷墟戚家庄东269号墓》，《考古学报》1991年第3期。
④ 中国社会科学院考古研究所：《安阳大司空——2004年发掘报告》，文物出版社，2014年，第437页。

1　　　　　　　　　2　　　　　　　　3

考古发现的蝗虫形态

（1. 源自《考古学报》1977 年第 2 期）（2. 源自《考古学报》1991 年第 3 期）
（3. 源自《安阳大司空——2004 年发掘报告》）

皆认定为螳螂，但学界亦有不同意见。范毓周认为："原报告称为玉螳螂，但从其形态特征看，似以称玉蝗虫为宜。"①他进一步指出："这件玉雕蝗虫作为一件艺术品随葬，固然未必含有什么特殊的意义，但至少可以证明，商代早在武丁时期，即已注意观察蝗虫，并以如此逼真的造型雕琢出这样高度艺术化的艺术珍品，无疑是蝗虫和当时人们发生着相当密切关系的反映。"②我们同意范关于玉雕蝗虫的观点，但对"未必含有什么特殊的意义"持不同意见，我们认为，这件玉雕器物具有不寻常的意义。

众所周知，中国古代事死如事生，即对待死者如其生前一般，许多陪葬品都与墓主人生前的活动息息相关，同时亦可寄托着生者对逝者的祝福。妇好墓中出土了大量的青铜器和玉器，除了礼器、兵器之外，还有很多动物形状的玉饰。大致可分为兽类、禽类、鸟类、鱼类和昆虫类等，每种动物都有其不同的含义。尤其值得注意的是，玉饰中有鱼、青蛙和蝗虫三种动物，它们有着共同的特点，即群居和具有强大的繁衍能力。妇好是商王武丁的三个配偶之一。据相关卜辞分析，妇好曾多次出征讨伐敌对方国，武丁非常关注其身体状况，并为之占卜，以期能够禳灾祛疾。如"贞：妇弗其肩同㞢疾？③/ 贞：妇好肩同㞢疾？（《合集》

---

① 范毓周：《殷代的蝗灾》，《农业考古》1983 年第 2 期。
② 范毓周：《殷代的蝗灾》，《农业考古》1983 年第 2 期。
③ 裘锡圭认为该字释为"肩"。见其《说凡凡有疾》，《裘锡圭学术文集·甲骨文卷》，复旦大学出版社，2012 年，第 480 页；王子杨：《甲骨文字形类组差异现象研究》，中西书局，2013 年，第 198~230 页。

709 正)/贞：妇嬴①？/不其嬴？"(《合集》17252 宾组)；"妇好弗疾齿？"(《合集》773)；"贞：□于匕甲御妇好龋？"(《合集》13663)。另外，卜辞习见诸多占梦之辞。如"贞：王梦妇好，不佳孽？"(《合集》17380)。很显然，武丁通过此次占梦，以此来传达对作为鬼神妇好的敬畏。可见，因妇好生前深受武丁之宠爱，商王自然也会寄予其厚誉，并以鱼、青蛙和阜螽(即蝗虫)作为其美德的象征。妇好过世之后，武丁也时常魂牵梦绕，甚至将自己得病的原因归究为其人鬼作祟。这可能才是妇好墓中随葬蝗虫玉雕器物的特殊意义。

综上，殷商时期蝗虫不只是与人们的生产有着非常密切的关系，而且人们对于蝗虫的生活特征也已有了比较清楚的认识。

第四节 传染性疾病

我国地域广袤、气候多样，也是流行性疾病高发的地区。中国古代具有传染性的疾病常被称作疫、疾疫、疠疫等，一般统称为疾疫。从现代疾病分类学看，这些疾疫包括瘟疫、瘴气、痢疾、流行性感冒、麻风病等，是一个较为广泛的概念。

一、历史文献和考古材料所见的传染性疾病

明吴又可《温疫论》载："疫者，以其延门阖户，如徭役之役，众人均等之谓也。"②瘟疫就像服徭役一样，对每一个人都是均等的，以此来形容瘟疫的高传染性。在古人看来，凡具有高传染性的疾病都被归为疫类。考古材料显示，一些早期高度文明的文化聚落突然消亡，或就与瘟疫有着紧密关联，如良渚文化一度发达，然而却突然消失，可能与大

---

① 王蕴智认为"古'嬴'字即主要是作为一种使人避凶趋吉的用语"，"辞中的'嬴'字即表达出为妇好生前禳除祸患的渴望"。见其《出土资料中所见的"嬴"和"龙"》，《郑州大学学报》(哲学社会科学版) 2004 年第 6 期。

② (明)吴又可：《温疫论》，中国医药科技出版社，2019 年，第 69 页。

灾之后发生了大疫有关，大疫可能是导致其文化衰落的主要原因[①]。这样的推测不无道理，因为瘟疫的传染性很强，能在短时间内摧毁部族人口，而水、旱等灾害又容易诱发传染性疾病。

先秦文献典籍中多有对瘟疫的记载。《诗经·节南山》载："天方荐瘥，丧乱弘多。民言无嘉，憯莫惩嗟。"郑玄笺曰："天气方今又重以疫病，长幼相乱，而死丧甚大多也。天下之民皆以灾害相吊唁，无一嘉庆之言，曾无以恩德止之者，嗟乎奈何！"[②]这反映了西周末年长期大旱的情况，大旱引起了灾害，导致了疾疫的流行，使大量人口死亡，人民流离失所。《左传》中亦有关于疾疫的记录。鲁庄公二十年（公元前674年），"夏，齐大灾"[③]。《公羊传》曰："夏，齐大灾。大灾者何？大瘠也。大瘠者何？痢也"[④]。鲁襄公七年（公元前566年），郑公子骈"以疟疾赴于诸侯"[⑤]。鲁昭公十九年（公元前523年），"夏，许悼公疟"[⑥]。鲁昭公二十年，"齐侯疥，遂痁"[⑦]。晋定公六年（公元前506年），晋国"春三月，水潦方降，疾疟方起"[⑧]。《史记》中关于传染性疾病的记载，秦献公十六年（公元前369年），"民大疫"[⑨]。赵惠文王二十二年（公元前277年），赵国"大疫"[⑩]。秦王政四年（公元前243年），"十月庚寅，蝗虫从东方来，蔽天。天下疫"[⑪]。可以看出，战国末期疫病的传播范围越来越广，这一方面与自然灾害有关，另一方面也与战争有着紧密关

---

① 朱建明：《从逐疫文化现象谈良渚文化的衰落》，《南方文物》1999年第4期。
② （汉）毛亨注，（汉）郑玄笺，（唐）孔颖达疏，龚抗云、李传书、胡渐逵整理，肖永明、夏先培、刘家河审定：《毛诗正义》卷十二《节南山》，北京大学出版社，1999年，第699页。
③ 杨伯峻：《春秋左传注》，中华书局，1990年，第213页。
④ 王维堤、唐书文：《春秋公羊传译注》，上海古籍出版社，2004年，第142页。
⑤ 杨伯峻：《春秋左传注》，中华书局，1990年，第953页。
⑥ 杨伯峻：《春秋左传注》，中华书局，1990年，第1402页。
⑦ 杨伯峻：《春秋左传注》，中华书局，1990年，第1415页。
⑧ 杨伯峻：《春秋左传注》，中华书局，1990年，第1534页。
⑨ （西汉）司马迁：《史记》卷十五《六国年表》，中华书局，1959年，第717页。
⑩ （西汉）司马迁：《史记》卷四十三《赵世家》，中华书局，1959年，第1821页。
⑪ （西汉）司马迁：《史记》卷六《秦始皇本纪》，中华书局，1959年，第225页。

系，战争加剧了疾疫的发生和传播①。

就文献材料来看，先秦时期的疾疫主要有四种：第一，痫。一种通常意义上的传染病也叫疠。第二，疟病。由疟蚊为媒介，周期性发作的急性传染病。鲁襄公七年，子驷所犯之病即为疟病。其主要症状为恶寒发热。第三，痎。痎是两日一发的疟疾，通"痃"。《左传·昭公二十年》"齐侯痎，遂痁。"孔颖达疏："痎当为痃，痃是小疟，痁是大疟。"②第四，瘟疫。瘟疫是流行性传染病的通称。小的瘟疫称为"瘥"。

二、甲骨文所见的疫病

殷墟卜辞中关于疾病的内容是很多的，陈梦家和胡厚宣都有专篇进行论述。宋镇豪统计卜辞所载疾病种类达 39 种，包括头病、眼病、耳病、口病、齿病、舌病、脚病、骨病等③。王晖对《合集》137 正版第 3 条的解读，对我们认识商代流行性传染病提供了借鉴。"癸丑卜，争贞：旬亡囚（祸）？三日乙卯允㞢来婞。单丁人豐［㐱于］彔（麓），［迄至五日］丁巳龟子豐㐱☐鬼亦得疾。"（《合集》137 正）王晖认为，上述诸片中的"㐱"应该读为"沴"，古音义通"戾"，而"沴""戾"作为疾病是"疾疠"之"疠"的借字。因此，对于《合集》137 正中的内容都是与祸患、战争或疾病等灾难相关的事件。而其中的"豐㐱"应该读作"逢沴"。古有六沴之说，应该是六种危害人们的流行性疾疫。这次单地人遭遇沴气是在上旬癸丑贞卜日之后的第三天乙卯日，贞卜之后的第五天，龟子也遭遇上了沴气，中间只隔了两天，说明这种疾病的传染速度是很快的，最后还波及到了鬼方④。

近年来借助甲骨文对商代疫病进行研究者较多，刘钊《释甲骨文中

---

① 袁祖亮主编，刘继刚著：《中国灾害通史·先秦卷》，郑州大学出版社，2008 年，第 70 页。
② （周）左丘明传，（晋）杜预注，（唐）孔颖达正义，浦卫忠、龚抗云、于振波整理，胡遂、陈咏明、杨向奎审定：《春秋左传正义》卷四十九《昭公二十年》，北京大学出版社，1999 年，第 1396 页。
③ 宋镇豪：《夏商社会生活史》，中国社会科学出版社，1994 年，第 415～416 页。
④ 王晖：《殷墟卜辞所见我国最早的传染流疫考》，《殷都学刊》2007 年第 2 期。

的"役"字》^①一文考证翔实，堪为上乘之作，兹将其文典型例证和主要观点摘录如下。

刘钊认为商代甲骨文已经有了"役"字，"役"读为"疫"。甲骨文中的"役"字可以写作🦶（《合集》34236）、🦶（《村中南》228）、🦶（《合集》32925）、🦶（《合集》33263）、🦶（《甲骨卜辞新获》15）、🦶（《合集》32112）、🦶（《村中南》363）、🦶（《屯南》332）、🦶（《屯南》332）、🦶（《合集》32176）、🦶（《合集》34711）、🦶（《合集》34712）、🦶（《屯南》3594）、🦶（《屯南》723）等^②。这些字都是表示带有传染性的疾病。

殷人占卜贞问关于"疫"的情况是传统和习惯的反映。《史记·龟策列传》所载"卜岁中民疫不疫。疫，首仰足肦，身节有强外；不疫，身正首仰足开"^③，充分印证了古人对于占问疫情的重视，这种传统是可以追溯到殷商时代的。

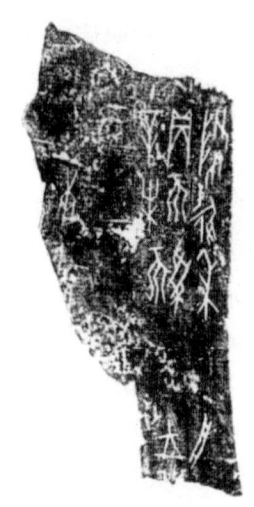

占卜是否会有大疫的龟甲
（《合集》33263）

殷人认为"疫"来自上帝，来自天，如"贞亡降疾"（《合集》13855 宾三），"辛未贞：不降🦶"（《合集》33263），"囗囗贞：不降🦶"（《甲骨卜辞新获》15），"乙卯卜：不降🦶"（《合集》32112），"己未囗不降🦶"（《屯南》3594），"囗来岁帝其降🦶"（《屯南》723）等辞例，其中的"不降🦶"、"不降🦶"、"不降🦶"、"不降🦶"就是"不降疫"，"其降🦶"就是"其降疫"。古文中常见的"天降疫疠"^④指的就是甲骨文中的"帝其降役（疫）"。

殷人会向商王或祖先神祇报告疾疫之事，与甲骨文中的"告秋"用法相似。如"丙辰贞：于囗告囗"（《村中南》228）。殷人也会占问某地是

---

① 刘钊：《释甲骨文中的"役"字》，《书馨集续编——出土文献与古文字论丛》，中西书局，2018 年，第 4～50 页。
② 以上卜辞皆采自刘钊主编《新甲骨文编》，福建人民出版社，2014 年。
③ （西汉）司马迁：《史记》卷一百二十八《龟策列传》，中华书局，1982 年，第 3242 页。
④ （西晋）陈寿：《三国志》卷一《武帝纪》，中华书局，1982 年，第 51 页。

否发生了疫情。如"丙辰贞：其☐商☒☐"(《合集》32925)，"商"即"大邑商"的"商"，是地名，"商役（疫）"，是说商地发生了疫情。或是某地是否有传染病或瘟疫进入。如"甲子贞：大邑受禾。不受禾。甲子卜：不联雨。其联雨。甲子贞：大邑有人才役（疫）。戊辰卜：有巳妣己一女，妣庚一女。庚☐翌☐"(《合集》32176)，"大邑有人才疫"就是说大邑商是否有传染病或瘟疫进入。

殷人会卜问疫的时间，用时称"岁"来表示。如"☐来岁帝其降☒才祖乙宗，十月卜"，"☐[来]岁帝不降☒"(《屯南》723)。与后世史书中的"是岁大疫""是岁夏，大疫""是岁，大旱疫"等的用法一脉相承。

殷人还会卜问传染病或瘟疫会不会进入"王家"。如"壬子卜：又于伊尹。丁巳卜：☒弗入王家。☒其入王家。☐岳☐"(《屯南》332)，"王家"即"王的居处"。

殷人会对瘟疫进行禳除。如"甲寅卜：其帝方一羌、一牛、九犬。乙卯卜：不降☒"(《合集》32112)，"丁巳贞：其宁☒于四方，其三犬。其宁☒，其五十犬"(《村中南》363)。其中的向"四方"禳除"疫"的习俗，有着悠久的历史和传统。其中的"宁"即是平息之意，宁☒就是要消除疫情。至于禳除"疫"的牺牲经常是犬，也与典籍记载正相符合。又"癸卯贞：又升伐于河九羌，沉三牛，卯三牢。其以☒"(《合集》34236)，可能与典籍中所描述的"投疫于水"的逐疫习俗有着某种联系。

殷人意识到瘟疫会和其他灾害伴生。如"不受禾。辛未贞：不降☒"(《合集》33263)。"☐祷禾。癸卯贞：于生月祷禾于☐。☐☐贞：不降。☐未贞：今来翌受[禾]。☐祷禾于☐"(《甲骨卜辞新获》15)。"甲子贞：大邑受禾。不受禾。甲子卜：不联雨。其联雨。甲子贞：大邑有人才役（疫）"(《合集》32176)。

"不受禾""祷禾""受禾"与"役（疫）"在一起占卜，是因为古代收成的好坏直接关系到会不会出现疾疫。如果因为干旱造成粮食减产或歉收，则很容易出现饥馑，而紧随饥馑而来的常常就是"疾疫"，所以历代史书中常常将"饥馑"和"疾疫"连称为"饥馑疾疫"或谓"饥寒疾疫""水旱螟虫,民人饥疫""连年饥馑,加之以疾疫""饥疫总至""饥疫荐臻""饥疫相仍""大饥且疫"等。

对于"役"字的考证,刘钊先生说,如果结论可信的话,将会把古人认识和预防传染病的历史大大提前,其在中国医疗史和传染病史上的意义,显然要高于文字学上的意义。其说甚为中肯。

第五节 风 灾

我国大部分地区位于东亚季风区内,典型的特点是冬季干燥、西北季风盛行,夏季高温多雨东南季风盛行,暴风、旋风等常会对人类社会造成一定破坏。中国古代的文献中有很多关于大风灾害的记录。

一、历史文献所见风灾

《尚书·金縢》载:(周成王二年)"秋,大熟,未获,天大雷电以风,禾尽偃,大木斯拔。"[①]大风将禾苗尽数摧毁,将巨大的树木连根拔起,对农业生产造成巨大的损失。《诗经·荡之什》:"大风有隧,贪人败类。听言则对,诵言如醉。匪用其良,复俾我悖。"[②]孔颖达疏云:"隧,蹊径也。周大夫芮伯刺厉王。言贪人之败善类,若大风之行,毁坏众物,所在成蹊径。"[③]恶人对善人的欺负就像大风毁坏物品一样。大风具有极大的破坏力。《左传·隐公三年》载:"冬……庚戌,郑伯之车

[①] (汉)孔安国传,(唐)孔颖达疏,廖名春、陈明整理,吕绍纲审定:《尚书正义》卷十三《金縢》,北京大学出版社,1999年,第338页。

[②] (汉)毛亨注,(汉)郑玄笺,(唐)孔颖达疏,龚抗云、李传书、胡渐逵整理,肖永明、夏先培、刘家河审定:《毛诗正义》卷十八《桑柔》,北京大学出版社,1999年,第1188~1189页。

[③] (周)左丘明传,(晋)杜预注,(唐)孔颖达正义,浦卫忠、龚抗云、于振波整理,胡遂、陈咏明、杨向奎审定:《春秋左传正义》卷十八《文公元年》,北京大学出版社,1999年,第488页。

偾于济。"杜预注："谓郑伯之车所以倾覆，因遇大风之故。"①大风将郑伯乘坐的车都吹翻于济河之中。《左传·僖公十六年》载："十有六年春王正月戊申朔……六鹢退飞，过宋都，风也。"②上述史料所载之大风吹倒禾苗，摧折树木，吹翻车辆，甚至可以令鸟儿退飞，风足以对人们的生产和生活造成威胁和损害。

二、甲骨文所见大风之祸

其实，早在殷商时期人们已经对大风灾害有所感知。甲骨卜辞中"风"是"凤"字的借字，写作🐦（《合集》13344）、🐦（《合集》13356）🐦（《合集》13360）等，商人卜风的内容比较丰富，有卜"有风""不风""小风""延风""大风""大骤风""宁风"，风还常常和自然界的其他现象联系在一起，如雨、雾、云、雷、雪等，还认识到无风的时候，云会遮挡住太阳。风力较大的"大风"和"大骤风"是可以带来灾难的。

（一）卜今日会不会有风

（1）贞：今日不夕风？　　　　　　（《合集》13338 正宾一类）
（2）癸未卜，殸贞：今日不风？十二月。（《合集》13344 宾一类）
（3）辛酉卜，□贞：今日不风？　　　（《合集》13345 宾三类）
（4）丁未卜，兊贞：今日不风？　　　（《合集》13346 正宾三类）
（5）今日不风？今日其风？　　　　　（《合集》13347 乙宾一类）
（6）丁卯卜，大贞：今日风？　　　　（《合集》24934 出一类）
（7）己亥［卜］，□贞：今日不风？　（《合集》13348 典宾类）
（8）庚子☐之日风？　　　　　　　　（《合集》13350 宾一类）
（9）贞：今夕雨？之夕启，风。　　　（《合集》13351 宾一类）

---

① 杨伯峻：《春秋左传注》，中华书局，1990年，第30页。
② 杨伯峻：《春秋左传注》，中华书局，1990年，第368页。

（二）卜未来的某一天是否有风

（10）癸酉卜：乙亥不风？/乙亥其风？　（《合集》10020 自宾间类）
（11）壬辰允不雨，风。　　　　　　　　（《合集》12921 反典宾类）
（12）己丑卜，宾贞：雨？庚寅风。　　　（《合集》13330 宾一类）
（13）甲申卜，㱿贞：翌乙酉其风？/翌乙酉不其风？
　　　　　　　　　　　　　　　　　　　（《合集》13333 正典宾类）

（三）卜未来几天是否连续刮风

（14）☑戌☑雨不征（延）风？　　　　　（《合集》40347 宾一类）

可以看出，在殷人的生活中，既会遇到连续几天的小风，也会遇到连续几天的大风。

（四）卜问会不会遇到大风

当然，风力越大，越容易造成损失，商王是非常担心遇到大风的，因为大风常常给出行和田猎带来不便。

（15）王其田遘大风？大吉。　　　　　　（《合集》28554 无名类）
（16）☑遘大风？　　　　　　　　　　　（《合集》28555 无名类）
（17）今日辛，王其田不遘大风？大［吉］。（《合集》28556 无名类）
（18）☑田，不遘大风，雨？　　　　　　（《合集》28557 无名类）
（19）其遘大风？　　　　　　　　　　　（《合集》28558 无名类）
（20）☑田其［遘］大风？　　　　　　　（《合集》28559 无名类）
（21）其遘大风？/不遘小风？　　　　　　（《合集》28972 无名类）
（22）不遘大风？　　　　　　　　　　　（《合集》29108 无名类）

（五）卜是否会出现骤风

卜辞中还有骤风，于省吾认为就是今日之所言"暴风"[1]。《说文解字》云："骤，马疾步也。"[2]《诗·小雅》载骤骙骙。注小曰驰，不驰

---

[1] 于省吾：《甲骨文字释林》，中华书局，1979年。
[2] （汉）许慎撰：《说文解字》，中华书局，1963年，第201页。

而小疾曰骤。又凡疾速曰骤。"①至少包含两层意思，一是快，二是突然。骤风的速度很快，而且来得又非常突然，这样的情况最容易让人措手不及。

（23）癸卯卜，㱿贞：☐王固曰：业求（咎），☐骤风之［夕］☐羌五？三　　　　　　　　　　　　　　（《合集》367 正典宾类）

（24）丁酉，大骤风？十月。　　　　（《合集》13360 宾一类）

（25）☐戌易☐骤［风］？

（《合集》13364 宾一类）

（26）☐旬己亥骤风☐

（《合集》13365 典宾类）

（27）☐［易］日☐夕骤风？

（《英藏》1096 自宾间类）

不仅如此，有时还会出现比骤风更剧烈的大骤风，如下两例。

（28）壬寅卜：癸雨大骤风？

（《合集》13359 自小字类）

（29）☐丑卜，贞：夕庚寅，大骤风？

（《合集》13363 宾一类）

占卜是否会有大风的龟甲
（《合集》13359）

（六）卜止息大风

强劲的骤风呼啸而来，摧折树木，房倒屋塌，卷起尘土，遮天蔽日，夹杂着雷雨和闪电，对人们生产和生活的破坏可想而知。殷人常为此惊惧不已，以各种祭祀仪式祈求大风平息，在卜辞中留下了许多关于"宁风"的内容。

（30）癸卯卜，［宾］贞：宁风？　　（《合集》13372 典宾类）

（31）☐☐卜：其宁风方叀☐大吉。　（《合集》30258 无名类）

（32）癸未卜：其宁风于方，又雨？／叀甲其宁风？

（《合集》30260 无名类）

---

① （清）陈廷敬等编：《康熙字典》（修订版），社会科学文献出版社，2008年，第1771页。

宁息某个方位的大风,如:

(33)癸亥卜:于南宁风,豕一? (《合集》34139 历一类)
(34)戊子卜:宁风北巫,一犬? (《合集》34140 历一类)

殷人通过各种牺牲向神灵祈祷以消除大风之祸,如:

(35)甲戌贞:其宁风三羊、三犬、三豕?(《合集》34137 历二类)
(36)辛酉卜:宁风巫,九豕? (《合集》34138 历一类)

综上,殷商时期的大风灾害是严重的,在王畿的南方和北方以及方国之中都有出现。大风灾害不但影响农业生产,而且影响商王的田猎和出行。商人通过巫人,用各种各样的牺牲向神灵和先祖祈祷去除大风之灾。

第六节 冰 雹

雹,《说文解字》云:"雨仌也。"段注《说文解字》:"雨仌,谓自上而下之仌也。曾子曰:'阴之专气为雹。'刘向曰:'盛阳雨水,温暖而汤热,阴气胁之不相入,则转而为雹……故沸汤之在闭器,而湛于甘泉,则为冰……此其验也。'"①刘向对冰雹形成的解释颇有道理,就是大团暖湿气流急剧上升,遇冷气后迅速凝结,形成固体降至地面。宛如滚烫的热水在密闭的容器中,放在温度低的泉水中迅速凝结成冰状。现代科学认为,冰雹是一种固态降水物,系圆球形或圆锥形的冰块,由透冰雹明层和不透明层相间组成。直径一般为5~50毫米,最大的可达10厘米以上。雹的直径越大,破坏力就越大。冰雹常砸坏庄稼,威胁人畜安全,是一种严重的自然灾害。冰雹主要发生在中纬度大陆地区,通常山区多于平原,内陆多于沿海。我国的降雹多发生在春、夏、秋3季,4~7月约占发生总数的70%。比较严重的雹灾区有甘肃南部、陇东地区、阴山山脉、太行山区和川滇两省的西部地区。

---

① (汉)许慎撰,(清)段玉裁注:《说文解字注》,上海古籍出版社,1981年,第572页。

一、历史文献所见冰雹灾害

《左传》中有关于冰雹造成灾害的记录。《左传·僖公二十九年》（公元前631年）："秋，大雨雹，为灾也。"①《左传·昭公三年》（公元前539年）："冬，大雨雹。"②《左传·昭公四年》（公元前538年）："四年春王正月，大雨雹。"③见于《左传》的三次记载皆为"大雨雹"，说明下了很大的冰雹，下的越多越大，对生产和生活造成的损害就越大。另外，就季节而言，《左传》中记录的冰雹发生在春、秋、冬三个时段，鲁国所用历法为殷周历法，与现代月份相差三月，相当于现在的冬、夏和春三个季节，现代冬天几无冰雹发生，昭公四年春天的这次冰雹也引起了时人的猜疑。季武子曾就刚刚发生的冰雹向申丰请教，如何可以防御冰雹呢？申丰曰："圣人在上，无雹。虽有，不为灾。古者日在北陆而藏冰，西陆朝觌而出之。其藏冰也，深山穷谷，固阴冱寒，于是乎取之。其出之也，朝之禄位，宾、食、丧、祭，于是乎用之。其藏之也，黑牡、秬黍以享司寒。……至于老疾，无不受冰。山人取之，县人传之，舆人纳之，隶人藏之。夫冰以风壮，而以风出。其藏之也周，其用之也遍，则冬无愆阳，夏无伏阴，春无凄风，秋无苦雨，雷不出震，无灾霜雹，疠疾不降，民不夭札。……雹之为灾，谁能御？《七月》之卒章，藏冰之道也。"④申丰认为因为圣人得不到重用，社会无序，弃礼而不用，所以才出现了冰雹灾害，一旦出现了冰雹，就没有人能够抵御得了。显然，申丰的解释是带有迷信色彩的，但其中隐含着对于此次冰雹的深层含义。"藏川池之冰，弃而不用。风不越而杀，雷不发而震"，显然是节气已经紊乱，出现了极端天气，那么冬天遇到冰雹也就不意外了。

---

① 杨伯峻：《春秋左传注》，中华书局，1990年，第477页。
② 杨伯峻：《春秋左传注》，中华书局，1990年，第1232页。
③ 杨伯峻：《春秋左传注》，中华书局，1990年，第1244页。
④ 杨伯峻：《春秋左传注》，中华书局，1990年，第1248~1250页。

二、殷墟甲骨文所见的冰雹灾害

殷商时期人们对于冰雹已经有所认识。甲骨文中的"雹"字,写作 ꙮ(《合集》7370)、ꙮ(《合集》11423)、ꙮ(《合集》14156)、ꙮ(《英藏》1076),雨下有3个空心的圆点,形象地表达了雹子的形状,是伴雨而下的固体颗粒。翻检甲骨卜辞,关于雹的辞例数量不多,仅有十多条,兹举例如下。

(1) 癸未卜,宾贞:兹雹隹降☒(祸)? 小告 / 癸未卜,宾贞:兹雹不隹降☒(祸)? 十一月。　　　　　　　(《合集》11423 正典宾类)

(2) 丁丑卜,争贞:不雹帝隹其☒ / 丁丑卜,争贞:不雹帝不隹☒

(《合集》14156 宾一类)

(3) ☒宁徣(延)马二丙 / 辛巳雨以雹?　(《合集》21777 子组)

(4) ☒亘贞:翌丁亥昜日丙戌雹? / ☒亥宜于毃☒

(《合集》7370 典宾类)

(5) 壬子☒夕☒雹?　　　　　　　　(《英藏》1076 典宾类)

从以上诸揭辞例中可以看出:第一,冰雹带来了灾害。卜辞中卜问此次的冰雹会不会带来灾祸而且正反都进行了对贞,雹与祸连用,显然是以前的冰雹已经造成了灾祸,才会令商王有如此的担心。第二,所有对雹的卜问都出现在武丁时期。从卜辞中的卜人看主要有宾、争和亘,这些贞人全部属于武丁时期。因此冰雹作为一种灾害性的天气在武丁时期比较频繁,或是对生产和生活构成了威胁。第三,卜问冰雹的时间在十月和十一月。上述

占卜是否会有冰雹的龟甲

(《合集》14156)

卜辞中有三组对贞之词，三次出现了月份，"生十月"亦指十月的下一月，那么两次冰雹都是出现在十一月。可以推断，武丁时期冰雹出现的时间应该是在每年的十一月前后。这与现代冰雹所发生的春、夏、秋时节似乎难以吻合。其实，这都是由于殷周时期历法与现代历法的差异造成的。按杨伯峻的推算，"殷周之春皆今之冬"①，那么殷商时期的十一月相当于现代的八月，即秋天之时，再加之武丁时代安阳一带气候仍然温暖湿润，形成冰雹就在情理之中了。

第七节 火 灾

火本是一种自然现象。在各种不同的自然条件下，都可能发出火焰的光芒。如火山的熔岩流到森林、草原时，可以引起熊熊烈火；易燃物质经过摩擦可以生热，当大风吹动树木互相达到一定的温度时也能着火；有些岩石（火成岩）撞击时发出的火星，可引着易燃物；天空中的闪电雷击或陨石落地，触到易燃物也会引起火灾；有些易燃的物质受高温的影响，达到一定的温度时，也能发生自燃。以上种种自然现象引起的火焰，一般称为野火或天然火。自然界野火的历史是极为久远的，远在人类诞生之前就已经存在于地球之上了。人类自诞生之后，为了自身的生存和发展，便在与大自然接触的过程中和火结下了不解之缘。火可以取暖，更可以熟食，提升了人类适应大自然的能力。恩格斯曾这样评价："摩擦生火第一次使人支配了一种自然力，从而最终把人同动物界分开。"②

火给人类带来的益处不言而喻，但火有时也会给人类带来灾难。《左传·宣公十六年》云："凡火，人火曰火，天火曰灾。"③灾害最初的

---

① 杨伯峻：《春秋左传注》，中华书局，1990年，第6页。
② 恩格斯：《反杜林论》，《马克思恩格斯选集》（第三卷），人民出版社，1972年，第154页。
③ 杨伯峻：《春秋左传注》，中华书局，1990年，第769页。

意思是表示因为天火造成的损失。又《释名·释天》曰："火言毁也，物入中皆毁坏也。"①火又意味着毁坏，任何物体进入其中皆能被其损毁。

就目前殷墟甲骨卜辞来看，有关火的辞例主要是指火星。

"火"星又称大火、大辰，是东宫苍龙中的心宿，也是商人的主星。《左传·昭公元年》载："昔高辛氏有二子，伯曰阏伯，季曰实沈，居于旷林，不相能也，日寻干戈，以相征讨。后帝不臧，迁阏伯于商丘，主辰。商人是因，故辰为商星。"②又《左传·襄公九年》云："陶唐氏之火正阏伯居商丘，祀大火，而火纪时焉。相土因之，故商主大火。商人阅其祸败之衅，必始于火，是以日知其有天道也。"③在《国语·晋语四》中也有关于火星的记录："吾闻晋之始封也，岁在大火，阏伯之星也，实纪商人。商之飨国三十一王。"④在殷墟卜辞中有些辞例中的火指的便是火星。

（1）于丁卯酻南方☐一/戠辛酻栅⑤？若。一/甲子卜：其桒雨于东方？/庚［午］卜；其桒雨于火？/戠㪤雨？兹用。

（《合集》30173 历无名间类）

沈建华认为庚午一辞中的"火"指的即是火星⑥。连劭名也同意此说，他研究指出：前两辞卜祭南方的日期。丁和辛都是吉日，其祀典与《周易·象》所云之"利涉大川，往有事也"的望祭性质相合。后三辞卜拜雨，甲子至庚午是七日，合于"天行"之数。商人在望祭活动中特别重视"往来"之数，故与星图中辰、参所处位置相合。"甲子"和"庚午"两日相配五行中的木和金。甲日配东方木，木为雨。庚日配西方金，金为秋。一年之中，火星春出而秋入，雨亦生于春而止于秋。所

---

① 王先谦：《释名疏证补》，湖南大学出版社，2019年，第12页。
② 杨伯峻：《春秋左传注》，中华书局，1990年，第1217～1218页。
③ 杨伯峻：《春秋左传注》，中华书局，1990年，第964页。
④ 徐元诰撰，王树民、沈长云点校：《国语集解》，中华书局，2002年，第325页。
⑤ 该字旧释为"从示从典"，今从谢明文观点，改为"从示从册"。参看谢明文：《"𣪘"、"𣪘"等字补释》，《中国文字》（新36期），台湾艺文印书馆，2011年，第99～109页。
⑥ 沈建华：《甲骨文中所见廿八宿星名初探》，《初学集——沈建华甲骨学论文选》，文物出版社，2008年，第6页。

以祈雨于"东方"和"火",是取天道终始之义,希望因时而雨,依时而止①。诸如此类的卜辞还有:

(2)☐七日己巳夕昱(向)②☐有虫新大星并火☐

(《合集》11503 典宾类)

其中的"七日"可能是指己巳日七天前的癸亥日,曾经进行了占卜,只是不见正面卜辞或其他卜辞。所占之星,应该是与火星相对的金星。

甲骨文中虽未见关于火灾的确切辞例,但据《说文解字》释"灾"之义"或从宀火。火起于下,焚其上也"可以想见,人们居住在屋中,火是照明和取暖的主要工具,由于使用不当,造成火灾是常有的事。《太平御览》卷八百七十九引《史记》:"共和十四年,大旱,火焚其屋。"③记载的便是西周时期一次典型的火焚房屋的情况。春秋时期鲁国的火灾全部出自于宫室和祭祀场所。《左传》载:鲁僖公二十年五月乙巳,"西宫灾";鲁成公三年二月甲子,"新宫灾";鲁定公二年夏五月壬辰,"雉门及两观灾";鲁哀公三年夏五月辛卯,"桓宫、僖宫灾";鲁哀公四年六月辛丑,"亳社灾"。所有发生火灾的地方通常是用火频繁,甚至火烛常年不熄。商人习于占卜,处理龟版,烧灼兽骨,都需要用火,至于屋中照明更是不可或缺,因此,火灾起自屋中合乎情理。

第八节 地　　震

一、历史文献所见的地震

我国位于世界两大地震带——环太平洋地震带和欧亚地震带之间,

---

① 连劭名:《卜辞所见商代的自然崇拜和巫术》,《故宫博物院院刊》2000年第3期。
② 此处从裘锡圭观点。裘锡圭:《释殷墟卜辞中的"㠯"、"㠯"等字》,《裘锡圭学术文集·甲骨文卷》,2012年,第391~403页。
③ (宋)李昉等:《太平御览》,中华书局影印,1960年,第3905页。

受太平洋板块和印度洋板块的挤压,地震断裂带十分发育。自古以来我国就是一个地震多发国家,而且地震活动频度高、强度大、震源浅、分布广。历史文献中对于地震灾害描述得较为笼统。《今本竹书纪年》载:"(黄帝)一百年,地裂。帝陟。"①黄帝一百岁的时候,发生了地震,裂出了大缝。又《淮南子·览冥训》载:"往古之时,四极废,九州岛裂。"②四极和九州岛是由裂变而成的。最为形象的是《古本竹书纪年》所载:"三苗将亡,天雨血,夏有冰,地坼及泉。"③地震裂开了很深的缝隙,以至于出现了泉水。这些记载大都具有神话色彩。

商代末年发生了严重的地震灾害。《今本竹书纪年》载:"(帝乙三年)夏六月,周地震。"④《吕氏春秋·制乐》记:"周文王立国八年,岁六月,文王寝疾五日而地动,东西南北,不出国郊。"⑤两条史料记录的应为同一件事,即公元前1094年六月,丰镐一带发生了地震。纣王统治末年,商朝又发生了重大的地震灾害。《今本竹书纪年》载:(帝辛四十三年)"峣山崩"⑥,《淮南子·俶真训》和《淮南子·览冥训》中皆有记载,峣山,前文已经考证属当时之雍州,现属山西之境内。

二、殷墟甲骨文中的"震"字与震灾

《说文解字》:"震,劈历振物者。"⑦本义是雷击,引申为震动。甲骨文中屖(震)字写作🖹(《合集》4210 正)、🖹(《合集》34715)、🖹(《合集》36430)、🖹(《合集》36441)、🖹(《合集》36442)、🖹(《合集》36443)等,刘钊认为,"屖"当读作"震",与"屖旅"之"屖"用法不同。与"宁"为安宁义相对,是指因外部侵扰而引起的骚动、惊警而言。

---

① 方诗铭、王修龄:《古本竹书纪年辑证》,上海古籍出版社,2005 年,第 204 页。
② 何宁:《淮南子集释》,中华书局,1998 年,第 479 页。
③ 方诗铭、王修龄:《古本竹书纪年辑证》,上海古籍出版社,2005 年,第 68 页。
④ 方诗铭、王修龄:《古本竹书纪年辑证》,上海古籍出版社,2005 年,第 236 页。
⑤ (战国)吕不韦著,陈奇猷校释:《吕氏春秋新校释》,上海古籍出版社,2002 年,第 350 页。
⑥ 方诗铭、王修龄:《古本竹书纪年辑证》,上海古籍出版社,2005 年,第 239 页。
⑦ (汉)许慎撰:《说文解字》,中华书局,1963 年,第 241 页。

卜辞还见有"邑戛",乃卜问城邑有无因侵扰而引起骚动①。

甲骨文中有不少带有"震"字的辞例,但多与"师"连用,参以下诸辞例。

（1）庚午贞:今夕师亡无震？/ 辛未贞:今夕师亡震？/ 甲戌贞:今夕师亡震？　　　　　　　　（《合集》34715 历二类）

（2）丁丑卜,才□贞:今夕师不震？兹孚。（《合集》36430 黄类）

（3）甲寅卜,才牆贞:今夕师不震？（《合集》36435 黄类）

（4）甲子卜,才牆贞:今夕师不震？（《合集》36436 黄类）

（5）己未卜,才牆贞:今夕师不震？（《合集》36437 黄类）

（6）今夕师不震？　　　　　　　　（《合集》36440 黄类）

（7）今夕师不震？　　　　　　　　（《合集》36441 黄类）

（8）壬午卜,旧立,贞:王今夕不震？（《合集》36442 黄类）

（9）[甲]□[卜],贞:方来入邑,今夕弗震王师？

（《合集》36443 黄类）

以上诸揭之"震"都与"师"连用,并非指自然界中的地震,而是军事卜辞,是说王的军队会不会遭到对方军队的进攻而有危险。所有辞例都与"今夕"连用,即指今晚,商王反复卜问今天晚上会不会遭到敌军的入侵,足见其对战争的重视和警惕。

（10）癸巳卜:其震壴？/ 癸巳卜:鼓壴弜震其尊？　　　　　　　　（《屯南》236 无名类）

上揭辞例更加形象地描绘了战鼓声声、疆场厮杀的场景。除了对王师构成的威胁还有对城邑和家庭构成威胁的辞例,如下诸例。

（11）乙丑卜,毂贞:兹邑亡震？三

（《合集》17360 正典宾类）

（12）贞:兹邑其业震？（《合集》17361 典宾类）

有关"震"的龟甲
（《合集》17361）

---

① 刘钊:《卜辞所见殷代的军事活动》,《古文字研究》（第十六辑）,中华书局,1989年,第71页。

（13）贞：兹邑其屮震？　　　　　　　（《合集》17362 典宾类）

（14）□寅卜，争贞：［兹］邑☒震？☒月。（《合集》17363 典宾类）

（15）家亡震？又其震？　　　　　　　（《屯南》2672 无名类）

我们虽然还不能辨别出哪些辞例指的是自然界中的地震灾害，但是相信殷人对于地震产生的震动一定有所感知。而且对于军队、城邑和家庭安全的担心，亦是一种心理困扰，说明其心理已经产生了波动。

第九节　其他灾害性天气

除了上述较为典型的灾害之外，还有一些天气现象有时也可以对人们的出行和生产造成不利，如雷和霾等。

一、雷

《史记·殷本纪》载："武乙猎于河渭之间，暴雷，武乙震死。"[①]这是文献中一次较为确切的雷灾记录。从资料分析，武乙被暴雷震死，应该是他在野外狩猎时，遇到强烈的对流天气，被闪电击中所致。雷，是由于自然界中阴电和阳电相撞击发出的隆隆声，通常伴随着闪电，对人产生的惊吓也比其他自然现象要大。《说文解字》云："雷阴阳薄动雷雨生物者也。"[②]甲骨文中雷写作 ☒（《合集》13406）、☒（《合集》13408）、☒（《合集》24364 正）、☒（《合集》14128 正）、☒（《合集》14129 正）、☒（《合集》14131）等。卜辞中关于雷的辞例主要可以分为以下几类。

1. 雷与雨相伴而至

（1）癸巳卜，古贞：☒雨雷才□？十月。（《合集》13406 典宾类）

---

① （西汉）司马迁：《史记》卷三《殷本纪》，中华书局，1959 年，第 104 页。

② （汉）许慎撰：《说文解字》，中华书局，1963 年，第 241 页。

（2）乙巳［卜］，宾贞：兹雷其［雨］？
（《合集》13407 反宾一类）

（3）庚子卜，贞：兹雷其雨？
（《合集》13408 正典宾类）

2. 雷雨天气时会有厚厚的云层

（4）☐云雷☐ （《合集》13418 自宾间类）

（5）☐大采烙云自北，西单雷☐采日☐星。三月。 （《合集》11501 典宾类）

（6）☐大采日，各云自北雷，隹兹雨不征（延）？隹毋☐ （《合集》21021 自小字类）

（7）癸亥卜，贞：旬一月，昃雨自东？九日辛未，大采各云自北雷征（延），大风自西，刜云率雨，毋䵹日☐
（《合集》2102 自小字类）

"雷雨交加"的龟甲

（《合集》13408 正）

辞例（5）～（7）更是形象地说明：来自北方的云，伴着大风，可能带来较长时段的降雨。

二、霾

《说文解字》云："霾风雨土也。"①霾有两种情形：一种是空气中因悬浮着大量的烟、尘等微粒而形成的混浊形象；另一种是刮风时空中降下沙土，尘土飞扬。甲骨文中的霾应当指的是后一种情况。甲骨文中的霾字写作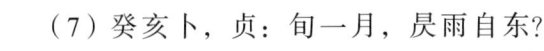（《合集》8859 反）、（《合集》13465）、（《合集》13466）、（《合集》13467）、（《合集》13468）等。主要由两部分构成，上面的 ⊓ 是雨，表降落，下面的 是动物，上下两部合在一起表示天上落下沙尘，淹没地上的家畜、走兽。郭沫若认为甲骨文中的"霾"字，"雨下从一兽形如猫，决为霾字"②。大风卷起了沙尘，铺天盖地，出现

---

① （汉）许慎撰：《说文解字》，中华书局，1963 年，第 242 页。
② 郭沫若：《郭沫若全集·卜辞通纂》（第二卷·考古编），科学出版社，2002 年，第 384 页。

了霾的天气。请参以下诸辞例。

（8）☒霾☒　　　　　　　　　　（《合集》8859反典宾类）

（9）丁酉卜，争贞：风隹㞢霾？／己酉卜，争贞：隹㞢霾？

（《合集》13465 典宾类）

（10）癸卯卜，☒王占曰：其☒霾甲辰☒　（《合集》13466 典宾类）

（11）贞：兹雨不隹霾？／贞：☒雨隹霾？（《合集》13467 宾一类）

（12）贞：翌丁卯酢。丁霾，［允］☒?　（《合集》13468 宾三类）

带有"霾"字的龟甲
（《合集》13468）

辞例所言大风会不会带来霾的天气、天上会不会下霾、霾会不会带来祸患等都是商人所担心的问题。殷人卜霾也说明了霾已经对生活产生了影响。有学者认为，商代后期霾尤为严重，"沙尘天气横行了商代晚期的二百多年时间"[①]。此言虽有过其实，但却可以看出商代晚期气候转为干冷的趋势。

综合来看，以上所卜之"霾"，更趋近于现代的沙尘暴。殷卜辞中有关霾的辞例不多，但从上揭诸辞中能够看出霾是一种可以招致祸患的坏天气。

---

① 朱彦民：《商代晚期中原地区生态环境的变迁》，《南开学报》（哲学社会科学版）2006年第5期。

第二章　甲骨文所见殷商时期灾害的基本特征

从殷商时期灾害的整体情况来看，273年间出现了多种多样的灾害，包括水、旱、蝗、瘟疫、大风、雷电、冰雹、火灾等。其中以水、旱、蝗等灾害最为多发。殷商时期的先民已对灾害有了较为深刻的认识，并在生产和生活中主动地规避这些不利因素。殷商后期气候的变化使旱灾增多，但商王非常重视灾害的防治，在精神和物质层面都进行了一些积极的救助探索。

第一节　灾害种类较多

我们之所以认为殷商时期灾害种类较多，是基于对王卜辞意义的考量。商王是商代的最高统治者，商王所关心的事情才被称为国之大事，其卜问不是日常行为的简单重复，而是具有国家治理层面的重要意义。就目前所掌握的历史文献、考古发现和甲骨文材料来看，都能够反映商代多种自然灾害存在的痕迹。甲骨文是比较成熟的文字，"构造的原理，表现了那个时代的观念和思维方法……文字的原义，在其构造中显著地残存着"[①]。"灾"在甲骨文中主要的写法有：㠭（《合集》17205）、㭒（《合集》36571）、𰽎（《屯南》344），第一个为"灾"字初文，象形字，后两个皆加注"才"作为声符。甲骨文中表示伤害意义的"害"字写作𧊒（《合集》22246），隶定为蚩，其字形象人的足趾为虫虺之类所咬啮，

[①]〔日〕白川静著，王巍译：《中国古代民俗》，春风文艺出版社，1991年，第15页。

也与伤害之义相合，应该就是伤害之"害"的本字①。卜辞中有许多与自然灾害有关的辞例常与"灾""害"相连，表明占卜之事可能会带来不利影响，即是有害的。

从目前甲骨文的记载来看，殷商时期灾害的种类的确较多。我们通过一些关键词检索甲骨释文，可以得到如下数据：以"雨"为关键词搜索，共有6589例；以"水"为关键词搜索，共有66例，两者皆可视为与水有关，由此可以推断，当时可能受到水患的威胁。以"燎"为关键词搜索，共有1300例，可以推断当时可能遭到干旱的威胁。以"风"为关键词搜索，共得291例，可以推断当时可能遭到大风的干扰。以"雹"为关键词搜索，共有33例，可以推断当时可能遇到冰雹的侵扰。以"火"为关键词搜索，共有133例。以"雾"为关键词搜索，共有54例。以"霾"为关键词搜索，共有9例。以"雷"为关键词搜索，共有44例。当然，这些数据并不能说明哪一类灾害多与寡，因为用现代灾害学的研究方法来探讨古代灾害史并不能完全做到客观准确。但是这些数据至少可以说明商王对某类事情的关注程度，对雨和水的关注程度高，可以说明雨水是带来不利影响的，甚至是可以造成灾害的。天气干旱，商王才会燎祭，以祈求神灵的保佑，降下雨水。大风可能影响出行，也可能会对庄稼不利，火、雾、霾、雷等皆为自然现象，只有致灾的可能性而没有致灾的必然性。

甲骨文有多个文字从构形上显示可能与灾害有关。如灾字写作 ▨（《合集》17207）表水患；雨，写作 ▨（《合集》6947）表示水从云下；雹，写作 ▨（《合集》12628）表雨冰；秋，写作 ▨（《合集》7343）表蝗虫；霾写作 ▨（《合集》13466）表示风带来尘土。通过整理与研究，越来越多的学者认为商代存在较多的灾害。郭旭东指出，殷商时期的自然灾害种类很多，主要有旱灾、水灾、风灾、雹灾、蝗灾、震灾、日食、月食和彩虹等，其中旱、水、蝗、雹等灾害发生比

---

① 裘锡圭：《释蛊》，《裘锡圭学术文集·甲骨文卷》，复旦大学出版社，2012年，第207页。

较频繁①,与后世相较,主要灾害种类在商代基本已经出现。这样的结果能不能令人信服?会不会夸大了历史的事实呢?我们认为商代出现多种类型灾害的可能性是存在的。首先,商族的活动区域不断扩大。商代疆域面积广大,东到海边,南抵五岭,西达甘肃、内蒙古,北至河北北部及辽宁部分地区②。其次,商代人口数量在不断增多,至晚商大致增至780万左右③,甚至接近1000万④。随着人口的增多,活动区域的扩大,人们感知到的灾害也就越来越多,原本是发生在无人居住区的自然现象,随着人类活动范围的不断扩大,逐渐影响到生产和生活,当给人类社会带来了损失,自然现象就变成了自然灾害。

第二节 农业自然灾害严重

殷商时期的灾害种类虽多,但主要还是以给农业带来危害的灾害为主,如水、旱、冰雹、蝗虫等。我们在做相关统计时,主要依据卜辞数量多少并结合文献材料进行分辨。殷商时期,农业已经成为社会的主要产业部门,农业种植区域扩大,作物种类较多。商王是全国土地的最高所有者,农业是国家经济的最重要来源,商王重视农业的发展,从耕作到收获,或事必躬亲,或派专人巡视,还进行各种莑禾、莑年的祭祀活动,祈求上神保佑获得丰收。

殷商时期的灾害中以水灾和旱灾最为普遍,从数量庞大的与水旱有关的卜辞就可见一斑。殷商时期是雨多还是干旱多的问题,在史学界和

---

① 今秋其有降敱?(珠269)"降敱"即是造成鸟害之意。贞:其有来敱?无来敱?(乙2595)会不会有鸟害呢?殷人为了平息鸟害,也进行"宁敱"的活动。如贞:[宁]敱于[兕]?(粹607)参郭旭东:《殷商时期的自然灾害及其相关问题》,《史学集刊》2002年第4期。
② 张秉权:《卜辞中所见殷商政治统一的力量及其达到的范围》,《"中央研究院"历史语言研究所集刊》第五十本第一分册,1979年,第219~220页。又彭邦炯:《商史探微》,重庆出版社,1988年,第174~179页。
③ 宋镇豪:《夏商人口初探》,《历史研究》1991年第4期。
④ 袁祖亮主编,焦培民:《中国人口通史·先秦卷》,人民出版社,2007年,第167页。

考古学界一直悬而未决。不少史家都在不断修正自己的观点,胡厚宣一度认为"殷代安阳一带之雨量,必较今日为丰也"①,但后来又认为"殷代雨量,究竟如何,此实难于确定"②。杨升南指出:"商时期的气温比现今高2℃左右,与今日的江淮地区气候同,因此动植物品类丰富。从商文化遗址反映出当时的地下水位比今日低,再证之古文献和甲骨卜辞,商时的雨量却似乎并不比今日的华北地区多,且常遇到很严重的干旱灾情。看来商代并不是一个雨水充沛的时期。殷墟甲骨文中,占卜是否有雨的卜辞特别的多,过去研究者认为是商时多雨的反映,可能不一定符合实际,有可能恰是相反:不断地占卜是否有雨应是缺雨而希冀下雨心情的表示(当然商王为出行而进行的是否有雨的占卜,是为选择好天气,则与求雨占卜不同)。"③上述观点都反映了仅利用甲骨文材料研究商代湿度的局限。

商王占卜的目的在于了解未来可能发生的事情,卜以预测将来是下雨还是不下雨,或是希望其下雨,或是希望其不下雨,或是雨影响未来的活动。如果从农业来考虑,商代的作物以旱作为主,耐旱能力强,商王不会整天为农作物得不到浇灌而祈祷。因此,卜雨更多的是为其降雨太多而忧虑,或是旱作不喜欢多雨,或是多雨不利于出行,这样才更合乎情理。但即使如此,也不能以此来作为殷商整个时期偏雨或偏旱的证据。考古学研究证实,殷商时期的温度和湿度与现在并无太大差异。我们认为:卜辞中与水和旱相关的卜辞数量众多,这一方面反映出殷商时期气候的变化,另一方面说明殷商时期抗灾能力的低下。不论殷墟湿热或干冷,也不论其与当今安阳气候相差多少,都掩盖不了这样一个事实——殷商时期水灾和旱灾发生比较频繁。因为,不管是在何种温度和湿度条件下,殷商的国土位于东亚季风区的事实是从来没有改变过的。受季风的影响,就会出现干湿的不平衡,夏季既容易高温干旱,又容易出现水量比较集中的情况。简而言之,就是殷商时期可能在某一阶段出

---

① 胡厚宣:《甲骨学商史论丛初集》(外一种),河北教育出版社,2002年,第607页。
② 胡厚宣:《甲骨学商史论丛初集》(外一种),河北教育出版社,2002年,第857页。
③ 杨升南:《商时期的雨量》,《中国史研究》2008年第4期。

现了极端性灾害天气,降水总量没有变,但是相对集中高发,就引发了灾害天气出现。这对于抗灾能力较弱的殷商王朝来说,影响是很大的。从生产力发展的角度来看,殷商时期处于中国农业发展的初期阶段,基本上还是刀耕火种,靠天吃饭。虽然殷商时期的农业种植区土壤肥沃,水源充沛,但耕作技术和工具还极其落后。邓云特指出,中国古代社会中,由于农业生产方式的落后,技术拙劣,效率极低,平时本来就生产不丰,人力浪费,稍稍遇到自然灾害,就束手无策。所以轻微的变动也足以引起重大的打击。于是或因天久不雨,河水浅时,高田因人力畜力灌溉不及,而致成旱灾害之事实非常多见[1]。可见,水旱灾害是殷商时代农业生产的大敌。

蝗灾也是殷商农业的大敌。安阳处于黄河中下游地区,受东亚季风气候的影响,主要的蝗虫种类是东亚飞蝗,每年可发生2代至4代。关于蝗虫的生长环境,明代学者徐光启曾指出:"蝗之所生,必于大泽之涯……必也骤盈骤涸之处。"[2]即时旱时涝之地。黄河每年春夏季(2~4月)和夏秋季(7~9月)容易断流,给东亚飞蝗的发育和繁殖提供了有利的环境,河南一带的黄河滩地成为飞蝗滋生的适宜场所。

第三节 气候变化诱发灾害频发

气候变化对于殷商时期灾害的影响作用是值得谨慎思考的。以往大量研究都将灾害的形成直接归因于地理环境和区域内的气候因素[3],即:如果气温升高,湿度就会增加,水灾就会增多;如果气温降低,湿度就会减少,旱灾就会增多。这是一个很大的误区。胡厚宣认为,商代比现在的华北地区温暖,或者说与今长江流域或更以南者相当[4]。竺可

---

[1] 邓云特:《中国救荒史》,上海书店,1984年,第109页。
[2] (明)徐光启:《农政全书》卷四十四《荒政》,中华书局,1956年,第186页。
[3] 郭旭东:《殷商时期的自然灾害及其相关问题》,《史学集刊》2002年第4期。
[4] 胡厚宣:《甲骨学商史论丛初集》(外一种),河北教育出版社,2002年,第904页。

桢研究后得出的结论是，公元前3000～前1100年间，黄河下游和长江下游各地的月平均温度及年平均温度是：正月的平均温度比现在的高3～5℃，年平均温度比现在高2℃①。程洪则认为，某地年平均气温每降低（或升高）1℃，就等于将此地向北（或向南）推移400～600千米②。杨升南据此则认为"整个河南省就到了今日淮河以南的长江流域地区"③。这就容易诱导人们将温度与湿度混为一谈。G·R.埃尔顿曾说过："与缺乏证据以及细节错误相比较，预先形成的概念是对历史真理的更大威胁。"④但自然科学和社会科学领域的部分学者却忽视了这一点，惯于将现代灾害学的概念、理论、方法等套用到灾害史研究中。比如在对我国历史时期干湿状况做分析的过程中，由旱涝史料推及干湿状况的研究方法曾被学者所接受，且被视为最重要、最基础的论据⑤。

---

① 竺可桢：《中国近五千年来气候变迁的初步研究》，《考古学报》1972年第1期。
② 程洪：《新史学：来自自然科学的"挑战"》，《晋阳学刊》1982年第6期。
③ 杨升南：《商时期的雨量》，《中国史研究》2008年第4期。
④ 〔英〕G·R.埃尔顿著，刘耀辉译：《历史学的实践》，北京大学出版社，2008年，第30页。
⑤ 利用旱涝、霜雪等灾害史料分析历史气候干湿冷暖变化是21世纪之前许多学者较为重视的方法。但与物候、年轮、冰芯、湖泊沉积、珊瑚沉积、黄土、深海岩芯、孢粉、古土壤和沉积岩等相比，灾害史料只能作为辅助材料，与地质、生物等学科配合方能加强研究的准确性。参竺可桢《中国近五千年来气候变迁的初步研究》，《考古学报》1972年第1期；Chiaomin Hsieh, "Chu K'o-chen and China's Climatic Changes", The Geographical Journal, 1976, vol.142, no.2, pp.248-256; Manfred Domrös and Peng Gongbing, "The Climate of China", Berlin, DE: Springer, 1988; Raymond S. Bradley and Philip D. Jones, eds., "Climate Since A.D. 1500", New York, NY: Routledge, 1992; Zhang Jiacheng and Lin Zhiguang, "Climate of China", New York, NY: Wiley, 1992; 满志敏《唐代气候冷暖分期及各期气候冷暖特征的研究》，《历史地理》1990年第2期；满志敏《关于唐代气候冷暖问题的讨论》，《第四纪研究》1998年第1期；朱士光、王元林、呼林贵《历史时期关中地区气候变化的初步研究》，《第四纪研究》1998年第1期；吴宏岐、党安荣《隋唐时期气候冷暖特征与气候波动》，《第四纪研究》1998年第1期；费杰、侯甬坚、刘晓东，等《基于黄土高原南部地区历史文献记录的唐代气候冷暖波动特征研究》，《中国历史地理论丛》2001年第4期；葛全胜、郑景云、满志敏，等《过去2000年中国温度变化研究的几个问题》，《自然科学进展》2004年第4期；满志敏《中国历史时期气候变化研究》，山东教育出版社，2009年；葛全胜等《中国历朝气候变化》，科学出版社，2010年。

温度和湿度并不是高温湿润和低温寒冷相匹配的,近些年的考古发现也证明了这种情况。王树芝等通过安阳殷墟刘家庄北地 12979 块大于 4 毫米木炭样品的鉴定,认为栎是当地的优势种,对群落环境起主要作用。对鉴定出的木炭树种进行共存因子法分析表明,商代晚期年均温度为 7.4~15.9℃,年降水量为 620~1200 毫米,湿润指数为 -14.2~52.6。对树种的生态特性和共存因子法分析表明,商代晚期气候与现今没有明显的不同。通过全年降水量的重建研究认为,与现今降水量相比有的文化层降水量多于现今,有的反而少,甚至更多年份的连续干旱期都有存在。因此,商代晚期气候是波动的,既有干旱时期,又有湿润期。商代晚期后段气候不是干旱,反而降雨量更大,有可能是与殷墟都邑的毁弃有关[1]。综上,我们认为,气候是殷商时期灾害的一个诱因,而不是决定性因素。

盘庚迁殷有力地证明了人们的活动对环境已经产生了一定的破坏作用。种种迹象表明,"盘庚时期,殷人的社会矛盾已日趋激化,贵族夺取了大量的土地,聚敛了大量的社会财富,但他们只知奢侈淫乐,不管民众死活,人民厌倦生产,从而造成了土地肥力失效,土质变坏,生态环境恶化,使得民众的生产、生活、居住等条件恶劣,以致在当时频仍的水灾(包括久雨积水和河水泛滥)面前逐渐丧失了起码的抵御能力"[2]。所以,人类在灾害面前并不是完全无能为力的,很多严重的灾害恰恰是由人类自身的活动而引起的。

第四节 灾害对商代社会产生重大影响

整个商代是个多灾多难的时代,灾害给商代社会带来了重大影响。夏末持续到商初的灾害给殷商王朝增加了诸多动荡的因素。文献证实,

---

[1] 王树芝、岳洪彬、岳占伟:《殷商时期高分辨率的生态环境重建》,《南方文物》2016 年第 2 期。
[2] 李民:《殷墟的生态环境与盘庚迁殷》,《历史研究》1991 年第 1 期。

从汤立国到盘庚迁殷，所经历的五次都城迁徙都是与灾害有关的。盘庚迁殷后，灾害仍未止息。太丁之时，旱灾又起，"洹水一日三绝"。商纣时期的旱灾、大风与沙尘暴，"雨土于亳"，加之地震引起的"崤山崩"，频繁的灾害最终摧毁了风雨飘摇的殷商王朝。

  夏末商初的旱灾成就了汤的地位。《国语·周语上》载："昔伊、洛竭而夏亡。"①《今本竹书纪年》载："十年，五星错行，夜中，星陨如雨。地震。伊、洛竭。"②这场旱灾对于夏王朝的打击极为沉重，再加之夏桀"为虐政淫荒"，不体恤民众，不务农事，不理朝政，阶级矛盾不断激化，招致民怨沸腾，以至于发出"是日何时丧？予与汝皆亡"的呼号。商汤正是在此时完成了对夏桀的最后一击，"桀败于有娀之虚，桀奔于鸣条"③。夏桀虽亡，但"天行有常，不为尧存，不为桀亡"④，旱灾仍然持续，汤十九年至二十四年，连续大旱⑤。五年大旱，五年不收，刚刚建立的商王朝面临严峻的考验，最终汤还是用广施德政赢得了民众的信任。《史记·殷本纪》载商汤网开三面之事，"汤出，见野张网四面，祝曰：'自天下四方皆入吾网。'汤曰：'嘻，尽之矣！'乃去其三面，祝曰：'欲左，左。欲右，右。不用命，乃入吾网。'诸侯闻之，曰：'汤德至矣，及禽兽'"⑥。商汤以宽厚德政赢得了民心。他还祷雨于桑林之中，禁弦歌鼓舞，割发焚烧，终于感动上天，降下甘露。祭祀禳灾是具有一定积极意义的。邹逸麟认为，当自然界的变异对社会造成不可承受的损失时，才称之为灾害。自然灾害不仅决定于来自其动力的自然界，还决定于其承受体的人类社会⑦。灾害容易让民众产生恐慌心理，在商代落后的科技条件下，即使是现在看来司空见惯的自然现象，也会让人

---

① 徐元诰：《国语集解》，中华书局，2002年，第27页。
② 方诗铭、王修龄：《古本竹书纪年辑证》，上海古籍出版社，2005年，第222页。
③ （西汉）司马迁：《史记》卷三《殷本纪》，中华书局，1959年，第96页。
④ （清）王先谦：《荀子集解》，中华书局，2012年，第300页。
⑤ 《今本竹书纪年》："（汤）十九年，大旱。氐、羌来宾。二十年，大旱。夏桀卒于亭山。禁弦歌舞。二十一年，大旱。铸金币。二十二年，大旱。二十三年，大旱。二十四年，大旱。王祷于桑林，雨。"
⑥ （西汉）司马迁：《史记》卷三《殷本纪》，中华书局，1959年，第95页。
⑦ 邹逸麟：《"灾害与社会"研究刍议》，《复旦学报》（社会科学版）2000年第6期。

们感到无比恐惧。灾害发生后,对掌控各种灾害神灵的祭祀与崇拜,让人们在心理上产生一种希冀:可能在未来的某一刻灾害就会消除,于是人们就会平静下来,这对于灾害时期社会政治的稳定是有所裨益的。汤的祷告获得了雨水,汤的政治地位也因此得到了认可和巩固。

仲丁、河亶甲、祖乙和盘庚时期的水患阻碍了商代经济的发展。以上四位君主在位时期,都城都曾发生了水患,多位史家皆有详论。殷代都城偃师、郑州、内黄等地均位于今河南境内,虽然农业作物不乏稻、稷之类,但黄河流域主要种植的还是耐旱作物,并不需要太多的雨水,过多的雨水反而更容易对农作造成损害。降雨的季节性集中也引起了河流泛滥,水灾给商代农业带来了冲击,这与商王卜辞中出现大量卜雨的记录是吻合的。直到盘庚迁殷后,水患才得到了一定缓解。迁都对一个国家而言决非小事,它直接影响国家政治和经济的稳定,稍有不慎,可能会劳民伤财,分崩离析。不到万不得已,统治者是不会轻易举国而迁的。农业是殷商王朝最为重要的经济部门,只有农业稳定,经济才能发展,只有经济发展,政治才能稳定。因此,商代都城的迁徙是与农业发展密切关联的,都是为了更加有利于农业的发展。

太丁时的旱灾动摇了商王朝的根基。《古本竹书纪年》载:"(太丁)三年,洹水一日三绝。"①太丁,即大丁,商王文丁。方诗铭案:"洹水固可以泛滥,亦可以因旱而绝流。"②洹水是殷墟境内最为重要的河流,不但有行舟船之利,而且供给都城的饮水和农业灌溉。殷墟处于季风区内,洹水也会出现季节性的泛滥,可见正常年份其水量是丰沛的,太丁之时洹河一天三次断流,说明水量已经很小,水流趋于干涸,通常是遇到了严重的干旱,这对农业经济的发展是极其不利的。结合后世商纣灭亡的情况看,太丁时的旱灾已经大大动摇了商王朝统治的根基。

商纣时期多种灾害交织加速了殷商王朝灭亡的步伐。《古本竹书纪年》载:"(商辛)五年夏……雨土于亳。"③雨在这里作动词,雨土,即

---

① 方诗铭、王修龄:《古本竹书纪年辑证》,上海古籍出版社,2005年,第36页。
② 方诗铭、王修龄:《古本竹书纪年辑证》,上海古籍出版社,2005年,第36页。
③ 方诗铭、王修龄:《古本竹书纪年辑证》,上海古籍出版社,2005年,第236页。

降下尘土之意。甲骨文中有霾字,原意为天上落下沙尘,淹没地下的动物和走兽。《墨子·非攻下》:"逮至乎商王纣,天不序其德,祀用失时,兼夜中十日,雨土于薄(亳)。"①结合以上史料不难看出,这是典型的沙尘暴天气。这种天气现象是由于长期的干旱,空气干燥,遇上大风,卷起黄土,故而呈现漫天飞沙的景象。商纣末年,这种干旱化的趋势愈发严重。《国语·周语上》记伯阳父之语:"河竭而商亡。"②《淮南子·俶真训》载:"逮至夏桀、殷纣……当此之时,峣山崩,三川涸。"③峣山发生了地震,泾、渭、洛河出现了断流,地震与旱灾并发。这场旱灾还辐射到了周边的诸侯国中,《逸周书·大匡解》载:"维周王宅程三年,遭天之大荒。作《大匡》以诏牧其方。"④又《古本竹书纪年》载:"周大饥,西伯自程迁于丰。"⑤从陕西到河南的黄河中下游地区都受到了干旱的影响。

当然,在这里需要指出的是,商王朝的覆灭是天灾和人祸共同作用的结果。因为灾害是具有两重性的,既有自然属性又有社会属性。一方面,自然界的变化是引起灾害的重要因素,不以人的意志为转移,从这个意义上来说,自然灾害是不可抗拒的,如地震、水灾和旱灾等;另一方面,由于人们的乱砍滥伐,带来的泥石流和山体滑坡,加上政府疏于防范以至于大堤溃决,从这个意义上说是人为制造了灾害。

第五节 殷商王朝积极应对灾害

殷商王朝对于灾害的应对具有积极的一面。这需要我们客观把握殷商时期人们对于灾害的观念,并根据当时社会发展程度来考察其所能采取的措施,即把事件放到历史的大背景下去考察。

---

① 吴毓江撰,孙启治点校:《墨子校注》,中华书局,2006年,第217页。
② 徐元诰:《国语集解》,中华书局,2002年,第27页。
③ 何宁:《淮南子集释》,中华书局,1998年,第158~159页。
④ 黄怀信、张懋镕、田旭东:《逸周书汇校集注》,上海古籍出版社,2007年,第144~146页。
⑤ 方诗铭、王修龄:《古本竹书纪年辑证》,上海古籍出版社,2005年,第238页。

一、祭祀弭禳是基于殷人对灾害的认识

漫长的原始社会,生产力极端落后,原始人的思维方式也与现代的人们有所不同。"原始人认为任何事物的发生都是由神秘的和看不见的力量引起的"[①],当然包括了自然界的各种灾害。原始人认为,假如不下雨或雨下得太多,假如收成不好,假如椰子不结果,假如猪死了,假如狩猎和捕鱼不顺利,假如发生地震,假如海啸扫荡了沿岸的村庄,假如疫疠猖獗,则自然原因永远也不足以解释这些事物;这里总是有巫术在起作用[②]。对于疾病的起因,原始人也是习惯追究自然界以外的因素。如在卡弗尔人那里,巫医给病人做诊断时,往往有三种可能:第一,病是自己发生的;第二,病是由祖先们的魂引起的;第三,病是由巫术引起的[③]。这种认识是世界性范围内的,具有普遍性。

在奴隶制较为发达的商代这种观念依然表现得相当明显。商汤初年,遇七年大旱,商汤祷于桑林,以期能消除灾祸。殷商时代人们普遍习惯于用对天神、地祇和人鬼的祭祀来消弭灾祸。陈梦家曾经如此归纳见于甲骨文的殷人所祭祀的对象:一为天神,包括上帝、日、东母、西母、云、风、雨、雪;二为地祇,包括社、四方、四戈、四巫、山、川;三为人鬼,包括先王、先公、先妣、诸子、诸母、旧臣[④]。天神指日月星辰以及主管风雨等自然现象之神,地祇则以山川之神等为主,人鬼基本上是死去的祖先。天神等之所以能够赢得人们的信仰和祭祀,是因为古人相信它们可以对人类的生活发生重大的影响。

邓云特指出:"我国自商代盘庚迁殷之后,已脱离氏族社会时期。当时在经济生活及政治生活中单一阶级之支配权已完全确立。故当时人类之思想,亦即认定人间一切事物,皆可由支配阶级之力量以统治之;

---

① 〔法〕列维-布留尔著,丁由译:《原始思维》,商务印书馆,1981年,第5页。
② 〔法〕列维-布留尔著,丁由译:《原始思维》,商务印书馆,1981年,第377页。
③ 〔法〕列维-布留尔著,丁由译:《原始思维》,商务印书馆,1981年,第267页。
④ 陈梦家:《殷虚卜辞综述》,中华书局,1988年,第562页。

但由于当时生产力之低下，对于自然之控制能力，仍极薄弱，而在农业生产领域中，其所受自然力之支配，尤觉强大。于是当时之人类，依其自身世界内阶级元首支配之情形，从亦设想在整个自然界中，亦必有一支配自然万有之最高主宰存焉。而此最高之主宰，即称为'天帝'。于是原始社会'万物有灵'之观念，遂转变而为崇拜最高主宰之天帝，即初期一神教之观念矣！在此种观念支配之下，对于一切人事休咎，莫不视之为天帝所决定，自然之灾害，生产之丰歉，更惟以此为解释。即认为人间之一切灾害饥荒，皆天帝有意降罚于人类。"① 既然殷人认为天帝拥有万能的力量，那么祭祀天帝就意味着尊重与讨好，希冀能够在未来的时日带来丰收。从这个意义上说，弭禳是具有积极意义的。

二、祭祀弭禳有助于消除人们的恐慌心理

人们在灾害发生后很容易发生恐慌的心理，在殷商时期落后的科技文化条件下，对现在看来司空见惯的自然现象也表现出极端畏惧。甚至到了春秋时期，日食现象发生后，人们诚惶诚恐，举行仪式进行禳祭以免遭到天谴。彗星出现，也要进行禳祭。对于水、旱、蝗这些与生产和生活息息相关的灾害更是如临大敌，不但要举行每年固定的祭祀，而且还要在灾后举行各种各样的祈祷活动，即使到了春秋后期，弭禳思想渐渐衰退，人道逐渐受到重视的时代，也不忘记在救灾之时，祭祀祖先和上天，以求灾害不再降临。

将这些禳祭进行分析后发现，弭禳行为有时可能因巧合而消除了灾患，但大部分情况下根本没有任何作用，可是对当时的人们来说，只要有一次祭祀达到了目的，就说明这种形式是有用的，也就证明自然界是由神灵掌管的，祭祀是必要的，弭禳是有意义的，从而更加确信心诚是会感动上苍的。这种对自然神的崇拜，在科学不发达的条件下，一旦发生就愈演愈烈。于是人们就会平静地等下去，对于灾害时期社会政治的稳定是有益的。

---

① 邓云特：《中国救荒史》，上海书店，1984年，第199~200页。

三、祭祀弭禳对灾害防御具有一定积极意义

殷商时期的弭禳活动是同中国古代的卜筮、星占学、天文学紧密相连的。商人的生活中到处都有占筮的痕迹，人们习惯于将天文现象与人世间之事结合考虑，对未来灾害的发生作出预测。

殷人事鬼，相信占卜，凡大事必贞，其行为常常被看作是一种迷信活动，因为即便是卜而应验的也仅只是说明事物的一种可能性。商代卜辞中对贞的辞例很多，一方面贞问可，一方面又贞问不可；还有一些卜辞属于选贞，用于选择合适的行动，可见商人占卜并不仅仅停留在迷信的程度，而是全面考虑事物的可能性后作出的决断。卜辞中应验之事很多，这些应验之词令商人更加笃信占卜的可靠性，但是得不到验证的事情也有很多，这又同时增加了商人对占卜的疑虑。商人占卜之后将如何反应呢？是不是仅仅是占卜而不会考虑其可能带来的后果呢？

（1）甲戌卜：子其出宜？不用。／戠①（待），弜出宜？用。

（《花东》26）

（2）戊卜：六其酚子兴匕庚，告于丁？用。／戊卜：戠（待），弜酚子兴匕庚。

（《花东》28）

通过对一些对贞之词及验词的分析我们发现，商人对占卜的反应一般是积极的，即如果遇到不利情形会终止其活动。甲骨文中常以用或不用来表示占卜者采取哪种行动。

四、巫医禳灾活动中与药物治疗相结合，具有一定的科学意义

先秦时期的祭祀禳灾活动几乎全部是由"绝地天通"的巫人来组织进行的，这些巫人本身也是拥有一定医学知识的。殷人认为疾病的来源

---

① 裘锡圭：《说甲骨卜辞中"戠"字的一种用法》，《裘锡圭学术文集·甲骨文卷》，复旦大学出版社，2012年，第163页。

主要是由于上帝、人鬼和祖先作祟,巫人常采取祈求神灵、祭祀祖先的治疗方法。从卜辞来看,具体做法有二:一为告,一为御。甲骨文中的"告"字写作🔣(《合集》14753),一个陷坑上插有标示物,表达警告行人勿误陷入其中之意。"告"为一种比较消极的治疗方法,仅向祖先报告病况,希冀祖先给予援助,大概为对病症较轻的做法①。还有一种方法就是御,"御"是较为积极的治疗方式。甲骨文中的"御"字写作🔣(《合集》713)等,作一人跪于某物之前有所请愿之状。御是一种去除疾病的积极方法,乞求鬼神去除灾祸的根源②。上述两种方法在现代又被称作心理疗法。虽然巫人的做法还达不到如此高的境界,但实际上起到了心理干预的效果。

关于殷人利用某些药材来治病在考古资料、历史文献以及甲骨卜辞中均有反映。首先,在商代的考古发掘中,我们发现了药用实物。1973年在发掘河北藁城台西遗址的一处房址时,发现了三十余枚去壳的植物种子,专家指出,其中的桃仁和郁李仁都具有缓泻作用,不能随便食用,解释为药用方宜。这说明在古代饮食质量差的情况下,人们容易患便秘,因而需要常备缓泻的药品。这几味药也是古籍中记载的常用药,《本草纲目》载:"郁李仁甘苦而润,其性降,故能下气利水。"③郁李仁有通大便、泻腹水、治浮肿的功效④。藁城台西商代药物的出土,雄辩地证明了殷人已用药物治病的事实。其次,历史文献中也有用药治病的宝贵资料。《素问·汤液醪醴论》载:"上古圣人作汤液醪醴"⑤根据晋代皇甫谧《甲乙经》的序称:"伊尹……为《汤液》。"⑥此圣人应为伊尹。关于伊尹的巫人身份已经为众多史家所认同,他是商汤时从政的大

---

① 许进雄:《中国古代社会——文字与人类学的透视》,中国人民大学出版社,2008年,第491页。
② 许进雄:《中国古代社会——文字与人类学的透视》,中国人民大学出版社,2008年,第491页。
③ (明)李时珍著,刘衡如点校:《本草纲目》,人民卫生出版社,1979年,第2098页。
④ 耿鉴庭、刘亮:《藁城商代遗址中出土的桃仁和郁李仁》,《文物》1974年第8期。
⑤ 南京中医药大学:《黄帝内经素问译释》,上海科学技术出版社,2009年,第136页。
⑥ (晋)皇甫谧原著,王军点校:《针灸甲乙经》,人民军医出版社,2005年,第1页。

巫，也是发明创造了药物之人，反映了商代巫医合一、巫医不分的现象。最后，甲骨文中也有药物治病的线索。

综上所述，殷人已经采用药物来治疗疾病，而且用这些药物治病之人，都是掌握着较高文化知识的巫觋。正如许进雄所言："以药物治病的人为医，以舞蹈、祈祷等心理治疗为主的人为巫，这是后代的分法。在民智未大开的时代，治病大半以心理治疗为主。中国早期的名医又都具有巫的身份。"[①]而这种巫医不分的记载也屡见于古代典籍之中[②]。据此可知，商代巫医尚未分离，巫人在利用巫术进行心理治疗的同时，也利用某些药物来物理治疗，对先秦时期医学的发展具有积极推动意义。

---

① 许进雄：《中国古代社会——文字与人类学的透视》，中国人民大学出版社，2008年，第497页。

② 《山海经·大荒西经》云："有灵山，巫咸、巫即、巫盼、巫彭、巫姑、巫真、巫礼、巫抵、巫谢、巫罗十巫，从此升降，百药爰在。"《海内西经》言："开明东有巫彭、巫抵、巫阳、巫履、巫凡、巫相，夹窫窳之尸，皆操不死之药以距之。"郭璞对此六巫注云："皆神医也。"而又引《世本》曰："巫彭作医。"《说文解字》"医"下的记载，其云："古者巫彭初作医。"

第三章　甲骨文所见殷商时期的防灾活动

殷人占卜往往从正反两个方面进行，或有灾祸，或无灾祸。卜问的结果大致有两类情况，一是应验，一是没有发生。从卜辞的构成来看，一条完整的卜辞分为叙辞（又称前辞）、命辞、占辞、验辞四个部分。验辞是卜问之人对于事情的跟踪。卜辞中还有"兹用"一类的习语，表示用此卜。商代在占卜时往往喜欢一事多卜，反复卜问后才决定是否采用，占卜结果决定用某一卜，就在其旁边或后面刻写上"兹用"二字。这样的后续记录多了，就可以积累更多的经验，久而久之，就可以对相同类型的事件进行提前防御了。

商王和贵族对灾害性事件进行既有消极的防御措施，如祭祀卜问各类神灵等，也有积极的防御措施，如占卜气象和天文、巡视生产、防御饥荒等。

第一节　祭　祀　神　灵

在殷人的心中，灾祸是由神灵所主宰的，陈梦家认为主要指天神、地祇和人鬼。天神通常指日月星辰和主管风雨等自然现象之神，地祇则以山川之神等为主，人鬼基本上是指死去的祖先。具体而言，天神包括上帝、日、东母、西母、云、风、雨、雪。地祇包括社、四方、四戈、四巫、山川。人鬼包括先王、先公、先妣、诸子、诸母、旧臣[①]。《左

[①] 陈梦家：《殷虚卜辞综述》，中华书局，1988年，第562页。

第三章 甲骨文所见殷商时期的防灾活动

传·昭公元年》载:"山川之神,则水旱疠疫之灾于是乎禜之;日月星辰之神,则雪霜风雨之不时,于是乎禜之。"① 水旱、瘟疫是由山川主宰的,雪霜风雨是由日月星辰主宰的,所以必须尊之敬之,祭祀就是向神灵献礼最常见的形式。

祭祀神灵一般由巫觋主持。巫在甲骨文中写作 ✚（《合集》21076）、✚（《合集》20364）、✚（《合集》20365）、✚（《合集》34155）、✚（《合集》36511）等,有学者解释为,上横表示天,下横表示地,左右两笔表示四方,中间的十字交叉,表示贯通天地四方②。张光直认为,巫觋担负着沟通天地的重要使命,他说:"中国古代文明中的一个重大观念,是把世界分成不同的层次,其中主要的便是'天'和'地'。不同层次之间的关系不是严密隔绝、彼此不相往来的。中国古代许多仪式、宗教思想和行为的很重要的任务,就是在这种世界的不同层次之间进行沟通。进行沟通的人物就是中国古代的巫、觋。"③ 商代的天即天庭,是上帝、众神和先公、先王居住之所。上帝是天庭的最高统治者,可以役使世间万物。如从"帝史风"（《合集》14225、14226）、"帝云"（《合集》14227）可以看出,上帝是可以驱使、指挥风和云的。除此之外,帝还可以支配雷、电、雨、年成和旱灾等,如帝"令雨"（《合集》900 正）、"令雷"（《合集》14127）、"害我年"（《合集》10124 正）、"降大旱"（《合集》10167）、"降旱"（《合集》10168）等。因此,需要通过对上神的祭祀以求得庇佑。

殷人主要祭祀哪些神灵呢?虽然殷商时期的宗教在很大程度上已经形成了帝神崇拜、自然崇拜和祖先崇拜三大板块信仰系统,但是殷人的崇拜对象不一定就是祭祀的对象,在殷代的祭祀中上帝并不是祭祀的对象④。晁福林认为:"殷人只是向帝提出问题,如会不会刮风下雨、会不会降旱降灾等,却并不奉献祭品。古人认为'涧溪沼沚之毛、苹蘩蕴藻

---

① 杨伯峻:《春秋左传注》,中华书局,1990 年,第 1219~1220 页。
② 陆思贤:《释甲骨文中的"巫"字》,《内蒙古师大学报》(哲学社会科学版) 1984 年第 4 期。
③ 张光直:《考古学专题六讲》,文物出版社,1986 年,第 4 页。
④ 陈梦家:《殷虚卜辞综述》,中华书局,1988 年,第 580 页。

之菜、筐筥锜釜之器、潢污行潦之水，可荐于鬼神，可羞于王公'(《左传·隐公三年》)，尽管'心诚则灵'，但祭品总还是要有的。"①由是可知，殷人祭祀的对象并不包括帝神，而是低于帝神的自然神和祖先神。

　　殷人如何祭祀神灵呢？甲骨文中的"祭"写作𓎤（《合集》1051正）、𓎤（《合集》32544）、𓎤（《合集》22811）、𓎤（《合集》27226）、𓎤（《合集》36509）等，从字形上看，作手拿着一块肉汁下滴的肉块形，表示以之供奉神灵的祭祀行为。后来觉得造意不太明显，就添加祭祀的义符"示"。为了要确定那位神灵能给予神佑或解除灾难，供奉怎样的佳品才能取悦它。在中国的文字，"示"是有关神道的一个义符。与祭祀、鬼神有关的意义，大半以这个符号来表达。甲骨文的"示"字写作𓎤（《合集》6131正），乃作某种有形的崇拜物形。我们虽不能正确得知示到底是什么东西，可知它大半就是人们想象的神灵寄居的地方，可能是个高而有平台的神坛。此"示"也比较可能是血亲神灵的栖息处，不是用来放置自然界的神灵②。甲骨文中的"祀"字写作𓎤（《合集》20278）、𓎤（《合集》15489）、𓎤（《合集》30768）、𓎤（《合集》29714）、𓎤（《合集》37398）等，表示托举幼儿做祭祀。于省吾释曰："卜辞祀字或省作巳。除用作祀如'十祀'、'廿祀'之外，尚用作祭祀之祀，如'其祀多先且'（《佚》860）。"③意即祭祀先祖，在于看来，甲骨文中的祀已经具有了祭祀之意义。彭邦炯认为，甲骨卜辞的"祀"是指祭祀专名，当时还没有"祭祀"二字连为一词的用法④。常玉芝认为，甲骨文中的"祀"不但可以表示祭祀，也可以用来表示时间⑤。

　　通过对"祭"和"祀"的字形分析，我们可以看出，商人所做的祭祀活动，就是用双手持肉供奉神灵，并以此来达到祈福消灾的目的。

---

　　①　晁福林：《论殷代神权》，《中国社会科学》1990年第1期。
　　②　许进雄：《中国古代社会——文字与人类学的透视》，中国人民大学出版社，2008年，第551页。
　　③　于省吾主编：《甲骨文字诂林》，中华书局，1996年，第1789页。
　　④　彭邦炯：《甲骨文农业资料考辨与研究》，吉林文史出版社，1997年，第494页。
　　⑤　常玉芝：《商代周祭制度》，中国社会科学出版社，1987年，第224～225页。

第三章 甲骨文所见殷商时期的防灾活动

殷人对于自然神和祖先神进行的祭祀可谓名目繁多，陈梦家统计卜辞中的祭名约有 37 种，日本学者岛邦男统计认为将近 200 种。兹举例如下。

（1）贞：于㫃燎？八月。　　　　　　　（《合集》14691 典宾类）
（2）贞：翌☐㞢☐辛？八月。　　　　　　（《合集》14979 典宾类）
（3）贞：翌癸未祉（延）酻三十牛？八月。（《合集》15514 宾三类）

其中的燎、侑、酻等都是各种祭祀之名。值得关注的是，在商代祭祀祖先的仪式中，已形成了较为系统的"周祭"制度，即翌（日）、祭、壹、劦、彡（日）依次进行，周而复始，每一周复，称为一祀。其中的彡是伐鼓而祭，如：

（4）丙申卜，贞：王宾卜（外）丙彡日亡尤？/庚子卜，贞：王宾大庚彡日亡尤？

丙申彡外丙，同旬的庚子彡大庚。殷王世系中，外丙之次序正在大庚之前。翌是舞羽而祭。如：

（5）甲戌翌上甲，乙亥翌报乙，丙子翌报丙，丁丑翌报丁，壬午翌示壬，癸未翌示癸，[乙酉翌大乙，丁亥]翌大丁，甲午[翌大甲，丙申翌外丙，庚子]翌大庚。　　　　　　（《合集》35406 黄类）

上甲、报乙、报丁、示壬、示癸是殷的先王，以上两残片"依日之次序翌祭先祖"[①]，可见翌祭先王是有序的，一是按照先王在位顺序，二是在翌祭之时其日期中天干要与先王名中的天干相吻合，而且要整齐排列。祭是献酒肉而祭，如：

（6）辛巳卜，贞：王宾且辛祭亡尤？/丁亥卜，贞：王宾且丁祭亡尤？　　　　　　　　　　　　　　（《合集》35689 黄类）

辛巳祭祀祖辛，下一旬的丁亥祭祀祖丁。壹是献黍稷而祭，是合历代祖妣并祭[②]，如：

（7）壬辰卜，贞：王[宾]大戊奭妣壬[壹]亡尤？/癸卯卜，

[①] 董作宾：《董作宾先生全集·乙编》第一册，《殷历谱》上编卷三《乙辛祀典》，台湾艺文印书馆，1977 年，第 77 页。

[②] 郭宝钧：《中国青铜器时代》，生活·读书·新知三联书店，1963 年，第 351 页。

贞：王宾中丁奭妣癸壹。亡尤？　　　　　　　（《合集》36225 黄类）

按照商王在位次序，大戊之后是雍己，雍己之后是中丁。但是在周祭的卜辞中，大戊奭妣壬之后无雍己之配，直接为中丁之配，董作宾认为，只有大宗之配偶才能入祀谱，雍己为小宗，其配偶不能进入祀谱之列，所以才出现这种现象。翌祭是主要对先王配偶的祭祀。如：

（8）庚寅［卜，贞：王］宾［且乙奭妣庚翌日，亡尤？／甲午卜，贞：王宾且辛奭妣甲翌日，亡尤？／己亥卜，贞：王宾四且丁奭妣己翌日，亡尤？　　　　　　　　　　　　　　　（《合集》35957 黄类）

以上三条连续的卜辞分别翌祭祖乙、祖辛、祖丁的配偶妣庚、妣甲、妣己。卜问日期分别是庚日、甲日、己日，与被祭祀的先妣庙号中的天干是相同的，也是按顺序进行的，如此进行周而复始的循环祭祀。

不仅如此，周祭制度还涵盖了丰富的内容，它不但包括物质一类的酒肉和粮食等，还包含有精神层面的歌舞鼓乐。对此，陈来说："乡、翌所以娱祖先，祭、壹所以享祖先，这是把人间精神和物质两个方面的享受奉献给死去的祖先作为讨好的方式，这显然意味着，祖先在人间的生命结束之后，并没有消逝为无，而是仍然以某种形式（灵魂或其他）存在，他们不仅仍然保持着对人间种种享受的乐趣和能力，而且可以以直接或间接的方式对人世生活发生影响。基于这样的信仰，人需向祖先献祭，以求得对人世生活的福佑。"①

可以看出，殷人对于祭祀活动是极其慎重和周密的。对于这种现象，许进雄指出："商代有很多种类的祭祀，尤其是较早期的时候。祭祀的对象、应用的礼仪、供奉的牺牲，都多得难于计数。当时对于祭祀非常慎重，为了得到最佳的效果，对于祭祀过程的细节都要取得正确的答案。譬如说要向哪位神灵，在何日、何时、何处，由谁主持祭祀，用何种礼仪、多少牲畜，是用宰杀的方法，还是埋于地下、沉溺于河中，甚至要不要烹饪，用什么烹饪法，几乎没有考虑不到的细节。可以想象

---

① 陈来先生此处所提的"乡祭"实际是周祭卜辞中的"彡祭"，见陈来：《古代宗教与伦理——儒家思想的根源》，生活·读书·新知三联书店，1996年，第123页。

得出商人唯诚唯恐的态度和心情。"①

总之,殷人通过形式多样、内容丰富的祭祀活动,对掌控着世间万物的神进行了虔诚祷告,提出自己的诉求,希望各种神灵能庇佑世间风调雨顺,消灾避难。显然,殷人这种对灾害防御的行为是迷信的,这是一种消极的做法,其效果也就自然不能尽如人意了,灾害还是如约而至,异常天气还是会时常发生。

第二节 占卜气象和天文

占卜是一种巫术,也是一种迷信的行为,由巫人利用兽骨和龟甲之类的灵物作媒介,向神灵祈求启示,以解决现实中所遇到的疑难问题。占卜本身是没有科学依据的,但是通过大量的气象和天文占卜所得到的资料,找出某些天气发生的规律是有着积极意义的。

一、占 卜 气 象

商代有大量的巫、祝等人员负责气象和天气的预报活动,从甲骨文来看,涉及天气、时令、年成、灾害、疾病的约有数千片。有学者统计,在殷卜辞分类统计中,有关气象类的占卜居于第二位,其中最多的是关于风雨与阴晴变化等事项的卜问②,可见殷人对自然界变化的关心。根据罗振玉《殷虚书契考释》、王襄《簠室殷契征文》的分类,对未来天气进行预测和卜问的主要有卜雨和卜雾。具体而言,甲骨卜辞中关于气象类的记录,大致包括雨、雹、雷、雾、虹、雪、风等,兹举例如下。

(1)辛未卜,贞:自今至乙亥雨?一月。(《合集》12820 自宾间类)
此为辛未日占卜,从今天开始到乙亥日(未来的多少天)会不会下

---

① 许进雄:《中国古代社会——文字与人类学的透视》,中国人民大学出版社,2008 年,第 553~554 页。
② 〔韩〕赵容俊:《甲骨卜辞所见之巫者的交通鬼神》,《东方考古》(第 1 集),科学出版社,2004 年,第 234 页。

雨？甲骨卜辞中多有占卜问雨的辞例，时间有长有短，有1天、2天、3天、5天、10天、11天、18天，最长的一次有44天。如：

（2）己未卜：今日雨，至于夕雨？　　　　　（《屯南》4400 历二类）

（3）乙丑祉（延）雨，至于丙寅雨？裘。　　（《合集》24333 出二类）

（4）丁巳卜，亘贞：自今至于庚申其雨？　　（《合集》12324 宾一类）

（5）贞：自今五日至于丙午［雨］？　　　　（《合集》12316 典宾类）

（6）庚午卜，争贞：自今至于己卯雨？　　　（《合集》10516 宾一类）

（7）自今辛至于来辛又大雨？　　　　　　　（《合集》30048 无名类）

这些占卜反映了商王对气象的预报要求，不仅有短期的，还有长期的。

（8）丙午卜，韦贞：生十月，雨其隹雹？/丙午卜，韦贞：生十月，不其隹雹雨。　　　　　　　　　　　　　　　（《合集》12628 宾一类）

以上是一个正反对贞卜辞，问下不下冰雹。

（9）贞：帝其及今十三月令雷？［一二三四五六七八九十］

（《合集》14127 正宾一类）

上帝将在这个十三月打雷。

（10）庚寅卜：翌辛丑雨？阴。　　　　　　（《合集》12359 宾一类）

庚寅日占问下一个辛丑日会不会下雨，结果是阴天。

（11）庚寅卜，古贞：虹不隹年？/庚寅卜，古贞：虹隹年？

（《合集》13443 正典宾类）

上举也是一个对贞卜辞，问虹会不会影响到收成。

（12）乙酉卜，雪？今夕雨，不雪。四月。

（《合集》20914 自小字类）

这是卜问今天傍晚会不会下雪。

（13）☐翌癸卯帝不令风？夕阴。　　　　　（《合集》672 正宾一类）

这条卜辞有验辞，卜问天帝让不让刮风，结果傍晚阴天。

二、占卜天文

中国古代的天文学最初便是源于占卜之术的，主要包括占卜日食、月食和星象。在距今 6500 年前，中国传统的天文学的主体部分已经形成，在 6000 年前后，已经达到了很高的水平①。殷代虽然已经跨入阶级社会的门槛，但去古未远，对自然现象仍然充满着神秘构想，对于周边环境的诸多不可知现象，尤其是遭遇天文的异常变化之时，殷人将其视为神灵的某种暗示或征兆，所以甲骨文中出现了很多占卜日食、月食和星象的辞例。

1. 占卜日食和月食

在殷人的眼中，日食和月食都是重大的天象灾变，他们常常通过观察日食和月食的变化并以占卜的方式见兆判断其吉凶。商代卜辞中有许多关于日食、月食的记录，举例如下：

（14）癸酉贞：日夕［又］食，［告于］上甲？

（《合集》33695 历二类）

预卜日食在一天中可能发生的具体时间——夕（夜晚）。

卜问日食会不会带来灾祸，请河神给予保佑。

（15）旬壬申夕月屮食。　　（《合集》11482 反典宾类）

预卜月食在一天中可能发生的具体时间——夕（夜晚）。

（16）［癸未卜］争贞：翌［甲］申，易日？之夕月屮食，甲阴，不雨。二　　（《合集》11483 正宾一类）

甲申日占卜天气会有何变化。夜晚出现的月食，天气转阴并未下雨。

（17）癸酉贞：日月又食，隹若？／癸酉贞：日月又食，非若？

（《合集》33694 历二类）

会不会同时出现日食和月食呢？这是一则典型的日月食同卜的情况。

在商人的思维中，此种日月食的现象，显然视其为示意平安顺利，或为降临灾异的征兆②。由是可知，在殷人的思想意识中，日食和月食是具有善恶吉凶之义的。于是，当日月食出现之时，殷人便请巫觋占卜以

---

① 冯时：《河南濮阳西水坡 45 号墓的天文学研究》，《文物》1990 年第 3 期；冯时：《中国早期星象图研究》，《自然科学史研究》1990 年第 2 期。

② 〔韩〕赵容俊：《甲骨卜辞所见之巫者的交通鬼神》，《东方考古》（第 1 集），科学出版社，2004 年，第 234 页。

探明吉祥或凶咎的征兆，从而采取拯救日月的措施，这样，在殷墟的甲骨文中又留下了有关救日月的记录。董作宾指出，"日有食"，至周代犹沿用，惟增一之字，《诗》与《春秋》，皆称"日有食之"也。殷代于日月食已称有食有食者，言有物食此日月也。《春秋》隐公三年《谷梁传》云：其日有食之，何也？吐者外壤，食者内壤，阙然不见其壤，有食之者也。有，内辞也。或外辞也。有食之者，内于日也。其不言食之者，何也？知其不可知，知也。谷梁氏以初亏为"食"，以复圆为"吐"，以"食之者"为不可知之物，殆犹存神话之背景。民间传说，则以日月食皆为天狗所食，故必鸣金击鼓以营救之……天犬疑即后世民间流传可以吞食日月之天狗祭之，所以祈免日月之灾欤？《周礼•秋官•庭氏》：有"救日之弓""救月之矢""太阴之弓""枉矢"之名，皆日月食所用之弓矢也。又《地官•鼓人》："救日月则诏王鼓"。弓矢以射之，鼓以震惊之，则古人果即以为"食之者"为天犬乎？录之，以备一说。①在董作宾看来，殷商时期人们认为日食是一种凶兆，殷人采取了击鼓和射箭之法来挽救日月，以消弭不祥之兆。

2. 占卜星象

占卜星象也叫占星术，是古代天文学的一个重要组成部分，主要是根据天象来预卜人间事务。在原始社会文化发展的早期阶段，由于人们知识水平和生产力都很低，对自然现象中的一些规律没有掌握，于是把人们生活中的吉、凶、祸、福与某些自然现象联系起来。

旧观点以为甲骨文"晶"（晶）、"曐"（曐）是繁简不同的异体字，卜辞用法无别。实际上，象形字"晶"和加注声符"生"而成的形声字"曐"（曐），在商代已经分化成两个不同的字②。"晶"（晶）在甲骨文中当日月星的"星"讲；"曐"当阴晴的"晴"讲。甲骨卜辞中有许多关于占星的记录，兹略举数例如下：

---

① 董作宾：《董作宾先生全集•乙编》第二册，《殷历谱》下编卷三《交食谱》，台湾艺文印书馆，1977年，第6~7页。
② 黄天树：《殷墟甲骨文验辞中的气象纪录》，《黄天树甲骨金文论集》，学苑出版社，2014年，第173~174页。

（18）☐五☐戊申有异☐新晶☐　　　　（《合集》11507 宾一类）

（19）☐辛未有异新晶。　　　　　　（《合集》6063 反宾二类）

（20）☐大晶出南。　　　　　　　　（《合集》11504 宾二类）

（21）火，今一月其雨？／乙巳卜，争［贞］：火，今一月其雨？

（《合集》12488 乙宾一类）

上揭例（21）意为，火星出现，这个一月会下雨吗？说明殷商时期的人们已经认识了火星，并能预判火星出现的时间及其与世间事物对应的情况。商人认为火星与下雨之事可能有关。此种巫术性质深厚的想法，则说明商代已有火星所在之地域主干旱的迷信[①]。

综上所述，殷人通过对气象和天文的占卜，逐渐积累了更多关于自然灾害与气象、日食、月食以及星象变化关系的经验。通过观测和占卜，一方面加深了对自然界的认识，另一方面建立了各种自然现象之间的关联，更为客观地把握灾害性天气的特点，有助于对灾害的防范。

第三节　巡 视 生 产

甲骨文卜辞中"省"字写作（《合集》32954）、（《合集》5112正）、（《合集》33236）、（《合集》28992）等，商承祚释曰："为省之本字，象省察时目光四射之形。"[②]《说文解字》云："省，视也。"[③]《尔雅》云：省，察也[④]。甲骨卜辞中凡是与省连用的似乎都有周行巡视的意思，如"往省""出省"。闻一多认为，甲骨文中的"省"都是由商王来主持的，大体分为三种情况：一是巡视，二是田猎，三是征伐[⑤]。我们认为巡视是对农业生产的督促和鼓励，对于鼓励民人生产，

[①]〔韩〕赵容俊：《甲骨卜辞所见之巫者的交通鬼神》，《东方考古》（第1集），科学出版社，2004年，第237页。

[②] 于省吾主编：《甲骨文字诂林》，中华书局，1996年，第570页。

[③]（汉）许慎撰：《说文解字》，中华书局，1963年，第74页。

[④] 胡奇光、方环海撰：《尔雅译注》，上海古籍出版社，2012年，第74页。

[⑤] 闻一多：《释省徇》，《中国文字》第四十九册，1973年。

防御自然灾害具有积极意义。兹举例如下：

第一种情形是巡视田间种植。

（1）今日乙，王弜省☐/弜省䨄田，其雨。/☐王其省田☐夙入不雨。
（《合集》29003 无名类）

主要是卜问巡视䨄地的农田，细言之就是巡视田间种植和耕作。

（2）壬午卜☐/弜省宫田，其雨？/更䨄田省，不雨？/弜省䨄田，其雨？/王其☐虞田，☐入亡［灾］不遘大雨。
（《合集》28993 无名类）

王巡视宫、䨄、虞等地的生产会不会遇到下雨的天气。

（3）翌日辛，王其省田，夙入不雨？兹用。吉。
（《合集》28628 无名类）

第二天辛日，商王巡视农田种植，不会下雨吗？果然没有下雨。

可以看到，商王巡视不仅仅是走马观花似的巡行，更是对田间种植的细节巡察。

第二种情形是巡视以黍祭祀祖先的活动。

（4）☐往省黍，祀若？/☐王弓往省黍，祀弗若？
（《合集》9613 典宾类）

（5）贞：王弓往省黍？　　　　　（《合集》9612 典宾类）

黍是殷商时期的主要作物之一，是为旱作，是酿酒的主要原料，也是王室贵族们的主要粮食作物。正如《诗经·良耜》郑玄所笺："丰年之时，虽贱者犹食黍。"[①]那么一般年景下平民百姓是很难吃到黍的。黍祀是用丰收的黍向祖先贡献的仪式，商王卜问是否要亲往参加这样的活动，足见其重视程度。

第三种情形是巡视粮仓。

亩，对收录的甲骨片来看，应该是廪字的异构。陈梦家认为"亩"是积谷的地方，即后世仓廪之廪[②]。王巡视粮仓分两种情形，一种是王

---

① （汉）毛亨注，（汉）郑玄笺，（唐）孔颖达疏，龚抗云、李传书、胡渐逵整理，肖永明、夏先培、刘家河审定：《毛诗正义》卷十九《良耜》，北京大学出版社，1999年，第1362页。
② 陈梦家：《殷虚卜辞综述》，中华书局，1988年，第536页。

亲自巡视，另一种是派人巡视。

（6）☐众以省㐭？　　　　　　　　（《屯南》180 无名类）

（7）☐省㐭？　　　　　　　　　　（《屯南》188 无名类）

（8）☐省［才南］㐭？　　　　　　（《合集》9640 宾三类）

（9）贞：弜省才南㐭？　　　　　　（《合集》5708 正典宾类）

（10）贞：先省才南㐭？☐月。　　　（《合集》9641 宾三类）

（11）☐南㐭省？十月。　　　　　　（《合集》9642 宾三类）

上述辞例中的南㐭，指的是位于南地的仓廪，没有明确方位的㐭，就说明是散布于各处的。"南㐭省"是省南㐭的倒装句，也是指巡视南地的仓廪。所举辞例皆没有令，当是王亲自巡视。

（12）癸巳卜：令阜省㐭？　　　　（《合集》33236 历二类）

（13）庚子卜：令阜省㐭？ / 叀令阜省㐭？（《合集》33237 历二类）

（14）叀阜令省㐭？　　　　　　　（《屯南》539 无名类）

（15）□子卜：令☐省㐭？　　　　（《合集》33239 历二类）

（16）庚寅卜，贞：叀束人令省才南㐭？十二月。

　　　　　　　　　　　　　　　　（《合集》9636 典宾类）

（17）［庚］寅卜，［贞：叀］束人令省才南㐭？十二月。二

　　　　　　　　　　　　　　　　（《合集》9637 典宾类）

（18）己亥卜，贞：叀并令省才南㐭？　（《合集》9639 宾三类）

上述辞例是王派人巡视仓廪。所派之人有阜、束等，巡查的粮仓既有指明方位的南地之㐭，也有些方位并不明确。卜辞中还有诸如"王往省从北"（《合集》5117）、"王往省从南"（《合集》5115）、"王往省从名"（《合集》5118）、"王其往出省从西，告于且丁"（《合集》5113 反）是表示王从某地巡视归来，从方位上考察，除了没有东方，商王对王都的南、北和西三面的区域都进行过巡查，虽然并不确定是针对粮仓，也可能包含有田猎和征伐等，但是作为粮食重要存放地的仓廪商王是不会忽略的。从《合集》33236 和《合集》33237 两揭辞例来看，从癸巳日到庚子日仅仅相隔七天，商王就派阜对仓廪进行了两次巡视，足见此地粮仓的重要性。另外，从目前收集到有月份的甲骨卜辞来看，王亲自巡视或是派人巡视粮仓的时间有十月和十二月，相当于夏历的七月和九

月,这个季节正好是殷人当年收获之后。

商王为什么要亲自巡视或者派人巡视仓廪呢?一个重要的原因就是为了保障粮食的安全。农业是商代社会的主要经济支撑,粮食收获之后放入仓廪,只有供给得到了保障,才有条件进行治理和征伐。此外,也说明粮仓的安全是有隐患的。

(19)王占曰:㞢求(咎),敔光其㞢来艰。气至六日戊戌,允㞢[来艰],㞢寇才夐,宰才☒䕞,亦焚亩三。十一月。

(《合集》583 反典宾类)[①]

(20)☒田䕞亦焚亩三☒   (《合集》584 反典宾类)[②]

上述辞例就非常清晰地反映了奴隶们焚烧了三座粮仓,以表示对奴隶主贵族的反抗。《诗经·硕鼠》云:"硕鼠硕鼠,无食我黍!三岁贯女,莫我肯顾。逝将去女,适彼乐土。乐土乐土,爰得我所!硕鼠硕鼠,无食我麦!三岁贯女,莫我肯德。逝将去女,适彼乐国。乐国乐国,爰得我直!硕鼠硕鼠,无食我苗!三岁贯女,莫我肯劳。逝将去女,适彼乐郊。乐郊乐郊,谁之永号!"[③]诗中的硕鼠即是处于统治地位的奴隶主,他们贪得无厌吃得像硕大的老鼠,奴隶们辛苦劳作却食不果腹。《诗经·七月》载:"六月食郁及薁,七月亨葵及菽,八月剥枣。十月获稻,为此春酒,以介眉寿。七月食瓜,八月断壶,九月叔苴。采茶薪樗,食我农夫。"[④]从六月到十月庄稼收获的季节,农人们的口粮尚且需要采集郁、薁、葵、枣、瓜、壶、苴、茶等来补充,从十一月到次年的五月还能吃到什么呢?贵族奴隶主对奴隶们残酷的剥削不断激起奴隶们的反抗,他们会以放火烧毁粮仓和逃跑的方式进行抗争。这样一

---

① 参刘影:《甲骨新缀第 222 组》,先秦史研究室,2016 年 7 月 28 日,网址:https://www.xianqin.org/blog/archives/6592.html。后收录黄天树主编:《甲骨拼合五集》,学苑出版社,2019 年,第 1048 则。

② 参黄天树主编:《甲骨拼合集》,学苑出版社,2010 年,第 290 则。

③ (汉)毛亨注,(汉)郑玄笺,(唐)孔颖达疏,龚抗云、李传书、胡渐逵整理,肖永明、夏先培、刘家河审定:《毛诗正义》卷五《硕鼠》,北京大学出版社,1999 年,第 373~374 页。

④ (汉)毛亨注,(汉)郑玄笺,(唐)孔颖达疏,龚抗云、李传书、胡渐逵整理,肖永明、夏先培、刘家河审定:《毛诗正义》卷八《七月》,北京大学出版社,1999 年,第 503 页。

来，巡视粮仓的工作就显得更加重要了。

第四节 防御饥荒

傅筑夫曾说：灾荒、饥馑是毁灭人口的一种强大力量，而在科学不发达和抗灾能力不大的古代，灾荒的破坏能力更是格外强烈①。为了避免发生饥荒，根本性的工作就是重视农业生产、种植多种谷物、加强田间管理，以提高粮食产量。

一、重视农业生产

殷商以前的统治者们都把发展农业生产放在最为重要的位置。《吕氏春秋·上农》云："古先圣王之所以导其民者，先务于农。"②古圣贤王都把农业作为最重要的事情。又《尚书·舜典》载："弃，黎民阻饥，汝后稷，播时百谷。"③舜命周的祖先弃负责农业生产，养育万民，以应对饥荒。大禹也非常重视农业，"卑宫室而尽力乎沟洫"④，"身执耒臿，以为民先"⑤，与族人一起在田间从事劳作。商代仍然沿袭着前代重视农业的传统，整个商代，农业在社会经济中都处于最重要的地位。《尚书·盘庚上》载："若农服田力穑，乃亦有秋。……惰农自安，不昬作劳，不服田亩，越其罔有黍稷。"⑥盘庚劝诫世人，如果民人专注于田间

---

① 傅筑夫、王毓瑚：《中国经济史资料·秦汉三国编》，中国社会科学出版社，1982年，第96页。

② （战国）吕不韦著，陈奇猷校释：《吕氏春秋新校释》，上海古籍出版社，2002年，第1/18页。

③ （汉）孔安国传，（唐）孔颖达疏，廖名春、陈明整理，吕绍纲审定：《尚书正义》卷三《舜典》，北京大学出版社，1999年，第74页。

④ 杨伯峻：《论语译注》，中华书局，1980年，第83～84页。

⑤ 王先慎：《韩非子集解》，中华书局，1998年，第443页。

⑥ （汉）孔安国传，（唐）孔颖达疏，廖名春、陈明整理，吕绍纲审定：《尚书正义》卷九《盘庚上》，北京大学出版社，1999年，第229～230页。

农业生产，就会有好的收成。如果民人懒惰安于享乐，不事劳作，不专注于田间生产，就不会有黍稷的丰收。盘庚迁殷后，历代商王更加重视农业生产，在甲骨卜辞中关于农业生产类的卜辞数量庞大，涵盖了农业、林业、牧业、渔业、农业气象、农业生产关系等，有力证明了这一事实。我们仅从商代卜辞所特有的"桒禾""受禾""桒年""受年"等一类的卜问中就可窥见一斑。

（一）关于"桒禾"

"桒"甲骨文写作 ⚛（《合集》21179）、⚛（《合集》22062 正）、⚛（《合集》22184）、⚛（《合集》583 正）、⚛（《合集》32031）、⚛（《合集》25640）、⚛（《合集》27613）、⚛（《合集》27066）、⚛（《合集》33952）、⚛（《合集》35803）等。前辈学者或将其释为"求"，郭沫若释："《杜伯盨》用'求寿匃永命'，求亦犹也。"求和匃字的意义是一样的。《说文解字》："匃，乞也。"彭邦炯释曰："求本象裘皮形，未成衣前，有求得之义，后世通作求。"①近年来，绝大部分学者将其隶定为"桒"，读为"祷"，表祈求之意。

"禾"字在甲骨文中写作 ⚛（《合集》20656）、⚛（《合集》32028）、⚛（《合集》28269）、⚛（《合集》28231）、⚛（《合集》37849）、⚛（《合集》19804）、⚛（《合集》9615）等。林沄提出，是否可考虑禾字本有禾、年两读，年字是在应读年的禾字上加注人声的专用字，则禾、年就是转注②。说明禾与年有时是可以表达同样意义的。齐思和认为禾字在古代有广义和狭义之分，狭义的指谷子（小米），广义的泛指一切谷类作物③。

（1）贞：酌桒禾。/ 辛卯贞：酌祔岁匕壬。/ 辛卯卜：又匕壬癸小宰。/ 甲戌贞：酌桒禾。[不雨]　　（《合集》33327+《屯南》4100④）

---

① 彭邦炯：《甲骨文农业资料考辨与研究》，吉林文史出版社，1997年，第445页。
② 林沄：《王、士同源及相关问题》，《林沄文集》（文字卷），上海古籍出版社，2019年，第112页。
③ 齐思和：《毛诗谷名考》，《中国史探研》，河北教育出版社，2000年，第35~39页。
④ 参刘风华：《历一类卜辞新缀一则：〈合集〉33327 +〈屯南〉4100》，先秦史研究室，2009年7月14日，网址：https://www.xianqin.org/blog/archives/1548.html。

上述辞例中的禾为广义的禾，所谓"㞷禾"即是向鬼神卜问庄稼有没有好的收成，与"㞷年"的意义相同。卜辞中对于"㞷禾"的记录涉及以下内容。

其一，向哪些神灵㞷禾？

甲骨卜辞记载，殷人㞷禾主要祈祷的对象有大乙、上甲六示、康丁、伊尹、夒、岳、河等。

（2）㞷禾［于］大乙。/㞷禾 　　　　　　（《合集》33319 历一类）

大乙，甲骨文称唐或太乙，文献中称为成汤，有时也称天乙、武汤、武王、成汤、成唐，名履，商王朝的开创者。

（3）乙卯卜，贞：㞷禾自上甲六示牛，小示㲋[①]羊？

（《合集》33305 历二类）[②]

上甲六示，指的是商的六位先王上甲、报乙、报丙、报丁、示壬、示癸。《史记·殷本纪》记述得极为简略："振卒，子微立。"《史记·索隐》引皇甫谧云："微字上甲，其母以甲日生故也。"商家生子，以日为名，盖自微始。谯周以为死称庙主曰"甲"也[③]。"微卒，子报丁立。报丁卒，子报乙立。报乙卒，子报丙立。报丙卒，子示壬立。示壬卒，子示癸立。示癸卒，子天乙立，是为成汤。"[④]这六人的关系：报乙为上甲微之子，报丙为报乙之子，报丁为报丙之子，示壬为报丁之子，示癸是示壬之子，即全部是父死子继。在甲骨文里，常见"自上甲六示之贞"。但在这六示中，除上甲微外，报乙、报丙、报丁、示壬和示癸的具体史事不详。

[①] 该字旧多认为是祭祀动词，现大部分学者认为字当为范围副词与祭祀无关。参看陈剑《甲骨文旧释"眢"和"䁂"的两个字及金文"䚩"字新释》，《出土文献与古文字研究》（第一辑），复旦大学出版社，2006年，第101～154页；何景成《说"列"》，《中国文字研究》（第二辑），大象出版社，2008年，第123～128页；沈培《释甲骨文、金文与传世典籍中跟"眉寿"的"眉"相关的字词》，《出土文献与传世典籍的诠释——纪念谭朴森先生逝世两周年国际学术研讨会论文集》，2010年，上海古籍出版社，第19～44页。

[②] 该片已由林宏明缀合，参看林宏明《醉古集——甲骨的缀合与研究》，台北万卷楼，2011年，329则，第384页。

[③] （西汉）司马迁：《史记》卷三《殷本纪》，中华书局，1959年，第92～93页。

[④] （西汉）司马迁：《史记》卷三《殷本纪》，中华书局，1959年，第92页。

"小示",一般认为是旁系,与直系先王称为"大示"相对。卜辞中的汎字,是为祭名,是一种杀牲取血涂血来祭祀的用牲法,牛和羊都是用来祭祀的牺牲。

(4)庚[午]贞:[于]☐/庚午贞:莽禾于父丁?/癸酉贞:甲戌又伐于且乙?　　　　　　　　(《合集》33321 自历间类)

康丁,一名嚣,甲骨文作康且丁,又作康丁、庚丁。《史记·殷本纪》载:"帝廪辛崩,弟庚丁立,是为帝庚丁。帝庚丁崩,子帝武乙立。殷复去亳,徙河北。"① 这是武乙时期的卜辞,可以推测其中的"父丁"应为武乙的父亲康丁。

(5)☐莽禾☐/辛巳贞:酻莽禾于示壬?/甲申卜:又伊尹五示?
　　　　　　　　　　　　　　　　　　　(《合集》33318 历一类)

伊尹,成汤时代的名臣、贤相,助汤成立国之业,放太甲于桐宫。伊尹与示壬同时祭拜,足见其地位的重要性。

(6)乙卯贞:莽禾于☐/癸未贞:莽禾于夔?/癸未贞:莽禾于河?/癸未贞:莽禾于岳?　　　　(《合集》33274 历二类)

(7)☐酉贞:莽禾于岳?/☐岳?　　(《合集》33289 历二类)

(8)丁酉卜,贞:不卣[雨]?/乙卯贞:莽禾于岳,燎三小宰、宜三牛?/[乙]卯贞:莽禾于岳,燎三小宰、宜宰?/☐☐贞:莽禾河沈三牛、宜大牢十?/☐雨☐　　(《合集》33292 历二类)

河是商之先公,岳与其位置相同,也应该与之具有同样的地位。

(9)☐☐贞莽[禾]☐于夔☐　　(《合集》33301 历二类)

(10)贞:其莽禾于夔?/☐其莽禾于𠂤,燎小牢,卯牛☐
　　　　　　　　　　　　　　　　　　　(《合集》33293 历二类)

夔,商之先公契,商部族重要的开创者。在甲骨文中称高祖的共有三人:一为高祖夔,二为高祖亥,三为高祖乙。𠂤在句中的位置与夔相同,也是神灵的一种。

其二,用什么牺牲进行莽禾?

(11)壬戌卜:燎于河三牢,沉三牛、宜三牢?莽禾其九牛?/宜

---

① (西汉)司马迁:《史记》卷三《殷本纪》,中华书局,1959年,第104页。

三牢?／戊戌卜：六年于王亥？其九牛。　　（《合集》33323 历二类）

上揭辞例中的燎禾就是向神灵乞燎禾稼丰收是用九头牛还是六头牛进行祭祀呢？"牢"在甲骨文中写作⊕（《合集》400）、⊕（《合集》20700）。《说文解字》云："闲养牛马圈也。"①《国语·晋语》韦昭注："牲一为特，二为牢。"②用单独一只牛、羊、豕作牺牲的叫特，用两只的是为牢。《尚书·诏告》孔颖达注："用太牢牛一、羊一、豕一。"③意思是说，牛、羊、豕各一是为太牢。如此，辞例中的三牢指的或是六牛或是六羊或是六豕。

（12）丁未贞：燎禾自上甲六示牛，小示汎羊？

（《合集》33296 历二类）

按照孔颖达的注疏，应该是用少牢进行祭祀。又《礼记·王制》："王日一举，鼎十有二物，谓大牢也。是周公制礼，天子日食大牢，则诸侯日食少牢，大夫日食特牲，士日食特豚。"④从用牲的情况来看，是有严格等级限制的。当然也有人提出不同看法，胡厚宣认为："牢必为二牛，疑专指一牡牛与一牝牛，与普通之二牛异。"⑤即牢祭的牲是两头牛，且一公一母。《国语·楚语》载："天子举以大牢。"韦昭注："大牢，牛羊豕也。"⑥《吕氏春秋·仲春纪》高诱注："三牲具曰大牢。"⑦又《仪礼》郑同予注："羊豕曰少牢。"⑧看来，无论是古人还是今人，在对

---

① （汉）许慎撰：《说文解字》，中华书局，1963年，第29页。
② （吴）韦昭注，明洁辑评，金良年导读，梁谷整理：《国语》卷七《晋语》，上海古籍出版社，2008年，第133页。
③ （汉）孔安国传，（唐）孔颖达疏，廖名春、陈明整理，吕绍纲审定：《尚书正义》卷十五《召诰》，北京大学出版社，1999年，第392页。
④ （汉）郑玄注，（唐）孔颖达疏，龚抗云整理，王文锦审定：《礼记正义》卷十二《王制》，北京大学出版社，1999年，第393页。
⑤ 胡厚宣：《释牢》，《中央研究院历史语言研究所集刊》第八本第二分册，1939年。
⑥ （吴）韦昭注，明洁辑评，金良年导读，梁谷整理：《国语》卷十八《楚语》，上海古籍出版社，2008年，第264页。
⑦ （战国）吕不韦著，陈奇猷校释：《吕氏春秋新校释》，上海古籍出版社，2002年，第68页。
⑧ （汉）郑玄注，（唐）贾公彦疏，彭林整理，王文锦审定：《仪礼注疏》卷四十七《少牢馈食礼》，北京大学出版社，1999年，第897页。

大牢和少牢的说法上尚未形成一致的意见。但可以确定的是，桒禾时使用的牺牲离不开牛和羊。

甲骨文中有一版关于为桒禾而祈雨的卜辞，内容丰富，摘录如下：

（13）丙寅贞：燎三小牢，卯牛于☐/丙寅贞：又升岁于伊尹三牢？/丙寅贞：叀丁卯酯于🐚？/丙寅贞：于庚午酯于🐚？/丁卯贞：于庚午酯、燎于🐚/戊辰及今夕雨？己巳贞：非囚（祸）。/己巳贞：庚午酯、燎于🐚？/庚午：燎于岳，又从才雨？/燎于岳，亡从才雨？/壬申贞：☐雨？/壬申贞：桒禾于夒。/癸酉卜：又燎于六云，五豕，五羊？/癸酉卜：又燎于六云，六豕，卯羊六？/今日雨？/隹其雨？

（《合集》33273 历二类）

这是为求得丰收而进行祈雨的祭祀记录。从丙寅日开始，到癸酉日下雨，共持续了7天时间。在这期间，商王祭拜了伊尹、岳、🐚、夒等神灵，采用了燎、侑、酯等祭祀方式，使用了牛、豕、羊等牺牲，终于求到了一场好雨。从这版卜辞，足以看到殷商统治者对禾稼丰收的期盼和重视程度。

（二）关于"受禾"

受禾与桒禾意义基本相同，祈祷禾谷丰收之意。"受"，甲骨文写作🐚（《合集》6236）、🐚（《合集》32778）、🐚（《合集》26898）、🐚（《合集》36126）等。《说文解字》云："受，相付也"，后世写作"授"，"授，予也"[①]。"受禾"可以理解为祈求神灵保佑谷物的丰收，有辞例"受禾"与"桒禾"同卜，如"己亥贞：桒禾于河，受禾？"（《合集》33271）。这些神灵与桒禾祭祀的神灵基本相同，主要有河、夒、🐚等。

1. 卜问受禾的方位

甲骨文关于受禾的辞例提到了多个方位。

其一，东、西、南、北受禾。

（14）不受禾？/癸卯贞：东受禾？/北方受禾？/西方受禾？

---

① （汉）许慎撰：《说文解字》，中华书局，1963年，第84页。

(《合集》33244 历一类)

（15）不受禾？／东禾受？／不受禾？／北禾受？／不受禾？／南禾受？／不受禾？／其六牛？ (《合集》33267 历二类)

"南禾受"应当是"南受禾"的颠倒。这里的东西南北应该指王畿以内的四方土地而言，以此可见，王畿四方皆有谷物种植，其收成与商王有着密切的关系，所以才引起商王的关注。

其二，大邑受禾。

（16）乙□更□［巫］？／丁未卜：大邑受禾？／不受禾？

(《合集》33240 自历间类)

上揭辞例中的"大邑"，陈梦家认为，大邑指的是一个范围的土地，具体而言就是商王都邑所在的土地①。彭邦炯认为，古代的邑实际上包括了居住区四周的农田、牧地等在内，一般只把居住地说成是邑，或把邑与土地分开，应该是理解的错误。九夫为井，四井为邑，井是划成方块的耕地，说古代"四井为邑"虽有些理想化的整齐划一，但邑包括有农田之地则是对的②。大邑受禾意思就是说王都所在的土地上禾谷被神灵授予丰收。再加上此前东、西、南、北四方受禾的卜辞，殷商统治管辖之地，都祈祷能被神灵保佑丰收。

其三，某具体地点受禾。

甲骨辞例中还有一些卜问具体地点是否获得丰收，如酒、盂、𡈼、南等地。

（17）不受禾？／才酒、盂田，受禾？／弜受禾？／才下𡈼、南田，受禾？ (《合集》28231 无名类)

可以看出酒、盂、𡈼、南田都是地名，而且是从正反两方面占卜是否受禾。

2. 卜问谷物会不会受到灾害侵扰

甲骨卜辞中有一个"虫"字，裘锡圭释其为"𡴘"，为"害"的初

---

① 陈梦家：《殷虚卜辞综述》，中华书局，1988 年，第 319、321 页。
② 彭邦炯：《甲骨文农业资料考辨与研究》，吉林文史出版社，1997 年，第 461 页。

文①。有孽、无孽意为有灾祸和无灾祸，孽与禾连用，意思即为对禾谷有没有危害。如：

（18）己卯［卜］：隹［河］蛊（害）？／己卯卜：隹岳蛊（害）？／己卯贞：岳蛊（害）？／甲申卜：岳弗蛊（害）禾？／甲申卜：其蛊（害）禾？甲申卜：雨？／乙酉卜：岳弗蛊（害）禾？／［乙］酉卜：［其］蛊（害）禾？乙酉卜：霾？／乙酉卜：弜霾？／丙戌卜：丁亥雨？／不雨。丙戌卜：戊雨？／丙戌卜：及夕雨？／及夕雨？／丙戌卜：岳不蛊（害）？／丙戌卜：岳其蛊（害）？／丁亥卜：宁岳燎牢？／丁亥卜：弜宁岳？／丁亥雨。／戊子雨。／己丑雨。／庚寅雨。／辛亥卜：岳弗蛊（害）禾，弜又岳？／辛亥卜：岳其蛊（害）又岳？

（《合集》34229 历一类）

商人担心河、岳这些神祇会不会危害禾稼。

（三）关于"祟年"

祟年亦是甲骨卜辞常见的成语之一。年在甲骨文中写作（《合集》20652)、（《合集》6649 正甲)、（《合集》28275)、（《合集》28223)、（《合集》36975）等。《说文解字》云："年，谷熟也，从禾千声。"②在甲骨文中，年常指一个收获季节，尚没有表达年岁的意义。祟年就是向神灵祈求丰收的年成。殷人这种祟年的祭祀活动，流传了很多年，直到明清时期，在北京天坛所设的祈年殿就是帝王向上天祈求丰收的祭祀场所。

殷人祟年通常采用的方式就是向神灵祷告，祭拜的对象与祟禾时的神灵大体相同，如夒、河、岳、 、王亥、上甲、示壬、示癸、高祖、太甲、祖乙、父丁、邦社（土）等。兹举例如下：

（19）其祟年且丁先酻，又雨？吉。　　（《合集》28275 何二类）

祖丁，祖辛之子。据《史记·殷本纪》："帝沃甲崩，立沃甲兄祖

---

① 裘锡圭：《释蛊》，《裘锡圭学术文集·甲骨文卷》，复旦大学出版社，2012 年，第 207 页。

② （汉）许慎撰：《说文解字》，中华书局，1963 年，第 146 页。

辛之子祖丁，是为帝祖丁。"①此外在甲骨卜辞中称祖丁者还有武丁、中丁、大丁、报丁。先，先后之义，先酚就是进行酚祭和彡祭，辞例中还出现了雨字，这是希望能够出现风调雨顺的好年成。

（20）癸丑卜，殸贞：桒年于大甲十宰、且乙十宰。

(《合集》10115 宾一类)

大甲，即太甲，太丁之子，成汤之孙。《史记·殷本纪》："帝中壬即位四年，崩，伊尹乃立太丁之子太甲；太甲，成汤嫡长孙也。"②祖乙即河亶甲之子，《史记·殷本纪》："河亶甲崩，子帝祖乙立。帝祖乙立，殷复兴。巫贤任职。"③祖乙是商代历史上的贤王，任巫贤为相，使商代一度中兴。上揭辞例是卜问，向太甲和祖乙两位先王各献上十宰祈求丰收可不可以。

（21）□□卜：其桒年于示求（咎）又大［雨］？大吉。

(《合集》28266 无名类)

本版不好解读。求（咎），本是不好之意，但在这里指桒年的对象，是某一神灵的名称。

（22）癸亥卜，古贞：桒年自上甲至于多毓九月？

(《合集》10111 宾三类)

"自上甲至于多后"，是指从上甲到时王以前的诸先王。

（23）贞：于王亥桒年？　　　(《合集》10108 典宾类)

王亥，商的先公。《史记·殷本纪》："冥卒，子振立。"④振即王亥，甲骨文中称"高且（祖）亥""王亥""高且（祖）王亥"，且亥字从亥从鸟，从亥从隹或从亥从又持鸟，这一方面说明了早期商人以鸟为图腾的遗迹，另一方面也说明王亥在后代商人心目中达到了图腾的地位。

（24）□□卜：于上甲桒年？☑月。　(《合集》10110 典宾类)

上甲，商的先公。《史记·殷本纪》："振卒，子微立。"⑤微就是上甲

---

① （西汉）司马迁：《史记》卷三《殷本纪》，中华书局，1959年，第101页。
② （西汉）司马迁：《史记》卷三《殷本纪》，中华书局，1959年，第98页。
③ （西汉）司马迁：《史记》卷三《殷本纪》，中华书局，1959年，第101页。
④ （西汉）司马迁：《史记》卷三《殷本纪》，中华书局，1959年，第92页。
⑤ （西汉）司马迁：《史记》卷三《殷本纪》，中华书局，1959年，第92页。

微，王亥之子，报乙之父，在周祭卜辞中，上甲往往列于首位，同一祭祀卜辞中也多排列在诸王之首，可见商人对他的推崇。

（25）戊午卜，宾贞：酚燎年于岳、河、夒？（《合集》10076 典宾类）

岳、河是商人祭祀的两位神灵。夒，商之先祖神。用酒祭的方式向三位神灵祈求好年成。

（26）☒［燎］年于昌？／☒受年？十一月。／☒［不］其受年？
（《合集》10103 典宾类）

昌，按句式推断，也是殷人祭祀之神灵。

（27）丙子卜，宾贞：燎年于邦土？　　（《合集》10104 典宾类）

（28）贞：弜燎年于邦土？　　（《合集》846 典宾类）

上述两揭辞例中燎年的对象是"邦土"。王国维认为，古邦与封为一字，土与社同，所以"邦土"可作封社之意①。社是土地神，《白虎通·社稷》："王者所以有社稷何？为天下求福报功。人非土不立，非谷不食。土地广博，不可徧敬也。五谷众多，不可一一祭也。故封土立社，示有土也。稷，五谷之长，故立稷而祭之也。"②古代的天子拥有社稷，是为了求得福分和报答功业。土地广博不可一一敬之，所以用封土立社，表示对土地的尊重，谷物众多也不能一一祭祀，用封稷来代替。邦土即是封社。

（29）其［燎］年［于］河？／其燎年于方，受年？／于方零寻燎年。／叀大牢此又大雨？／叀小宰。　　（《合集》28244 无名类）

辞例中的"方"为祭祀的对象，不是方位而是一方之神灵。"雨""零"也是与方一样的神灵。

（四）关于"受年"

受年也是卜辞中经常出现的成语，泛指谷类作物的收成。甲骨文中关于受年的辞例数量很多。不仅包含广泛意义上的"受年""受有年"，

---

① 王国维：《古籀疏证》，《王国维先生全集》，台湾大通书局，1976 年。
② （清）陈立撰，吴则虞点校：《白虎通疏证》卷三《社稷》，中华书局，1994 年，第 83 页。

还有具体指向某种作物的"受黍年""受䅣年""受㐭年"等。

（30）丁丑卜，宾贞：受年？　　　　　　（《合集》9826 典宾类）

（31）［叀］宫先受又年？　　　　　　（《合集》28216 无名类）

（32）丙辰卜，㱿贞：我受黍年？／丙辰卜，㱿贞：我弗其受黍年？四月。二告。　　　　　　（《合集》9950 宾三类）

商王占问，黍是不是能获得丰收。

（33）贞：不［我］其受黍［年］？／贞：我受黍年？／贞：我不其受䅣年？／贞：我受䅣年？　　　　　　（《合集》10043 典宾类）

裘锡圭认为，䅣是一种粮食作物，但具体是哪一种尚无法确定①。从句意知道商王占问，䅣是否能获得丰收。

（34）己巳卜，㱿贞：我受黍年。［才］𡿪。／己巳卜，㱿贞：我受黍年。／贞：我受㐭年。才𡿪／☐弗［其］受㐭年。

（《合集》9946 典宾类）

裘锡圭认为，㐭也是一种粮食作物，或说粟、穄、稷、高粱等，但很难确定是哪种谷物②。商王卜问，㐭是否能够获得丰收。

关于受年的卜辞中还有一例四土受年：

（35）己巳王卜，贞：［今］岁商受［年］。王占曰：吉。／东土受年？／南土受年？吉。／西土受年？吉。／北土受年？吉。

（《合集》36975 黄类）

辞例中出现了东、南、西、北四土受年的情况，与"四方受禾"之语比较相近。彭邦炯认为：东方即东土，南方即南土，西方即西土，北方即北上，所以卜辞也有"四方受年"。此片先卜商受年，接着卜四土受年。由这里也可看出，商人的东、南、西、北、中（即商）五方观念是很明确的，辞中所谓"中商"指的就是王畿之中心地③。

综上所述，我们可以看出，以商王为首的统治集团对于农业生产是

---

① 裘锡圭：《甲骨文中所见的商代农业》，《裘锡圭学术文集·甲骨文卷》，复旦大学出版社，2012年，第239～240页。

② 裘锡圭：《甲骨文中所见的商代农业》，《裘锡圭学术文集·甲骨文卷》，复旦大学出版社，2012年，第240～241页。

③ 彭邦炯：《甲骨文农业资料考辨与研究》，吉林文史出版社，1997年，第501页。

非常重视的,他们通过"奉禾""奉年"等祭祀活动,期待着统辖区域之内谷物的丰收。

二、种植多种谷物

《汉书·食货志》载:"种谷必杂五种,以备灾害。"颜师古注曰:"岁月有宜,及水旱之利也。'种'即五谷,谓黍、稷、麻、麦、豆也。"①"五谷"是古代对粮食的泛称。杂种五谷,就是种植多种不同的粮食作物,以防备灾害的发生。因为气候变化是无常的,水旱灾害也是难以避免的,一种作物绝收,另一种作物可能并不受太大影响,种植多种作物,能够有效地防止出现绝收而带来的饥荒。

考古证实,在新石器时代,我们的先民已经种植了黍、稷、粟、麦、稻等作物。粟是一种一年生禾本科草本植物,喜温暖而旱,对环境要求不严,适应性强,可春播和夏播。研究表明,粟是由原始的狗尾草进化而来。距今7100~7400年前的河北武安磁山文化遗址中,在八十座窖穴内均有粮食堆积,通过对标本作浮选分析,发现有粟的痕迹②。距今7000多年的甘肃秦安大地湾遗址中发现了黍的遗存③。距今7000年左右的河姆渡遗址中,发现由稻谷、谷壳、稻秆、稻叶和其他禾本科植物混在一起的堆积,经过化验,均属于人工栽培的水稻④。距今4000年以前,新疆就有小麦栽培和利用⑤。甘肃民乐东灰山四坝文化遗址和洛阳关林皂角树二里头文化遗址出土了炭化的大麦和小麦籽粒⑥。

---

① (东汉)班固:《汉书》卷二十四上《食货志》,中华书局,1962年,第1120页。
② 河北省文物管理处、邯郸市文物保管所:《河北武安磁山遗址》,《考古学报》1981年第3期。
③ 郎树德:《大地湾农业遗存黍和羊的发现及启示》,《古今农业》1987年第1期。
④ 浙江省文管会、浙江省博物馆:《河姆渡发现原始社会重要遗址》,《文物》1976年第8期。
⑤ 王炳华:《新疆农业考古概述》,《农业考古》1983年第1期。
⑥ 甘肃省文物考古研究所、吉林大学北方考古研究室:《民乐东灰山考古——四坝文化墓地的揭示与研究》,科学出版社,1998年,第140、190页;洛阳市文物工作队编:《洛阳皂角树——1992~1993年洛阳皂角树二里头文化聚落遗址发掘报告》,科学出版社,2002年,第106~113、123~135页。

第三章　甲骨文所见殷商时期的防灾活动

甲骨文中所反映的商代粮食作物情况，有许多学者都作过深入探讨，由于对字形识读意见不一，商代粮食作物的种类也并不统一。彭邦炯将其分为六类，即黍类、稷类、麦类、菽、秬类和畬等[①]。杨升南、马季凡认为，商代农作物的种类在甲骨文中，古人所称的"五谷"——粟、黍、稻、麦、菽都有了[②]。裘锡圭认为目前能从卜辞里找到的农作物主要有禾（狭义所指的谷子，即小米）、黍、來、麦、𪎮、秬、畬等。他同时指出，商代实际种植的农作物的种类，一类会比较多[③]。本文认同前辈学者的考证结果，相信商代作物的种类远远多于目前从甲骨辞例中所能看到的内容，为了表明商代种植多种农作物实际起到了防灾备荒的作用，兹将学界公认的农作物情况分述如下。

（一）黍类

黍，甲骨文作 ϒ（《合集》9949）、ϒ（《合集》22345）、ϒ（《花东》379）、ϒ（《合集》32572反）、ϒ（《合集》28241）、ϒ（《合集》9951）、ϒ（《合集》24431）、ϒ（《合集》21221）、ϒ（《合集》10024）、ϒ（《合集》32459）、ϒ（《合集》14正）等。古文字学家从构形上辨识，认为谷子的穗是聚而下垂的，黍子的穗是散的，麦子的穗是直上的[④]。《说文解字》云："禾属而黏者也。以大暑而种故谓之黍。从禾雨省声。"[⑤]黍，在北方普遍称之为黍子，也叫糜子，因其比稷的籽粒大且黄，所以又称之为大黄米，黏性较大。杨升南认为，甲骨文黍字作散穗形，但有两个不同变种，一种是从水形的，即《说文解字》"黍"字条引孔子所说"黍可为酒，故从禾入水"，是"禾禹而黏者"；另一形不从水，可按《说文解字》写作穄或𪎮，当指不黏黍[⑥]。

---

① 彭邦炯：《甲骨文农业资料考辨与研究》，吉林文史出版社，1997年，第544～550页。
② 杨升南、马季凡：《商代经济与科技》，中国社会科学出版社，2010年，第96页。
③ 裘锡圭：《甲骨文中所见的商代农业》，《裘锡圭学术文集·甲骨文卷》，复旦大学出版社，2012年，第233～241页。
④ 裘锡圭：《甲骨文中所见的商代农业》，《裘锡圭学术文集·甲骨文卷》，复旦大学出版社，2012年，第233页。
⑤ （汉）许慎撰：《说文解字》，中华书局，1963年，第146页。
⑥ 杨升南：《商代经济史》，贵州人民出版社，1992年，第116～120页。

黍在商代的种植情况如何，学者们意见不一。胡厚宣认为："殷代最普通之农产物为黍与稻，则殷代之酒者，必以黍稻为之也。"① 彭邦炯则认为，甲骨文中黍类占卜最多，说明黍是王室贵族的主要粮食作物，不大可能是一般人的主要粮食作物，直到周代，平常年间，一般人是难以吃到黍的②。裘锡圭认为，在各种农作物里，商代统治者对黍最为重视，常用黍来祭祀祖先，但黍主要为统治阶级所享用，劳动人民平时是吃不到黍的③。

甲骨文中，黍的种植区域广泛，主要有"南"有"北"，有囧、丘商、娟、龚、敦等。

（36）今春王［黍］于南，☐于南沚。　　　（《合集》9518 典宾类）
这个春天，王在南沚这个地方祈求黍的丰收。

（37）贞：乎黍于北，受年。　　　　　　（《合集》9535 典宾类）
北这个地方黍会不会获得丰收呢？

（38）己亥卜，争贞：壹��于且☐／辛丑卜，㱿贞：寻姘乎黍［于］丘商［受年］？　　　　　　　　　　　　　　（《合集》9530 典宾类）
妇姘能不能让丘商的黍获得好收成？

（39）庚辰卜，争贞：黍于庞？／☐黍于龚？
　　　　　　　　　　　　　　　　　　　（《合集》9538 典宾类）
在龚地祈求黍有好收成。

（40）庚戌卜：☐王黍在娟，受［年］？　（《合集》40089 典宾类）
王在娟地祈请黍的丰收。

（41）☐宾贞：乎黍于敦，宜受［年］？　（《合集》9537 典宾类）
敦地的黍能否获得丰收？敦，李学勤认为在沁水西岸东，原是"沁水西岸最东的一个狩猎区域"④。

（42）戊寅卜，宾贞：王往以众黍于囧？　（《合集》10 宾三类）

---

① 胡厚宣：《甲骨学商史论丛初集》（外一种），河北教育出版社，2002年，第754页。
② 彭邦炯：《甲骨文农业资料考辨与研究》，吉林文史出版社，1997年，第316页。
③ 裘锡圭：《甲骨文中所见的商代农业》，《裘锡圭学术文集·甲骨文卷》，复旦大学出版社，2012年，第237页。
④ 李学勤：《殷代地理简论》，科学出版社，1959年，第17页。

（43）☑，争贞：[翌]乙亥蒸囧黍[于]且乙？

（《合集》1599 宾三类）

王令众人到囧地种黍，可见囧地是种黍的重要区域。在囧地的黍获得丰收后，以蒸祭的方式献给先公祖乙。

在卜辞中有一个叫妇妌的人与求黍之事关联甚为紧密。大致有以下几种用法：

（44）于乙酉☑妇妌往黍？　　　　　（《合集》9531 典宾类）

往黍，妇妌前往某地进行祈祷黍的丰收。

（45）甲寅卜，古贞：妇妌受黍年？　（《合集》9968 典宾类）

（46）贞：乎妇妌黍，受年？　　　　（《合集》40079 典宾类）

受黍年、黍受年，妇妌参与受黍年的祭祀活动。

（47）乎妇妌黍？　　　　　　　　　（《合集》10143 典宾类）

令妇妌主持求黍的活动。

（48）乙丑卜，古贞：妇妌鲁于黍年？（《合集》10132 典宾类）

妇妌主持求黍的活动是有益的。鲁在这里有嘉善之意。

综上，可以看出，黍是殷商时期重要的粮食作物，在殷商统治的广阔区域内都有种植，商王不但亲自主持求黍丰收的祭祀仪式，亲临某地督促众人生产劳作，还派妇妌之类的种黍能手进行技术指导。

（二）禾

禾字在甲骨文中字形主要有 ☒（《花东》146）、☒（《合集》20656）、☒（《合集》32028）、☒（《合集》28269）、☒（《合集》28231）、☒（《合集》37849）、☒（《合集》19804）、☒（《合集》9464 正）等。广义的禾泛指一切谷类植物，狭义的禾指的是粟，即谷子、小米。《说文解字》云："禾，嘉谷也。以二月始生。八月而熟。得时之中。故谓之禾。"[①]裘锡圭认为，甲骨卜辞里的"禾"字多数已用于引申义，如卜辞中的"莘禾""受禾"就是泛指各种谷物。但也有少数的"禾"仍然是指谷子而

---

① （汉）许慎撰：《说文解字》，中华书局，1963 年，第 144 页。

言的①。如：

（49）盂田禾稷②，其御。吉。刈。　　　（《合集》28203 无名类）
（50）智用禾延（延）稷。　　　（《合集》28233 无名类）

两例中的禾与稷连用，稷的意思为禾有病，有特指具体某种植物，可能指的就是谷子。

（51）贞：今秋禾不遘大水。　　　（《合集》33351 无名类）
（52）□□卜，贞：王□母癸登禾□尤。　（《合集》36318 黄类）
（53）甲午卜：王禾。　　　（《合集》19804 自肥笔类）

杨升南指出，以上三辞例亦表示谷子之意。《合集》33351 一辞中的"禾"是不能用"年"来代替，所以其中之"禾"一定是指某一农作物的专名。《合集》36318 之"登禾"与见于他辞的"登黍"用法相同，黍是一农作物专名，此辞中的"禾"亦是一专名。《合集》19804 中的"王禾"与他辞的"王黍"义同，也是农作物的专名③。其说甚是。

据杨升南统计，甲骨卜辞中"受年"之辞甚众，计有 338 次，占比 56.6%，四期卜辞以"受禾"代替"受年"，更可说明禾（粟）在商代粮食作物中的重要地位。若将"受年"与"受禾"卜辞相加，则占"受年"卜辞的 72.8%④。

（三）麦类（來、麦）

來，其本义是麦子，一般指小麦。在甲骨文中写作🌾（《合集》20076）、🌾（《合集》21739）、🌾（《合集》32478）、🌾（《合集》24610）、🌾（《合集》28024）、🌾（《合集》36725）、🌾（《合集》22048）、🌾（《合

---

① 裘锡圭：《甲骨文中所见的商代农业》，《裘锡圭学术文集·甲骨文卷》，复旦大学出版社，2012 年，第 233 页。
② 从郭永秉观点。参看郭永秉《谈古文字中的"要"字和从"要"之字》，《古文字研究》（第二十八辑），中华书局，2010 年，第 108~115 页。
③ 杨升南、马季凡：《商代经济与科技》，中国社会科学出版社，2010 年，第 98~99 页。
④ 杨升南、马季凡：《商代经济与科技》，中国社会科学出版社，2010 年，第 98~99 页。

集》2367）、🧍（《合集》29738）等。卜辞中的"來"字虽然比较多，但用作本义的辞例却很少，仅一例可能与小麦有关：

（54）辛亥卜，贞：或刈來。　　　　　　（《合集》9565 宾三类）

刈为收割之意，來与之连用，表示收割麦子。

麦，甲骨文中写作🧍（《花东》149）、🧍（《合集》9261）、🧍（《合集》11005 正）、🧍（《合集》24404）、🧍（《合集》28311）、🧍（《合集》29369）、🧍（《合集》37448）等。罗振玉认为："《说文解字》麦字从来从夂。……来象麦形，此从夂（降字从之，即古降字）象自天降下，示天降之义。来牟之瑞在后稷之世，故殷代已有此字矣。"①李孝定认为："来麦当是一字，罗说是也。夂本象倒止形，於此但象麦根；以来假为行来字故更制繁体之麦以为来麰之本字。"②于省吾认为甲骨文中的麦指的是大麦，来指的是小麦③。游修龄认为并非如此④。袁庭栋认为甲骨文中的来是后世青藏地区所说的"青稞麦"。来是大麦，麦是小麦的可能性更大些⑤。彭邦炯和裘锡圭持谨慎态度，由于资料太少，这个问题也还难以下结论⑥。"天所来也"一词可为我们提供一些思路，大麦的适应性比小麦强，茎比小麦高，每当麦子成熟时节，大麦总会高出小麦一截，且芒刺和头都比小麦要长。宛如天外飞来，所以，来释为大麦更为合理。

麦在卜辞中当麦子讲的辞例数量并不多，而且全部见于一期的"告麦"卜辞之中。

（55）［甲］午卜，宾：翌乙未［有告］麦。／［乙未］卜，［宾：翌］丙［申有］告［麦］。／允有告［麦］。／［己亥］卜，宾：翌庚子有告麦。

---

① 罗振玉：《增订殷墟书契考释》（中），东方学会石印本，1927 年，第 34 页。
② 李孝定：《甲骨文字集释》，"中央研究院"历史语言研究所，1965 年，第 1892 页。
③ 于省吾主编：《甲骨文字诂林》，中华书局，1996 年，第 1442~1460 页。
④ 游修龄：《殷代的农作物栽培》，《浙江农学院学报》1957 年第 2 期。
⑤ 温少峰、袁庭栋：《殷墟卜辞研究——科学技术篇》，四川省社会科学院出版社，1983 年，第 175 页。
⑥ 彭邦炯：《甲骨文农业资料考辨与研究》，吉林文史出版社，1997 年，第 338 页；裘锡圭：《甲骨文中所见的商代农业》，《裘锡圭学术文集·甲骨文卷》，复旦大学出版社，2012 年，第 239 页。

允虫告麦。/庚子卜，宾：翌辛丑虫告麦。　　（《合集》9620 宾三类）

（56）翌己酉亡其告麦。/己酉卜，宾：翌庚戌有告麦。

（《合集》9621 典宾类）

（57）翌乙未［亡］其告麦。　　　　（《合集》9622 典宾类）

（58）翌丁亡其告麦。允亡。　　　　（《合集》9623 典宾类）

（59）［亡］其告麦。/午有告麦。/☒麦。（《合集》9624 典宾类）

（60）［翌］辛，亡告麦。　　　　　　（《合集》9625 宾一类）

上面辞例都提到了"告麦"，郭沫若认为是一种尝新的祀礼，即所谓"尝麦先荐寝庙"的祭祀之礼①。胡厚宣认为是侯伯之国来告麦之丰收于殷王②。我们赞同胡氏观点。

综上，可以看出，麦类在甲骨文中应该出现大麦（来）、小麦（麦）等不同品种，虽然都是禾本科麦属，但又有着一定的差异。它们都是当时种植的作物，都可以作为向祖先奉献的祭品。

（四）秫类

秫字在甲骨文中写作▯（《合集》10043）、▯（《合集》10044）、▯（《合集》10046）、▯（《合集》10051）、▯（《合集》10052）、▯（《合集》11066）、▯（《合集》24255）、▯（《合集》36630）等。刘钊《新甲骨文编》将其写为"秜"字。目前学界对于此字的释读至今尚未有统一认识，最具代表性的有唐兰认为是稻，陈梦家释为秬，于省吾释为菽与豆的古字。裘锡圭认为上述三位学者的证据都不够充分。秫是一种粮食作物，但具体是什么，还需要进一步研究③。兹举有关辞例如下：

（61）甲子卜，㱿贞：我受秫年。/甲子卜，㱿贞：我受黍年。

（《合集》303 典宾类）

（62）［贞］：今岁［我］受秫年。　（《合集》10040 典宾类）

（63）戊戌卜，㱿贞：我受秫年。　　（《合集》10045 典宾类）

---

① 郭沫若：《卜辞通纂考释》，文求堂书店，1933 年，第 98 页。

② 胡厚宣：《甲骨学商史论丛初集》（外一种），河北教育出版社，2002 年，第 69 页。

③ 裘锡圭：《甲骨文中所见的商代农业》，《裘锡圭学术文集·甲骨文卷》，复旦大学出版社，2012 年，第 241 页。

（64）贞：我不其受䵾年。　　　　　（《合集》10046 典宾类）
（65）贞：不其受䵾年。/ 贞：受黍年。　（《合集》10051 典宾类）
（66）贞：不其受䵾年。/ 甲子卜，㱿贞：受黍年。
　　　　　　　　　　　　　　　　　（《合集》10052 典宾类）
（67）贞：己亥□䵾□。　　　　　　（《合集》10053 典宾类）
（68）贞：□䵾。　　　　　　　　　（《合集》10054 典宾类）
（69）䵾［受］䵾年。　　　　　　　（《合集》10055 典宾类）
（70）□其取于䵾示。　　　　　　　（《合集》15685 典宾类）
（71）王才自䵾豙。　　　　　　　　（《合集》24255 出二类）
（72）□未卜，才䵾贞：王步于□不遘［雨］。
　　　　　　　　　　　　　　　　　（《合集》36630 黄类）

其中的"受䵾年"前文已经作了论述，与"受黍年"用法相同，应该是与黍同类的粮食作物，而且是一种比较重要的作物，但因出现辞例不多，又为王所卜，更显其不平常。如果我们把它看成是稻之类的作物，在考古发现上是可以说得通的。据农史学者考证，黄河流域稻作在新石器时代出现，到了商代，稻作区大致在黄河中下游至山东半岛的一些河谷地带①。在商代长江以南地区更是广泛种植水稻。有人曾对江西新石器时代稻谷及稻秆遗迹作过统计，至少下不九处。并指出，从新石器时代以来，江西地区就已形成了以水稻为主要作物的农业传统，商代先民已普遍种植水稻是完全可以肯定的②。

（五）秜

秜，甲骨文中仅见一例，写作🦗（《合集》13505）。《说文解字》："稻今年落来年自生谓之秜。"③胡厚宣将其释为秕，读为稗，谓即小米④。陈梦家将其释为秜，于省吾同意陈氏的看法，并进一步提出，"秜

---

① 严文明：《中国稻作农业的起源》，《农业考古》1982 年第 1 期。
② 彭明瀚：《商代江西的农业经济与文明》，《农业考古》2003 年第 1 期。
③ （汉）许慎撰：《说文解字》，中华书局，1963 年，第 144 页。
④ 胡厚宣：《卜辞中所见之殷代农业》，《甲骨学商史论丛初集》（外一种），河北教育出版社，第 741 页。

是野生稻的专名,其通作穋秱者,也是一切野生谷类的泛称"①。张秉权认为秜是人工栽培稻的一种②。就目前发现的情况来看,仅有一片:

(73)丁酉卜,争贞:乎甫秜于姌,受有年?(《合集》13505 典宾类)

卜辞中的姌是地名,是商代重要的农业区。秜在句中是作为动词使用的,当种植秜来讲是。卜问令甫在姌地种植的秜会不会获得丰收。

（六）畕

甲骨文中有一个畕字,学界尚没有统一的识读。陈梦家释为《说文》训为"稷"的"䜭"。裘锡圭认为由于稷字所指谷物尚存有分歧,因此还无法确定畕到底为何种粮食。但从其"受某年"的用法来看,是一种粮食作物是毋庸置疑的③。

(74)己巳卜,㱿贞:我受黍年。[才]🈶。/己巳卜,㱿贞:我受黍年。/贞:我受畕年。才🈶/☐弗[其]受畕年。

(《合集》9946 典宾类)

总之,殷商时期人们已经种植了黍、粟、麦、稻、畕等多个品种的粮食作物,五谷应该已经出现在人们的生活之中。通过种植属性不同的农作物,可以有效地防止因单个品种绝收而带来的饥荒。当然,由于文献资料和考古资料的限制,我们还不能通过甲骨文看到更多商代粮食作物的种类,但是从生物进化的历史来看,商代肯定有多样的植物,商代对于粮食丰收与否十分重视,可见当时已是以农业生产为主④。关于多种农作物的种植与自然灾害的关系,王巍认为,农作物的多样化可能也是黄河中游地区的人们集团抵御自然灾害的能力强于其他地区的原因之

---

① 于省吾:《甲骨文字释林·释秜》,又《商代的谷类作物》,《东北人民大学人文科学学报》1957 年第 1 期。
② 张秉权:《殷代的农业与气象》,《"中央研究院"历史语言研究所集刊》第四十二本第二分册,1970 年,第 308 页。近来赵伟提出新见,释为"秬",可备一说。参看赵伟:《说"秜"》,《中国文字研究》(第三十四辑),华东师范大学出版社,2021 年,第 12~19 页。
③ 裘锡圭:《甲骨文中所见的商代农业》,《裘锡圭学术文集·甲骨文卷》,复旦大学出版社,2012 年,第 240 页。
④ 赵诚:《甲骨文简明字典——卜辞分类读本》,中华书局,1988 年,第 206 页。

一①。那么殷商时期，农作物的增多，必然更加有利于殷人对自然灾害的防御。

三、加强田间管理

土地是农作物成长的母体，田间工作做得好，可以大大提高粮食的产量，为丰收提供有力保障。农业是殷商时期最重要的部门，殷商贵族和商王经常对农事进行占卜，从选择土地、粮食品种到田间耕作，再到最后的收获。

（一）因地制宜，辨土播种

因地制宜是我国古代农业和农学的一个最基本的原则。土地为农业之本，土地的好坏，对农业生产影响至大，特别是在古代，对自然的依赖程度远比今日要强，而改造自然的能力和手段又不完备，所以古人为农，首先对耕地进行选择②。针对不同的质地和土壤特点，种植不同的作物，既可以节省农功，又可以获得高产。略举数例如下：

（75）辛酉贞：在大宀䅗其夙？／辛酉贞：䅗弱夙戠禾？

（《合集》34399 历二类）

辞例中的"大宀"是为地名，䅗是为人名。"戠"，古文献中与埴通，《说文解字》："埴，黏土也。"③《禹贡》载："厥土赤埴坟。"④释曰"埴郑作戠"。杨树达认为：古从戠与从直之字多有黏著之义⑤。那么上揭辞例大致的意思是：卜问䅗会在名叫大宀的地方种植禾苗吗？䅗不种禾于黏土吗？这里已经明确地在卜问种植禾的土质是不是黏土。

（76）己亥卜，争贞：壹屮于且□／辛丑卜，㲋贞：帚妌乎黍[于]

---

① 王巍：《公元前 2000 年前后我国大范围文化变化原因探讨》，《考古》2004 年第 1 期。
② 杨升南：《商代经济史》，贵州人民出版社，1992 年，第 155 页。
③ （汉）许慎撰：《说文解字》，中华书局，1963 年，第 286 页。
④ （汉）孔安国传，（唐）孔颖达疏，廖名春、陈明整理，吕绍纲审定：《尚书正义》卷六《禹贡》，北京大学出版社，1999 年，第 143 页。
⑤ 杨树达：《积微居小学述林全编》，上海古籍出版社，2007 年，第 15 页。

丘商,[受年]? (《合集》9530 典宾类)

丘商为地名,陈梦家认为丘商就是商丘,在今河南省商丘附近[①]。

可以看出,商王统治区内各地种植的作物并不完全相同,说明商王对于当地的土质和农业自然条件是进行了辨别的。这为庄稼的生长打下了良好的基础,为粮食丰收提供了有力保障。我们在此并不想就商代农业区进行讨论,饶宗颐曾指出:"陈梦家取此大略,钟氏乃分四方,分期加以罗列,求其农业区分布情况,而讶其前后期之不均匀,致疑于其农业地域有所改变,以此知在材料不充分之下,勉强断代,正如刻舟求剑,于理难以自圆,于事殊觉无备,故从几个地名而欲以推寻殷代整个农业区域,不足以得其真相,自不待论。"[②]诚如其所言,即便是彭邦炯的《甲骨卜辞所见农业地名辑要考略表》[③]研究得出属于今河南省内的地名46个,山西省内的地名20个,山东省内的地名17个,陕西省内的地名5个,河北省内的地名5个,也不足以说明商代农业区域分布的全貌。因为"各期农业地名的差异是由于辞例特点的改变造成的。地区性的主体经济活动往往具有持续性,农业区不会随王世的变化产生巨变"[④]。

(二)深耕疾耨,除草施肥

《国语·齐语》载:"及耕,深耕而疾耨之。"[⑤]深耕即要在耕种时做到"其深殖之度,阴土必得",即耕到有底墒的土层。这样才能做到"大草不生,又无螟蜮",起到防止杂草和虫害的作用。深耕也可以收到驱逐虫害的效果。《吕氏春秋·任地》:"五耕五耨,必审以尽。……大草不生,又无螟蜮。"[⑥]如果能够掌握农时,适时播种的话,同样能达

---

① 陈梦家:《殷虚卜辞综述》,中华书局,1988年,第257~258页。
② 饶宗颐:《甲骨文通检》第二分册(地名)卷之前言,香港中文大学出版社,1994年,第24页。
③ 彭邦炯:《甲骨文农业资料考辨与研究》,吉林文史出版社,1997年。
④ 孙亚冰、林欢:《商代地理与方国》,中国社会科学出版社,2010年,第186页。
⑤ (吴)韦昭注,明洁辑评,金良年导读,梁谷整理:《国语》卷六《齐语》,上海古籍出版社,2008年,第104页。
⑥ (战国)吕不韦著,陈奇猷校释:《吕氏春秋新校释》卷二十六《任地》,上海古籍出版社,2002年,第1740页。

到防止虫害的目的。《吕氏春秋·审时》："得时之麻……不螟，得时之菽……不虫，得时之麦……不蚼蛆。"①看来，适时播种，深耕土地对于病虫害的防治是有积极作用的。

疾耰是指在耕种之后迅速及时地碎土磨平，切断土壤的毛细管，减少水分的蒸发，以达到抗旱保墒的目的。深耕和疾耰是农业田间管理中两个极其重要的环节。兹举例如下：

（77）辛未贞：今日隋田？　　　　　　（《合集》28087 何二类）

（78）弜田邑隋，其雨？　　　　　　　（《合集》28900 无名类）

（79）隋鹿其南牧禽？吉。　　　　　　（《合集》28351 无名类）

（80）叀隋鹿网禽。　　　　　　　　　（《合集》28352 无名类）

上两揭辞例中有𦥑（《合集》28087）、𦥑（《合集》28900）、𦥑（《合集》28351）、𦥑（《合集》28352），其上有草头，学界多隶定为"隋"字，疑为"蓐"字。《说文解字》云："蓐，陈草复生也。"②与薅字形近。《说文解字》："薅，拔去田草也。"③其说甚是。隋田，就是在田间拔除杂草之义，邑地和鹿地的草都要进行拔除。拔草时如果遇到下雨天，也不宜除草。

（81）□［往］白□芟□田弗□。　　　（《合集》10571 宾一类）

芟，《说文解字》云："芟，刈草也。"④甲骨文作双手持铲形农具在苗间之形。裘锡圭认为从甲骨文字形看，"芟"字并不象用刀镰一类的工具刈草，而象用殳杖一类的东西击草。在冬季草枯的时候，是可以用击草的办法来除田的⑤。彭邦炯持相同观点。

施肥也是农业生产技术进步的重要体现，有利于庄稼的成长和产量的提高。

---

① （战国）吕不韦著，陈奇猷校释：《吕氏春秋新校释》卷二十六《审时》，上海古籍出版社，2002年，第1791页。
② （汉）许慎撰：《说文解字》，中华书局，1963年，第27页。
③ （汉）许慎撰：《说文解字》，中华书局，1963年，第27页。
④ （汉）许慎撰：《说文解字》，中华书局，1963年，第24页。
⑤ 裘锡圭：《甲骨文中所见的商代农业》，《裘锡圭学术文集·甲骨文卷》，复旦大学出版社，2012年，第251页。

甲骨文中有♦(《合集》9572)、♦(《合集》5624)、♦(《合集》9587反)、♦(《合集》13625正)等。相关辞例如下：

（82）庚辰［卜，□］贞：翌癸未㞢西单田，受㞢年？十三月。一
（《合集》9572 宾三类）

（83）甲申卜，争贞：令逆㞢田，受年。 （《合集》9575 宾三类）

（84）贞：令禽㞢㞢田。 （《合集》9576 典宾类）

（85）贞：弓令禽㞢㞢［田］。 （《合集》14490 典宾类）

（86）贞：弓令禽㞢㞢［田］。 （《合集》9579 典宾类）

（87）☐㞢㞢［田］。 （《合集》9578 典宾类）

胡厚宣认为，此字后来变作《说文》收为"徙"字，又变作"屎"。"屎田"就是在田地里施粪肥①。裘锡圭认为，㞢字如果理解为"徙"字，也可以说通，㞢田就可以理解为安排撂荒地跟耕地轮换的一种工作；或者也可以读为"选田"，在某地的撂荒地中选定重新耕种的地段②。我们认为，胡氏之说符合当时殷人生产的基本情况，懂得以肥料让土壤更加肥沃，有利于提高粮食产量。

对于殷商时期施肥的研究，关键在于对㞢字的隶定上。从文献来看，殷商时期已经掌握施肥技术是完全可信的。《氾胜之书》：汤有旱灾，"伊尹作区田，教民粪种，负水浇稼。区田以粪气为美，非必须良田也"③。又《韩非子·内储说上》"殷之法刑弃灰于公道者断其手"④，并非仅仅影响交通的顺畅，更为重要的是将草木灰肥丢弃的罪过，充分说明商代人是非常重视肥料的。

综上，殷商时期人们不但懂得中耕除草的重要性，更认识到施肥对于农业生产的重要意义。对于农业的田间管理，直接有利于提高农作物

---

① 胡厚宣：《殷代农作施肥说》，《历史研究》1955年第1期；胡厚宣：《殷代农作施肥说补证》，《文物》1963年第5期；胡厚宣：《再论殷代农作施肥问题》，《社会科学战线》1981年第1期。
② 裘锡圭：《甲骨文中所见的商代农业》，《裘锡圭学术文集·甲骨文卷》，复旦大学出版社，2012年，第258页。
③ 万国鼎：《氾胜之书辑释》卷四《区田法》，农业出版社，1957年，第63、64页。
④ （清）王先慎：《韩非子集解》卷九《内储说上》，中华书局，1998年，第224页。

产量。有学者研究，商代的亩产量已经达到每亩 61 斤，周代也仅仅是 83.1 斤①。这与商人的中耕管理技术是分不开的。

（三）重视收获，颗粒归仓

商王不但重视农业生产的过程，更是关注作物的收获。从占卜辞例来看，商王不但渴望各种作物的丰收，而且还督促专门负责收割的官员，或者亲临田间察看收获的环节如收获时间、采摘方式、如何处理禾秆等。兹举例如下：

（88）☐乎小刈臣。　　　　　　　（《合集》9566 典宾类）
（89）☐小刈臣。　　　　　　　　（《合集》9017 典宾类）

小刈臣，裘锡圭先生认为是总管刈获之事的官，性质与小耤臣相似。这是王督促专职官员，注意收获之事。

（90）贞：王往立刈黍于☐　　　　（《合集》9558 典宾类）
（91）丁未卜，宾贞：叀王☐刈黍。二　（《合集》9559 典宾类）

商王有时亲往现场察看黍的收割情况。

（92）辛卯卜，宾贞：黍[萑]？　　（《合集》9602 典宾类）

卜问黍能不能收获。陈梦家认为"卜辞之萑即获之初文"，"卜辞的萑与隻有别：萑是《说文解字》的获，是刈谷，隻是《说文解字》的获，是田猎所得"②。陈说甚是。

（93）贞：☐不其萑？　　　　　　（《合集》9605 典宾类）

其获的用法与《诗经·七月》中的"八月其获"用法相同。不其萑（获）意思是没有收获。

（94）贞：我不其受年？／受年？／叀王自鄉？／贞：工弓萑？
　　　　　　　　　　　　　　　　（《英藏》798 典宾类）

受年与获同见一版，大意是卜问商王是否亲自去到某地的农田督促收获庄稼之事。

（95）☐☐[卜]，允贞：妇妌年萑？　（《合集》9596 典宾类）

---

① 杨贵：《对夏商周亩产量的推测》，《中国农史》1988 年第 2 期。
② 陈梦家：《殷虚卜辞综述》，中华书局，1988 年，第 535 页。

兓是武丁时期的贞人。"年"指全年谷物成熟。"年雈（获）"，指妇姘督率耕种的地方全年谷物能不能获得成熟？

甲骨文中有🗝（《合集》2734 正）、🗝（《合集》3711 正）、🗝（《合集》9547）、🗝（《合集》36982）、🗝（《屯南》345）等字，陈梦家将其释为"采"，象手采穗之形①。《说文解字》云："穗，禾成秀也，人所以收。"②裘锡圭释其为"叔"字。"叔"所从的"卤"与"卣"本为一字，古音与"秀"字相近，可以看作叔字的意符兼音符③。陈氏和裘氏虽然隶定为不同的字，但是皆认为该字用为动词，表摘取禾秀或禾穗之意。

（96）庚辰卜，宾贞：叀王采南冏黍？十月。

（《合集》9547 宾三类）

卜问商王是否去收获南冏地的黍。

（97）□□卜，才□贞：王□采黍□往来□□

（《合集》36982 黄类）

这里的王采黍，不是商王亲自采摘，而是商王前去视察摘取黍穗之事。

综上所述，不难看出，殷商时期已经积累了较为丰富的农业生产经验。根据土质的不同来种植不同的农作物。在生长过程中加强中耕管理，拔草、施肥，促进土壤肥力，提高粮食产量。在收获时节，商王派出专人或是亲临田间察看收获情况，以保障颗粒归仓。所有这些活动都有益于商代粮食产量的提高，有利于生产更多的粮食防御饥荒。

---

① 陈梦家：《殷虚卜辞综述》，中华书局，1988 年，第 536 页。
② （汉）许慎撰：《说文解字》，中华书局，1963 年，第 145 页。
③ 裘锡圭：《甲骨文中所见的商代农业》，《裘锡圭学术文集·甲骨文卷》，复旦大学出版社，2012 年，第 269 页。

第四章 甲骨文所见殷商时期的救灾活动

殷商时期,农业是国民经济首要的生产部门,农业的丰歉直接影响着国家的稳定。甲骨文中大量有关农业的卜辞,充分说明了农业在殷商经济中的重要地位。农业同时又是受气候、温度、降水等影响最为明显的行业,尤其是在生产力落后的条件下,农业的丰歉几乎全靠上苍。即便人们做好了再充分的准备,也难以避免灾害的发生。水灾、旱灾、虫灾三大自然灾害时刻威胁着农业的发展,冰雹、大风等恶劣天气也会对农业收成产生不利影响,疾病、战争也影响着人们的生活。灾害发生后,从商王到各级官吏都会采取各种应对的办法,以尽量减少灾害的损失。

第一节 殷商时期的救灾机构

"直到春秋战国时期仍然没有明确的救灾机构和工作程序。主要是因为当时的社会事务并不复杂,这些有关国计民生的重大问题往往是由最高统治者会同各地方行政长官共同处置。"[1]甲骨文中没有明确记载与救灾有关的机构,也没有记录救灾管理的模式,但殷商距西周不远,两者有很多继承之处,陈梦家指出:"卜辞官名和晚殷金文中的官名,有很多是相同的。"[2]孔子谓:"周因于殷礼,所损益,可知也。"我们可

---

[1] 袁祖亮主编,刘继刚著:《中国灾害通史·先秦卷》,郑州大学出版社,2008年,第165页。
[2] 陈梦家:《殷虚卜辞综述》,中华书局,1988年,第522页。

以借助于西周时期与救灾有关的官职设置,对商代的救灾机构予以设想还原。

一、西周救灾体系的考察

西周的救灾程序在《逸周书·大匡解》中有所反映:"维周王宅程三年,遭天之大荒……三州之侯咸率,王乃召冢卿、三老、三吏、大夫、百执事之人朝于大庭。问罢病之故、政事之失、刑罚之戾、哀乐之尤、宾客之盛、用度之费,及关市之征、山林之匮、田宅之荒、沟渠之害、怠惰之过、骄顽之虐、水旱之灾。"①

灾荒发生后,文王召集三州之官事包括冢卿、三老、三吏、大夫、百执事等人,检查造成饥荒的原因:行政的得与失?刑罚是否残暴?使用哀乐是不是过度?宴飨宾客是不是铺张?花费是否浪费?以及关市税收是否合理?山林资源是不是匮乏?田宅是否荒芜?沟渠损坏的程度如何?有没有怠工慵懒、骄玩过度?水旱灾害的具体情况如何等。

从周王召集的人员可以推断:从事荒政的机构和官吏,包括政府所有的执政部门和所有执事官员,尤其是发生灾荒地区的各级官员。

《逸周书汇校集注》引陈逢衡注云:"朝于大庭,询国危也。"②因为"关市征则商贾不集,山林匮则林木不出,田宅荒则五谷不生,沟渠害则水利不备。怠惰之过、骄顽之疟……"③对于所询问情况之间的内在联系,潘振云认为:"言民之疲病,其故由于政事之失,而其所以失者,由于官之怠惰骄顽,宜其致天灾也。"④

这可以看作是周人对救荒工作所作的总动员。首先,了解灾荒发生

---

① 黄怀信、张懋镕、田旭东:《逸周书汇校集注》卷二《大匡解》,上海古籍出版社,2007年,第144~148页。
② 黄怀信、张懋镕、田旭东:《逸周书汇校集注》,上海古籍出版社,2007年,第147页。
③ 黄怀信、张懋镕、田旭东:《逸周书汇校集注》,上海古籍出版社,2007年,第148页。
④ 黄怀信、张懋镕、田旭东:《逸周书汇校集注》,上海古籍出版社,2007年,第148页。

的原因及是否有人为因素。其次，站在政治的高度，从施政的方方面面寻找漏洞，足以表现周人对灾荒的重视。

文王谦称自己德行不高，政事不善，致使国家疲病，不能相救。然而荒歉之事在天，但是救荒之事在人，所以希望诸位帮助自己。考察官吏的任职情况，并通过乡里的老年人，问明众人所受种种害处。要详细推问疲病之故、致灾之由，不要隐瞒其事情，到某一天把它上报先祖。有不尽力从事的，将有一定的刑罚，决不宽恕[①]。

通过文王对臣下的话，我们可以进一步确定从事救荒的机构和官吏就是文王所说的"二三子"，即冢卿、三老、三吏、大夫等。从机构上包括政府和地方组织两个层面。"三州之侯"指的就是地方组织。

周人对灾害发生的考察是相当细致的。首先，考核国中官员及地方官员，问其行政之得失。其次，向乡里的老年人问明众人所受之害。再次，要下级报告灾害实情，不得隐瞒。最后，上报先祖。

这里涉及了勘灾、调查政事弊端及报灾的问题。要求考察之人将地方的吏治及利民、害民之事全面考察并一一上报，并且对派去调查的官员的行事效率用刑罚加以监督。

当然，关于《大匡解》所反映周人救荒的时代，据其文本说是"维周王宅程三年"[②]。据《今本竹书纪年》载："文丁五年，周作程邑……（帝辛）三十三年，密人降于周师，遂迁于程。……帝辛三十五年，周大饥。"[③]帝辛三十五年时，周的王当为文王。"宅程"之事当由文王来完成。故此"周王"指的应该是文王姬昌。还有一例可证《大匡解》所记内容较早。即《大匡解》中所言救荒措施之一为"租币轻，乃作母以行其子"。《国语·周语下》载景王二十一年，将铸大钱，单穆公谏曰：

[①] 《逸周书·大匡解》："不穀不德，政事不时，国家罢病，不能胥匡，二三子尚助不穀。官考厥职，乡问其人，因其耆老，及其总害。慎问其故，无隐乃情，及某日以告于庙。有不用命，有常不赦。"见黄怀信、张懋镕、田旭东：《逸周书汇校集注》卷二《大匡解》，上海古籍出版社，2007年，第148～149页。

[②] 黄怀信、张懋镕、田旭东：《逸周书汇校集注》卷二《大匡解》，上海古籍出版社，2007年，第144页。

[③] 方诗铭、王修龄：《古本竹书纪年辑证》，上海古籍出版社，2005年，第235～238页。

"不可！古者天灾降戾，于是乎量资币，权轻重，以振救民，民患轻，则为作重币以行之，于是乎有母权子而行，民皆得焉。"①春秋时单穆公所言"母权子"与《逸周书·大匡解》同。单穆公既然以"母权子"为古往之事，可以说明《大匡解》一篇属于古作。《大匡解》体裁类似《尚书》诸《诰》。当然篇中也有较晚词语，当为春秋时所写。

《逸周书·周书序》："上失其道，民失其业，□□凶年，作《籴匡》。"②朱右曾注云：匡，救也。告籴以救荒。买粮以救荒即为"籴匡"。《籴匡解》分言国家于"年俭"、"年饥"、"大荒"时应采取的各种措施和制度，性质似礼书，当属周室文献③。又如篇中云："大荒，君亲巡方，卿叁告籴。"而《国语·鲁语上》中鲁庄公曰："国有饥馑，卿出告籴，古之制也。"④庄公为春秋早期人，他以"卿出告籴"为古制，可见其时代之早。

我们认为《大匡解》《籴匡解》中所载史事，应该可以看作是西周时期救灾的举措。

除了从《大匡解》中了解从事荒政的机构和官吏之外，我们还可以从西周金文与《周礼》职官相对比来看。金文中的"司土"与《周礼》地官中的"司徒""大司徒"的职掌有类似之处；西周中晚期金文中的"邑人"与《周礼》"乡师"相近⑤。

《免簠》铭文云："令（命）免乍（作）司土（徒）、司奠（郑）还𤔲（廪），眔吴（虞）、眔牧。"⑥于省吾释𤔲为廪⑦，这种看法得到张亚

---

① 徐元诰撰，王树民、沈长云校：《国语集解·周语下第三》，中华书局，2002年，第105页。
② 黄怀信、张懋镕、田旭东：《逸周书汇校集注》卷十《周书序》，上海古籍出版社，2007年，第1119页。
③ 黄怀信：《〈逸周书〉源流考辨》，西北大学出版社，1992年，第95、97页。
④ 徐元诰撰，王树民、沈长云校：《国语集解·鲁语上第四》，中华书局，2002年，第148页。
⑤ 张亚初、刘雨：《西周金文官制研究》，中华书局，1986年，第8页。
⑥ 中国社会科学院考古研究所编：《殷周金文集成》(修订增补本)第四册，中华书局，2007年，第3002页。
⑦ 于省吾：《略论西周金文中的"六自"和"八自"及其屯田制》，《考古》1964年第3期。

初等人的认同①。说明西周的司土所掌之事有"司廪"一项。《周礼·地官·大司徒》中记载:"廪人,下大夫。"郑氏注:"藏米曰廪,廪人、舍人、仓人,司禄之长。"可见,《周礼》中具体掌管仓廪的职官又分为三种不同的官,即:廪人、舍人和仓人。

职文云:"廪人掌九谷之数,以待国之匪颁、赒赐、稍食。以岁之上下数邦用,以知足否。以诏谷用,以治年之凶丰。凡万民之食食者,人四鬴,上也;人三鬴,中也;人二鬴,下也;若食不能人二鬴,则令邦移民就谷,诏王杀邦用。"廪人是主管仓廪粮食的官吏,这种职官在西周是应该存在的②。

仓人"掌粟之入藏,辨九谷之物,以待邦用。若谷不足,则止余法用,有余则藏之,以待凶而颁之"。

舍人"掌平宫中之政,分其财守,以法掌其出入"。郑氏注:"用谷之政也。分其财守者,计其用谷之数,分送宫正内宰,使守而事之也。而行出于廪人,其有空缺,则计之还入。"可见,舍人是掌管宫中粮食分配、调剂的官职,与救荒无涉。

遗人"掌邦之委积,以待施惠;乡里之委积,……县都之委积,以待凶荒"。

廪人、仓人、遗人这三个官职既有联系又有区别。廪人掌握一年谷物的贮藏数量,如果每人每月平均的粮食用量在二鬴或二鬴以下,就是荒年,需要制定相应的救济措施;如果是严重的灾荒,就需要制定移民就谷的措施。仓人掌管人物的蓄藏,是国家粮仓的保管者。他所掌管的谷物除了保证政府的正常使用外,剩余的就贮存起来,以备凶荒之年使用。地方政府在粮食收获后,除了交归廪人、仓人掌管以外,其余部分则归遗人掌管,用来救灾恤患等活动。

另外,还有乡师"以岁时巡国及野,而赒万民之艰厄,以王命施惠"。

可见廪人、仓人、遗人、乡师负责管理粮食"赒赐稍食"、"待凶而颁",如果在一般非灾荒年景还要遍赐或借贷谷物,那么,在饥荒年景

---

① 张亚初、刘雨:《西周金文官制研究》,中华书局,1986年,第12页。
② 张亚初、刘雨:《西周金文官制研究》,中华书局,1986年,第12页。

里以谷物救荒就更是他们义不容辞的责任。仓人、遗人、乡师的职责与廪人的职责是密不可分的。

可见，西周对救灾工作十分重视。因为严重的灾害饥荒会破坏整个社会秩序，救治灾荒并非是一个部门或一个地区能够单独完成的，它需要各个部门和各级组织之间协调起来共同行动。"敛弛之联事"是以大宰为首，廪人、仓人、遗人、乡师等职官配合实施的各种救济活动。《逸周书·大匡解》记载的冢卿、三老、三公（司徒、司马、司空）以及大夫、众有司全部参与救荒工作。

二、甲骨文所反映的殷商时期的救灾情况[①]

陈梦家指出："殷代史官如尹、乍册、史、卿史等沿至西周，尚存其制；其他如宰、工、射、犬亦相沿至西周。至于西周金文所见的虎臣、司寇、司土、善夫等等，则似为纯粹的周制。"[②]我们拟结合殷商时期的政治状况对此加以分析。

商代是个巫风盛行的时期，商王本身就是群巫之长，灾害发生后，通常是由商王率领身边的大臣们进行各种救助活动。商代的救灾活动分为精神和物质两个层面，主要有商王亲自和商王派大臣参与救助两种形式，逐步形成以商王为首巫，群巫为主体的精神救助体系和以商王为最高行政长官，群臣为成员的物质救助体系。现分述如下。

（一）以商王为首巫，群巫为主体的精神救助体系

对于殷人的祭祀禳灾，学界的认识并不完全一致。从唯物史观分析，传统救荒思想中天命主义的禳弭论是完全消极的[③]，但从当时的认知水平以及起到的实际作用看，禳弭行为又具有一定的积极意义[④]。灾

---

① 刘继刚：《甲骨文所见殷商时期的灾害救助体系》，《中国农史》2021年第6期。
② 陈梦家：《殷虚卜辞综述》，中华书局，1988年，第522页。
③ 邓云特：《中国救荒史》，上海书店，1984年，第199~204页。
④ 刘继刚：《论先秦时期的祭祀禳灾》，《河南科技大学学报》（社会科学版）2012年第5期。

害发生后，商王作为巫人的最高统帅，带领各级神职人员进行禳弭活动，给民众以心理安抚。

商王是精神救助体系的最高统帅。在殷商救灾体系中，作为群巫之首的商王是整个商族的精神领袖，他把控着对天神和地祇的祭祀权。"卜辞中常有'王卜'、'王贞'之辞，乃是王亲自问卜，或卜风雨，或卜祭祀征伐田猎。王兼为巫之所事，是王亦巫也。"[①]史籍中商汤俨然一副大巫形象。《吕氏春秋·顺民》载："昔者汤克夏而正天下，天大旱，五年不收，汤乃以身祷于桑林，曰：'余一人有罪，无及万夫。万夫有罪，在余一人。无以一人之不敏，使上帝鬼神伤民之命。'于是翦其发，磨其手，以身为牺牲，用祈福于上帝，民乃甚悦，雨乃大至。"[②]面对严重干旱，商汤祷告于桑林，翦掉头发和指甲作为祭祀的牺牲，祈求神灵庇佑早降大雨，解救苍生。其行为虽然充满了迷信色彩，但是实际上起到了安抚民众情绪的作用，增强民众抵御灾害的信心，也稳定了商初动荡的时局。夏末商初面对同样的旱灾，结果却是夏亡而商兴。

首辅大臣是辅政的大巫。不仅商王是巫，他手下更有一批辅政的大巫。《尚书·君奭》载："（周）公曰：'君奭，我闻在昔成汤既受命，时则有若伊尹，格于皇天。在太甲，时则有若保衡。在太戊，时则有若伊陟、臣扈，格于上帝，巫咸乂王家。在祖乙，时则有若巫贤。在武丁，时则有若甘盘。率惟兹有陈，保乂有殷。'"[③]周公以前朝七位著名贤相来阐释明君需要贤臣辅佐的道理。这七位大臣中，伊尹、伊陟、巫咸、巫贤和傅说的巫人身份毋庸置疑[④]。他们不但"咸乂王家""保乂有殷"，占据着政治上的最高职位，而且又"格于上帝""格于皇天"，担负着神职，是当时统治者意识形态的最高权威[⑤]。换言之，他们既是日常行政

---

① 陈梦家：《商代的神话与巫术》，《燕京学报》1936年第20期。
② （战国）吕不韦著，陈奇猷校释：《吕氏春秋新校释》（上册），上海古籍出版社，2002年，第485页。
③ （汉）孔安国传，（唐）孔颖达疏，廖名春、陈明整理，吕绍纲审定：《尚书正义》卷十六《君奭》，北京大学出版社，1999年，第441~442页。
④ 童恩正：《中国古代的巫》，《中国社会科学》1995年第5期；晁福林：《商代的巫与巫术》，《学术月刊》1996年第10期。
⑤ 王震中：《中国古代文明的探索》，云南人民出版社，2005年，第139~140页。

的担当者，又和商王一起承担巫的职责。

伊尹为相历汤、外丙、仲壬和太甲四朝，同时又在商代宗教机构中兼具最高长官之职。《史记·殷本纪》载："伊尹名阿衡。"①吕振羽先生认为阿衡就是巫教的教主②。伊尹是商初贤相，曾经放逐商王太甲于桐宫，既然能处罚商王，说明其在商朝行政系统的地位极高，卜辞所记殷人对伊尹高规格的祭祀亦可佐证：

（1）弜桒于伊尹，亡雨？　　　　　　（《合集》27656 无名类）

（2）伊尹桒，又大雨？／弜桒于伊尹，亡雨？

（《合集》27657+《合集》32797 倒③无名类）

（3）☐桒禾☐／辛巳贞：酻桒禾于示壬？／甲申卜：又伊尹五示？

（《合集》33318 历一类）

（4）癸丑卜：又于伊尹？　　　　　　（《合集》32786 历二类）

（5）丁丑卜：伊尹岁三牢？兹用。　　（《合集》32791 历二类）

上揭（1）、（2）辞例表明伊尹与降雨是有关联的。辞例（3）表示将伊尹与商王示壬同祭，以示其地位之重要。从用牲来看，对伊尹的祭祀是隆重的。《国语·晋语二》韦昭注曰："凡牲，一为特，二为牢。"④三牢，至少是六只牲畜。祭祀的方式也是多样的，有桒祭、岁祭和侑祭等。不仅如此，他的夫人伊奭也是能够掌管自然现象的神灵。

（6）乙丑贞：宁风于伊［奭］？　　　（《合集》34151 历二类）

（7）☐［宁风伊］奭一小牢？　　　　（《合集》30259 无名类）

宁，止息之意。宁风，让风停息。伊奭是伊尹的夫人，在殷人心目中，伊奭是掌管风的神灵。晁福林先生据此认为伊尹夫妇同为商代的大巫⑤。

巫咸是商代辅佐王家有功的巫师，同时也是一位权臣，卜辞亦有记载：

---

① （西汉）司马迁：《史记》，中华书局，1959年，第94页。
② 吕振羽：《简明中国通史》，人民出版社，1959年，第38页。
③ 参林宏明：《甲骨新缀第592—596例》，先秦史研究室，2015年12月6日，网址：http://www.xianqin.org/blog/archives/5856.html。
④ 徐元诰撰，王树民、沈长云校：《国语集解》，中华书局，2002年，第276页。
⑤ 晁福林：《商代的巫与巫术》，《学术月刊》1996年第10期。

（8）贞：咸允左王？／贞：咸弗左王？　　　（《合集》248 典宾类）
（9）己卯卜，宾贞：☒于上甲、咸、大丁☒（《合集》1242 典宾类）
（10）贞：太甲宾于咸？／贞：太甲不宾于［咸］？／贞：下乙［宾］于咸？

贞：下乙不宾于咸？　　　　　　　　　　（《合集》1402 典宾类）

上述文中的"咸"即巫咸。辞例（8）意为巫咸辅佐商王，常与之相伴。辞例（9）意为殷人把巫咸与商王上甲、大丁同祭，地位非同一般。辞例（10）意为商王太甲宾请于咸。陈梦家先生说："在卜辞中能宾于帝，并为王所宾的巫师只有巫咸一人，商人旧臣中像巫咸一样能'宾于帝'的还有伊尹和迟任，但尚未见他们能被先王所宾的记载。"①足见其地位之显赫。巫咸为何能得到殷人如此的尊崇？《史记·殷本纪》载："伊陟赞言于巫咸。巫咸治王家有成，作《咸艾》，作《太戊》。"②伊陟称赞巫咸，是因为其治理王室有功。又《山海经·大荒西经》载："有灵山，巫咸、巫即、巫盼、巫彭、巫姑、巫真、巫礼、巫抵、巫谢、巫罗十巫，从此升降，百药爰在。"③巫咸居于十位大巫之首，是因为其精湛的巫术和医技。不仅如此，他还在当时的宫廷斗争中帮助太戊巩固了王位，有功于商王室，从而其地位显赫起来④。

伊尹和巫咸皆为当朝大巫，位极人臣。他们拥有着"绝地天通"的能力，一方面通过宗教上的大巫身份辅佐商王治理朝政，另一方面依靠广博的学识救生民于水火。这种情形在我们当今社会的某些少数民族中亦可得以佐证，在彝族中有一个特殊阶层——毕摩，彝族音译，有祭司、经师、教师之意，汉文古籍中有"鬼主"、"奚婆"、"希波"、"觋爸"、"耆老"、"鬼师"、"布幕"等称呼。他们掌握古彝书，拥有并通晓彝书经文"毕摩经"，识民间风俗掌故，精通古今，能言善辩，知识高人一等，是人神两界的沟通者。彝族认为毕摩是天神派来的祭司，各种

---

① 陈梦家：《殷虚卜辞综述》，中华书局，1988年，第573页。
② （西汉）司马迁：《史记》，中华书局，1959年，第100页。
③ 袁珂：《山海经校注》，北京联合出版公司，2014年，第334页。
④ 刘宝才：《巫咸事迹小考》，《西北大学学报》（哲学社会科学版）1982年第4期。

祭祀皆由其主持，地位仅次于部落首领兹莫，在族人中享有很高的威望和特权。彝族有民谚说："调解人的知识上百，兹莫的知识上千，毕摩的知识无数计。"①卜辞中的"尹"为王占卜的辞例很多，如：

（11）辛酉卜，尹贞：王步自商亡灾？　　　（《合集》24228 出二类）

（12）丁卯卜，尹贞：今夕亡囚（祸）？

戊辰卜，尹贞：今夕亡囚（祸）？

己巳卜，尹贞：今夕亡囚（祸）？才十一月。才自攸。

庚午卜，尹贞：今夕亡囚（祸）？

辛未卜，尹贞：今夕亡囚（祸）？才自攸卜。

（《合集》24260 出二类）

辞例（11）清晰地表明了"尹"为卜人的身份，为商王卜问，从王畿徒步而来，会不会遇到危险？辞例（12）为同一版，从丁卯日到辛未日连续五天为王占卜，傍晚在自攸，会不会遇到危险？说明尹是商王近臣，有为王卜问吉凶之责。

商王室的首辅大臣多由大巫担任，他们一方面辅佐商王成为民众的精神领袖，另一方面负责安抚民众心理事务，包括对社会生产和医疗的指导等。宗、祝、卜、史、贞等人开展具体操作，数量庞大，据《周礼》载计有近千人，商王室所举行的占卜、祭祀和利用巫术进行的宁风、止雨、祈雨等救灾活动都是由他们来承担，各有分工，各司其职。

宗是祭祀掌礼仪之人，《说文解字》云："宗，尊祖庙也。"②在祭祀祖先时念祷吟诵，《周礼》中与之有关的职位有大宗伯、小宗伯、内宗、外宗、都宗人和家宗人等。祝是祭祀中主持祷告之人，《说文解字》云："祝，祭主赞词者。"③用语言来向神传达心意，《周礼》中与之有关的职位有大祝和小祝等，大祝在国家发生大的变故和天灾时，负责向诸神祈祷消灾，并举行祭祀来向神祇们报答。小祝负责小祭祀的

---

① 《中国各民族宗教与神话大词典》编审委员会编：《中国各民族宗教与神话大词典》，学苑出版社，1993 年，第 665 页。

② （汉）许慎撰：《说文解字》，中华书局，1963 年，第 151 页。

③ （汉）许慎撰：《说文解字》，中华书局，1963 年，第 8 页。

活动，祈求获得丰收，止息风灾与旱灾，平息战争灾害，远离疾病①。卜是灼龟见兆之人，《说文解字》云："卜，灼剥龟也，象灸龟之形。一曰象龟兆之纵横也。"②负责烧剥皮龟壳，炙烤龟壳，观察征兆。《周礼》中与之有关的职位有大卜和卜师。大卜的职责是把国家大事分成八个方面的命③，将观察到有关国家的吉凶及时告诉王，以便采取措施挽救国政。卜师协助大卜工作。史是主管典册之人，《说文解字》云："史，记事者也。从又持中。"④主要负责记录祭祀之事⑤，《周礼》中与之有关的官职有大史、小史等。大史要在大祭祀的当日和负责卜事的官吏一起占卜祭日，在祭祀的当天，安排助祭诸臣所在的位次。小史协助大史的工作⑥。贞是问卜之人，《说文解字》云："贞，卜问也。从贝，贝以为贽。"⑦负责占卜吉凶，《周礼》中与之有关的职官有占人和筮人。占人用龟甲占卜和用蓍草占筮。占卜之前，先据筮辞占筮八事，如果只筮而不卜，就依八卦占筮的八事，来观察吉凶。筮人掌管三种《易》书，以辨别九筮的名称……以辨别吉凶。凡是国家大事，必须先占筮

---

① 《周礼·春官宗伯·大祝》："（大祝）掌六祝之辞，以事鬼神祇，祈福祥，求永贞。……国有大故、天灾，弥祀社稷，祷祠。"见（汉）郑玄注，（唐）贾公彦疏，赵伯雄整理，王文锦审定：《周礼注疏》，北京大学出版社，1999年，第658、672页。《周礼·春官宗伯·小祝》："（小祝）掌小祭祀，将事侯禳祷祠之祝号，以祈福祥，顺丰年，逆时雨，宁风旱，弥灾兵，远罪疾。"见（汉）郑玄注，（唐）贾公彦疏，赵伯雄整理，王文锦审定：《周礼注疏》，北京大学出版社，1999年，第674页。
② （汉）许慎撰：《说文解字》，中华书局，1963年，第69页。
③ 《周礼·春官宗伯·大卜》："（大师）以邦事作龟之八命：一曰征，二曰象，三曰与，四曰谋，五曰果，六曰至，七曰雨，八曰瘳。以八命者赞《三兆》、《三易》、《三梦之占》，以观国家之吉凶，以诏救政。"见（汉）郑玄注，（唐）贾公彦疏，赵伯雄整理，王文锦审定：《周礼注疏》，北京大学出版社，1999年，第639~640页。
④ （汉）许慎撰：《说文解字》，中华书局，1963年，第65页。
⑤ 陈梦家：《殷虚卜辞综述》，中华书局，1988年，第521页。
⑥ 《周礼·春官宗伯·大史》："大祭祀，与执事卜日。戒及宿之日，与群执事读礼书而协事。祭之日，执书以次位常。"见（汉）郑玄注，（唐）贾公彦疏，赵伯雄整理，王文锦审定：《周礼注疏》，北京大学出版社，1999年，第696页。
⑦ （汉）许慎撰：《说文解字》，中华书局，1963年，第69页。

而后占卜①。商代贞人数量庞大，仅有姓名的贞人就有彀、亘、宾、历、何、黄等，也有商王及王妇、子和大臣们参加贞问的，这是贞人与卜人最大的区别所在。

上述诸种巫人的职掌分类见于《周礼》之中，商乃周之前朝，周又曾为商之属国，很多制度具有承继性。陈梦家先生指出，《周礼》将古之巫事分任于若干官：舞师旄人龠章鞮鞻氏等为主舞之官；大卜龟人占人筮人为占卜之官；占梦为占梦之官；大祝桑祝甸祝祖祝为祝；司巫男巫女巫为巫；大史小史为史；而方相氏为驱鬼之官；其职于古统掌于巫。卜辞卜、史、祝三者权分尚混合，而卜史预测风雨休咎，又为王占梦，其事皆巫事而皆掌之于史②。在他看来，后世的宗、祝、卜、史等官的职掌在商代统归于巫人之手，到周代开始进行更为具体的分类，所以出现了巫医不分、卜史不分、祝史不分的现象。

可见，商代基本形成了以商王为群巫之长，以首辅大臣为辅政大巫，以宗、祝、卜、史、贞等为负责具体事务之巫的精神救助体系。通过祭祀、占卜等活动对受灾民众进行心理安抚，客观上对社会安定起到了积极作用。

（二）以商王为主，群臣为成员的物质救助体系

灾害发生后，商王除了对民众进行精神安抚和心理疏导，还要让灾民尽快得到物质救助，及时为灾民发放救济物资。殷商时期，以商王为最高统治者，以群臣为成员的官僚体系是救灾活动最有力的实施者。

商王是灾害救助体系中的最高行政长官。古往今来，任何体制下，政府在整个社会中始终拥有最雄厚的实力，是救灾最主要的力量，殷商王朝也不例外。商王是商邦之内的最高统治者，也是救灾活动的最高领

---

① 《周礼·春官宗伯·占人》："（占人）掌占龟，以八筮占八颂，以八卦占筮之八故，以胝吉凶。"见（汉）郑玄注，（唐）贾公彦疏，赵伯雄整理，王文锦审定：《周礼注疏》，北京大学出版社，1999年，第648页。《周礼·春官宗伯·筮人》："（筮人）掌《三易》，以辨九筮之名……以辨吉凶。凡国之大事，先筮而后卜。"见（汉）郑玄注，（唐）贾公彦疏，赵伯雄整理，王文锦审定：《周礼注疏》，北京大学出版社，1999年，第650～651页。

② 陈梦家：《商代的神话与巫术》，《燕京学报》1936年第20期。

导者。因为商王不仅是全国土地的所有者，而且拥有全国最大的粮食储备。考古发现多处商代王室窖穴。河南郑州旭旮王村商代窖穴，平面长方形穴口，东西广 0.68 米，南北长 1.4 米，底深 8.2 米①，体积约 7.8 立方米。以不同湿度粟的密度计算，每立方米约容纳粟 626.3～746.7 千克②，这一窖穴大约存粟类 4885～5824 千克。郑州二里岗前期窖穴，呈长方形，口部平面有圆形、椭圆形或长方形。有的深达 8～9 米，壁面平整光滑，高脚窝以供上下。如 H9 的上口长 3.0 米，宽 1.8 米，深 1.46 米③，体积约 8 立方米，最大可盛放粮食约 6000 千克。偃师商城第 XIII 号建筑基址的囷仓遗址，容积在 235.5～785 立方米之间，最高可容纳黍类约 644 吨，容纳粟类约 4105 吨④。安阳殷墟发现有长方形和圆形窖穴。长方形长为 1～8 米，宽 1～9 米，深 1～7.9 米⑤，体积在 24 立方米以上，可容纳粮食 14000 千克左右。圆形窖穴直径为 1.5～2.1 米，深 3～7.5 米⑥，体积一般为 15 立方米，盛纳粮食为 10000 千克左右。这些数量庞大的粮食储备都归商王所有，在救灾活动中商王不但可以凭借自己至高无上的权力发号施令，调动各方力量参与救灾活动，而且可以凭借充足的粮食储备对灾民展开救助。

尹是救灾工作的实际执行者。殷商时期，救灾工作的具体实施主要依靠大臣进行，尹在救灾时行使着周代太宰的职能——"佐王治邦国"。甲骨文中尹是农业活动的直接参与者：

（13）令尹乍大田。/弜令尹乍大田。　　（《合集》9472 典宾类）

---

① 河南省文化局文物工作队第 · 队：《郑州旭旮王村遗址发掘报告》，《考古学报》1958 年第 3 期。

② Subramanian, Shinoj and Viswanathan, Bulk Density and Friction Coefficients of Selected Minor Millet Grains and Flours, Journal of food engineering, Issue 1, 2007(81): 118-126.

③ 河南省文化局文物工作队：《郑州二里冈》，科学出版社，1959 年，第 12 页。

④ 陈国梁：《囷窌仓城：偃师商城第 XIII 号建筑基址群初探》，《中原文物》2020 年第 6 期。

⑤ 中国社会科学院考古研究所：《殷墟发掘报告：1958—1961》，文物出版社，1987 年，第 318 页。

⑥ 中国社会科学院考古研究所：《殷墟发掘报告：1958—1961》，文物出版社，1987 年，第 318 页。

（14）癸亥贞：于四䧅坚☐。/癸亥贞：王令多尹坚田于西，受禾？/癸亥贞：多尹弜☐，受禾。/癸亥贞：其秦禾自上甲。

（《合集》33209 历二类）

（15）甲午贞：其令多尹乍王寝。一二　（《合集》32980 历二类）

上述辞例中的"尹""多尹"都直接听从王的指令，是王身边的大臣，从辞例（15）来看更是如此，"令多尹乍王寝"，《说文》云："寝，卧也。"①《尔雅·释宫》曰："无东西厢，有室曰寝。"寝是休息之所，能进入者必然是商王身边的近臣。从辞例（13）、（14）来看，"尹"与"田""禾"相连，其所做之事与农业有关。农业是殷商时期经济中最重要的行业，是粮食的直接来源，"尹"位极人臣，主管农业种植，在救灾工作中具有极其近便的优势。辅佐商汤治国的贤相伊尹除了具有大巫的身份，在生产中也甚有作为，《世本·作》载："汤旱，伊尹教民田头凿井以溉田。"又《齐民要术·种谷》引《氾胜之书·区田》之语："汤有旱灾，伊尹作为'区田'，教民粪种，负水浇稼。"②伊尹作为商王室的宰辅，和汤一起经历了建国之初的大旱，目睹了庄稼焦枯、民不聊生的惨状。他不仅辅佐商汤祷于桑林迎来甘露，而且教会人民凿井灌田，负水浇稼，增强了农业生产的能力。陈梦家指出，卜辞旧臣伊尹、黄尹即后世所传伊尹和阿衡、保衡，都是师保之官③。殷商时期政教合一的体制也为伊尹参与灾害物质救助活动提供了便利。

各级臣正是救灾活动的重要参与者。臣正是商王朝官吏，常常听令于王，从他们所进行的活动来看，与救灾活动也有着较大关联：

（16）☐［寻］妌乎黍于丘商，［受年］？　（《合集》9529 典宾类）

（17）辛丑卜，㱿贞：寻妌乎黍［于］丘商，［受年］？

（《合集》9530 典宾类）

（18）贞：叀小臣令众黍。一月。二　（《合集》12 宾三类）

（19）癸巳卜，令臯省囧？一二　（《合集》33236 历二类）

---

① （汉）许慎撰：《说文解字》，中华书局，1963年，第151页。
② 石声汉译注，石定枎、谭光万补注：《齐民要术》，中华书局，2015年，第109页。
③ 陈梦家：《殷虚卜辞综述》，中华书局，1988年，第518页。

(20)庚子卜，令⿸省㐭？/ 叀令㫃省㐭？（《合集》33237 历二类）

辞例（16）、（17）皆言妇妌能不能让丘商的黍获得好收成？丘商即王畿，商王的直属领地。妇妌是商王武丁的配偶，又称妣戊，后母戊大方鼎的主人。据卜辞所记，她主要从事农业生产，可见农业的重要地位。辞例（18）中有"小臣"一职，小臣在卜辞中至少有两类：一类是多方的小臣，一类是王朝的小臣，也叫臣正，这里所指是王朝的小臣。陈梦家先生认为，小臣受王之令，为其征伐，为其具车马，为其司卜事[1]。臣正级别和分类较多，涉及国家管理的多个方面。在卜辞中被称为某臣、某正、某臣正、某藉臣、某小藉臣、王臣、小王臣、臣、小臣、少臣、旧臣、旧老臣、小臣某、小丘臣、多臣、我多臣、多辟臣等。辞例（19）、（20）言王派㫃巡视㐭。甲骨文有一个⿸（《合集》33237），象露天的谷堆之形，陈梦家先生将其释为㐭。今天的北方农人在麦场上作一圆形的低土台，上堆麦秆麦谷，顶上作一亭盖形，涂以泥土，谓之"花篮子"。与此相似。㐭是积谷所在之处，即后世仓廪之廪[2]。考古发现殷商时期的粮食窖穴，形制多样，制作考究。殷墟 B 区口径在 2.1 米以下的圆形窖穴为"窦"，长方形窖穴为"窖"。而在窖中又可分为"穴中之窖"和"宫室中之窖"。不少窖穴中都遗留有粮食腐朽后的绿土[3]。商王经常亲自或派人前去察看，称为"省㐭"，辞例（20）中的㫃便是商王派去巡视粮仓的人。鉴于商周两代制度的继承性，我们认为，商王的臣正中应该包含诸如西周时期的廪人、仓人和遗人等与救济有关的人员。

戍、五族戍、戍某等武官是救灾活动的重要参与者。商代的百官分为臣正、武官和史官三类。其中武官一类多与骑射、田猎和战争有关，似不直接参与救灾活动，但卜辞中有一类的官职，其主要任务有二，一是管理"众"与"王众"；二是守边征伐邦方[4]，也就是督率众人防御外

---

[1] 陈梦家：《殷虚卜辞综述》，中华书局，1988 年，第 507 页。
[2] 陈梦家：《殷虚卜辞综述》，中华书局，1988 年，第 536 页。
[3] 郭宝钧：《B 区发掘记之二》，《安阳发掘报告》（第四期），1933 年，第 604～606 页。
[4] 陈梦家：《殷虚卜辞综述》，中华书局，1988 年，第 516 页。

来入侵。《左传·僖公二十一年》载:"夏,大旱。公欲焚巫、尪。臧文仲曰:非旱备也。修城郭……。是岁也,饥而不害。"鲁国遇到了大旱,臧文仲建议应当加固城郭。孔颖达引服虔祝之语:"国家凶荒,则无道之国乘而加兵,故修城郭为守备也。"①国家遇到灾荒之时,敌国可能会趁机进攻,要修筑城郭做好准备。这些戍边的将士积极地守卫,平时保证了王国的安全,饥荒之时更可以避免敌国入侵而致雪上加霜。

可见,殷商时期的物质救助体系中,商王、尹和各级臣正是领导和参与救灾的主要力量,戍、五族戍、戍某等边疆守卫则为国家安全提供了保障。

由于夏商周时期的社会事务并不复杂,一些有关国计民生的重大问题往往由最高统治者直接会同各地方行政长官共同处置,到了春秋战国时期,仍然没有出现明确的救灾机构,也没有形成较为系统的工作程序,但救灾体系一直处于不断发展完善之中。从周代典籍中所描述的情况看,西周的统治者已经意识到救治灾荒并非是一个部门或一个地区能够单独完成的事情,需要各个部门和各级组织之间协调起来共同行动。在周天子号令下,由大宰带领廪人、仓人、遗人、乡师等职官配合实施各种救济活动,与之有关的基层官员如冢卿、三老和三公(司徒、司马、司空)以及大夫、众有司全部参与救荒工作。追溯至殷商时期,商王以首巫和最高行政长官的双重身份,率领众巫和大臣们开展救灾活动是合乎情理的。

第二节　殷商时期的救灾活动②

殷商时期的救灾活动是多方面的,既有精神层面的祭祀禳灾,也有针对水、旱、虫害和疾疫方面的具体救治。

---

① 杨伯峻:《春秋左传注》,中华书局,1990年,第390~391页。
② 刘继刚:《甲骨文所见殷商时期的防灾活动》,《中国农史》2018年第3期。

一、祭 祀 禳 灾

就像祭祀活动可以防灾一样，殷商时期的人们相信祭祀活动是可以祛除灾害的，如宁风、祈雨以及战场上利用巫术等，都可以起到转危为安的作用。

（一）宁灾活动

宁，《说文解字》云："愿词也。"段玉裁注："其意为愿，其言为宁。"[①]希望其安宁、太平之意。甲骨文中的"宁"字多释为平息，宁灾，平息灾害之意。在甲骨卜辞中，"宁"成为一种被禳风雨的专祭，通过对四方神、土地神祇，以及巫先神等进行献牲（以犬为主）祭祀[②]。卜辞中所记的宁灾活动涉及面广，涵盖内容也比较丰富，包括宁风、宁雨、宁秋、宁疾等，鉴于前文已有论述，此略举数例补充。

1. 宁风

（1）弜宁风？　　　　　　　　　　　　（《合集》34152 历草类）
（2）其宁风雨？/辛巳卜：今日宁风？　　（《屯南》2772 历一类）
（3）乙丑贞：其宁风于伊奭？　　　　　（《屯南》1007 历二类）

2. 宁雨

（4）癸酉卜，贞：宁雨[于]岳，叀☐　　（《合集》14482 宾三类）
（5）乙亥卜：宁雨，若？　　　　　　　（《合集》30187 何一类）
（6）丁未☐于上甲宁雨？　　　　　　　（《屯南》1053 历一类）
（7）庚辰卜，宾贞：奉雨我（宜）[③]，[其得]？二月。二告。

---

① （汉）许慎撰，（清）段玉裁注：《说文解字注》，上海古籍出版社，1981年，第203页。
② 〔韩〕赵容俊：《甲骨卜辞所见之巫者的救灾活动》，《殷都学刊》2003年第4期。
③ 裘锡圭：《释"求"》，《裘锡圭学术文集·甲骨文卷》，复旦大学出版社，2012年，第274~284页。

（《合集》12862 典宾类）

（8）丁未卜，争贞：燅雨，匄于河？十三月。/贞于岳燅［雨］匄。

（《合集》12863 宾三类）

（9）甲子卜，宾贞：于岳燅雨娥（宜）。　　（《合集》12864 宾三类）

3. 宁秋

（10）庚辰贞：其宁秋于☐　　　　　　　　（《合集》33234 历二类）

（11）☐未卜：☐宁秋☐　　　　　　　　　（《屯南》1171 无名类）

4. 宁疾

甲骨文中的"疾"字写作𤕫（《合集》21045）、𤕫（《合集》21565）、𤕫（《合集》22099）、𤕫（《合集》12671正）、𤕫（《合集》28106）、𤕫（《合集》22258）、𤕫（《合集》24959）、𤕫（《合集》31681）、𤕫（《花东》69）、𤕫（《合集》36766）等，象人卧于床上。《说文解字》云："疾，病也。从疒，矢声。"段注："疾，小病。"[①]胡厚宣研究认为，就卜辞来看，仅武丁一朝殷人认识的疾病就有十六种之多，包括头、眼、耳、口、牙、舌、喉、鼻、腹、足、趾、尿、产、妇、小儿、传染[②]。陈世辉认为还有臂部、心部和膝盖等方面的疾病[③]。范毓周认为陈文所谓的臂部应该为肘部，心部应该为胸部，膝盖应该理解为膝关节方面的疾病[④]。王晖认为武丁时期已经出现了病毒性传染流疫流行性的记录[⑤]。由于认知所限，殷人对于疾病发生原因并不清楚，多以为是天神所降，只有祷告于神灵，才能够驱除疾病。

（12）☐贞：今日其宁疾☐三羌、九犬？　　（《屯南》1310 历二类）

（13）☐宁疾于四方？　　　　　　　　　　（《屯南》493 历一类）

---

① （汉）许慎撰，（清）段玉裁注：《说文解字注》，上海古籍出版社，1981年，第348页。
② 胡厚宣：《甲骨学商史论丛初集》（外一种），河北教育出版社，2002年，第324页。
③ 陈世辉：《殷人疾病补考》，《中华文史论丛》（第4辑），上海古籍出版社，1963年。
④ 范毓周：《〈殷人疾病补考〉辨正》，《东南文化》1998年第3期。
⑤ 王晖：《殷墟卜辞所见我国最早的传染流疫考》，《殷都学刊》2007年第2期。

驱逐疾病时所用的牺牲也是比较特别，用到了三个俘虏的羌人和九只狗。疾病的涉及范围也很广，在四方境内都有发生，可能是带有传染性的疾病。

商代巫人在逐鬼驱疫过程中还常常头戴面具，跳傩舞，如《周礼》中的方相氏，他们"蒙熊皮，黄金四目，玄衣朱裳，执戈扬盾，帅百隶而时难，以索室驱疫"①。商代巫人驱疫所戴的面具，在商代后期的四川广汉三星堆遗址中也有发现，出土了类似于面具的青铜人面像②。晁福林认为，在时代属于商代后期的江西新干大洋州商墓出土的神人兽面形玉饰、双面神人青铜器以及河北承德出土的商代石牌等都有可能为商代巫觋驱鬼时所用的法器③。

综上，殷人通过宁风、宁雨、宁秋、宁疾等祭祀活动对灾害展开救助，这些方法，从科学的角度看于事无补，根本起不到风停、雨住、蝗息、病祛的效果。

（二）祈雨

殷商时期的祈雨方式很多，如燎雪神以求雨，祭山求雨，但最主要有三种，即以舞求雨、焚巫求雨和作土龙求雨④，前文已有论述，此略举数例补充。

1. 以舞求雨

（14）贞：舞㞢雨？　　　　　　　　　　　（《合集》5455 典宾类）
（15）兹舞，㞢从雨？　　　　　　　　　　（《合集》12833 宾一类）
（16）☐王舞允雨。　　　　　　　　　　　（《合集》20979 自肥笔类）

---

① （汉）郑玄注，（唐）贾公彦疏，赵伯雄整理，王文锦审定：《周礼注疏》卷三十一《夏官司马·方相氏》，北京大学出版社，1999年，第826页。
② 四川省文物管理委员会、四川省文物考古研究所、广汉市文化局，等：《广汉三星堆遗址二号祭祀坑发掘简报》，《文物》1989年第5期。
③ 晁福林：《商代的巫与巫术》，《学术月刊》1996年第10期。
④ 陈梦家：《殷虚卜辞综述》，中华书局，1988年，第599～603页；〔韩〕赵容俊：《甲骨卜辞所见之巫者的救灾活动》，《殷都学刊》2003年第4期。

（17）□□卜：今日☒舞河眔岳，［又］从雨？

（《合集》34295 自历间类）

舞雩求雨或奏舞求雨在卜辞中都是常见的。"舞"字在甲骨文中作一人拿着牛尾一类的舞具，正在跳舞之状。此字后来被借用为"无"，便在本字加上一对脚以显明跳舞的动作。《墨子·明鬼》引《汤之官刑》曰："恒舞于宫，是谓巫风。"[①]陈梦家说："巫之所事乃舞号以降神求雨，名其舞者曰巫，名其动作曰舞，名其求雨之祭祀行为曰雩。"[②]此说可信。"雩"在殷墟卜辞中作"乎"（呼），呼与雩古音均在鱼部，是同源字；奏舞是一边奏乐一边跳舞[③]。卜辞中这样的例子也很多。

（18）丙辰卜，贞：今日奏舞，业从雨？（《合集》12818 自宾间类）

（19）戊申卜：今日奏舞，业从雨？　　（《合集》12828 自宾间类）

上引卜辞中所引以舞求雨之人，除了商王之外，大都是女巫。这同《说文解字》中对巫的解释可以相互印证。《说文解字》曰："巫，祝也，女能事无形以舞降神者也。"[④]至于为什么在祈雨中主要用女巫而不是男巫，王晖的解释颇为精妙：至于雩舞求雨用女巫，这实际上是同性相斥、异性相吸的阴阳交感巫术。古人认为旱是阳，阴雨是阴，女呼舞，以女为牺牲，便能以阴灭阳，女巫代表阴，降雨的天神为阳，赤裸的女巫以"无形"之体翩翩起舞，便与阳性的天神产生交感，于是就会降雨[⑤]。

2. 焚巫求雨

（20）甲申卜，宾贞：炆嬗☒　　　　　（《合集》1123 正典宾类）

（21）壬辰卜：炆☒，雨？　　　　　　（《合集》32290 历草类）

（22）戊申卜：其炆辰女雨？　　　　　（《合集》32297 历二类）

甲骨刻辞中的☒字不少学者都考释为"炆"字，该字上为正面人形，

[①] 吴毓江撰，孙启治点校：《墨子校注》，中华书局，2006年，第376页。
[②] 陈梦家：《殷虚卜辞综述》，中华书局，1988年，第600页。
[③] 王晖：《商周文化比较研究》，人民出版社，2000年，第119页。
[④] （汉）许慎撰：《说文解字》，中华书局，1963年，第100页。
[⑤] 王晖：《商周文化比较研究》，人民出版社，2000年，第121~122页。

下为火形,整个字看起来像人在火上交腿而苦苦挣扎之状,应是商代为求雨而焚巫之真实写照。至于为什么用焚巫来祈雨,有学者以为是对火的信仰的一种表现形式①。也有学者说所焚之巫多是那种瘸脚的巫尪之类②。这些说法都似乎不够合理,缺少雨水,为何祭祀大火,为何所烧之巫非要是那些瘸脚之巫,巫人的地位如此重要,难道非要找那些身有残疾者来担当与上帝沟通的重任吗?许进雄认为,焚巫以求雨的方式,可能是基于天真的想法,希望上帝不忍心让他的代理人受火烧焚的痛苦,从而降雨以解除巫的困厄③。

3. 作土龙求雨④

(23)叀庚熯,又[雨]?/其乍龙于凡田,又雨?

(《合集》29990 无名类)

虽然这种作土龙求雨的辞例很多,但是商代对于龙控降雨的信念尚未完全建立,则龙神奇化的概念大概刚刚萌芽,故当时常见的祈雨方式,仍然为向神供奉乐舞及焚烧巫者或人牲⑤。

(三)战场巫术

人类自进入父系氏族晚期以来,为了争夺土地和果实,部落之间的战争就从未止息过。战争是人为的灾害,不但影响农业生产,而且削弱国家的抗灾能力。即便如此,为了满足贪欲,统治者也不惜牺牲大量的人员投入到争夺土地的战争中,人为制造了兵灾。在战场上,没有一方是不想取得胜利的,殷商王室与周边方国之间的战争中就使用了巫人进行救灾活动,以达到最终的胜利。

---

① 刘正:《火历新探——对荆楚文化和原始宗教信仰的思想史研究》,《武汉大学学报》(人文科学版)2002 年第 2 期。
② 丁山:《中国古代宗教与神话考》,上海文艺出版社,1988 年,第 28 页。
③ 许进雄:《中国古代社会——文字与人类学的透视》,中国人民大学出版社,2008 年,第 556 页。
④ 裘锡圭:《说卜辞的焚巫尪与作土龙》,《裘锡圭学术文集·甲骨文卷》,复旦大学出版社,2012 年,第 194~205 页。
⑤ 〔韩〕赵容俊:《甲骨卜辞所见之巫者的救灾活动》,《殷都学刊》2003 年第 4 期。

甲骨卜辞中的"望"字，作一人站于高土堆上，眼睛上竖以眺望远方之状。韩国学者赵容俊认为，此字在卜辞中常与军事有关的行为并提，可能为与敌方神灵斗法的巫术，即巫术伐望[①]。相关辞例如下：

（24）贞：弖霁多寇乎望舌方？其橐。　　　（《合集》547 典宾类）
（25）贞：弖乎昌望舌方？　　　　　　　　（《合集》6192 典宾类）
（26）贞：☐更自望戋（戎）？　　　　　　（《合集》7218 典宾类）

由是可知，殷商时期，巫人已经可以通过望气之术判定人事吉凶，在战场上发挥作用，减少战争的失败、人员的伤亡。

二、治理水旱灾害

水旱灾害自古以来就是对人们生产和生活威胁最大的灾害。《管子·度地》："善为国者，必先除其五害。"[②]何谓五害？"水一害也，旱一害也，风雾雹霜一害也，厉（疾病）一害也，虫一害也。五害之属，水最为大。"[③]对于水旱灾害的治理，前文中的宁雨、祈雨都可以看作是精神层面的救助，是消极的应对。殷商时期，农业已经获得了较大的发展，从辨土播种到中耕锄草，从田间施肥到收获归仓，已经形成了较为系统的管理制度。对于水旱灾害，也有了一定的认识。田间的沟洫是抗旱防涝的关键设施，商代甲骨文中已经出现了相关的辞例。

（27）丙辰卜，永贞：乎省我田？　　　　　（《合集》9611 典宾类）
（28）王占曰：业求（咎），其业来婐，乞至九日辛卯，允业来婐自北，叞妻笒告曰：土方侵我田十人。　　　（《合集》6057 典宾类）

从甲骨文的"田"字来看，那些田字的形状如"田"（《合集》29330）、"田"（《合集》20495）、"田"（《合集》32026）等形状都是田中许多沟渠的象形。畴，甲骨文作 𝌀（《合集》1626）、𝌀（《合集》

---

① 〔韩〕赵容俊：《甲骨卜辞所见之巫者的救灾活动》，《殷都学刊》2003 年第 4 期。
② （唐）房玄龄注，（明）刘绩补注：《管子》，上海古籍出版社，2015 年，第 371～372 页。
③ （唐）房玄龄注，（明）刘绩补注：《管子》，上海古籍出版社，2015 年，第 371～372 页。

1654)、𤰇（《合集》15287）等，《说文·田部》："畴，耕治之田也，从田，象耕田沟诘诎也，㠯，畤或省。"段注："耕者，犁也。犁其田而治之。其田曰畴。"①甲骨文中有一辞例：

（29）☐㠯、糟才名，受㞢年？/☐［糟］，㠯弗其［受］㞢年？

（《合集》9503 典宾类）

袁庭栋认为畴是田中之沟浍，此辞是卜问在名地作沟浍的记录②。

畎，张政烺认为甲骨文中"甾"字即"畎"③，殷代已经有了"畎浍这类系统的水利工程"④。彭林同意张政烺的观点并进一步指出，首先，从水利发展史的角度来看，我国的农田水利较同时期其他地区更为发达，可追溯到夏代，至殷商时期则处在沟洫产生后向成熟发展的阶段上。其次，殷代以农业经济为主，农作物种类多，有一些是水田作物，如稻，如果不作渠引水入田，将旱田变为水田，无法种植⑤。从殷墟卜辞中所举实例来看，当时有近半月不雨的情况。如：

（30）贞：今丙戌蘷奸㞢从雨？/贞：奸，亡其从雨？二告/叀己丑奏？/弓隹今己？/舞岳㞢？/弓舞岳？/于翌庚桒。/甲辰卜，𣪊贞：娥来白马。王占曰：吉，其来。/甲辰卜：𣪊贞：娥不其来白马。

（《合集》9177 典宾类）

据卜辞来看，丙戌日卜问是否会下雨，至己丑日仍然没有下雨，又舞祭于岳，在第二个庚日即庚子日进行祈祷。从丙戌日开始，直到庚子日，一直没有下雨。后文又有"王占曰"，说明这十四天商王武丁一直在进行祈雨活动。有学者认为这是一次极其典型的稻作旱灾⑥。彭林据《续

---

① （汉）许慎撰，（清）段玉裁注：《说文解字注》，上海古籍出版社，1981年，第695页。
② 温少峰、袁庭栋：《殷墟卜辞研究——科学技术篇》，四川省社会科学院出版社，1983年，第204页。
③ 裘锡圭不同意此说。裘氏认为从甲骨文"态"的构形推断，"甾"字应释为"圃"字。见裘锡圭《甲骨文中所见的商代农业》，《裘锡圭学术文集·甲骨文卷》，复旦大学出版社，2012年，第263页。
④ 张政烺：《卜辞裒田及其相关诸问题》，《考古学报》1973年第1期。
⑤ 彭林：《释巜》，《考古》1985年第8期。
⑥ 徐云峰：《武丁时代稻谷生产中的一次旱灾》，《农业考古》1983年第2期。需要说明的是，徐云峰所用辞例虽为《合集》9177，但所释内容错讹太多，所幸干支纪日的时间是准确的。

存》上108武丁时期贞雨的卜辞所载推算，在某月中，至少有二十六天没有下雨；又据《前》3.20.4条卜辞推算，某月至少有二十五天无雨。由于两条辞例都没有记录具体月份，亦不能确定是否成灾，但是可以看到商代武丁时期的降雨是不均衡的。这样不均衡的降水量，对农作物生长非常不利，因此在客观上要求有排、灌、蓄相结合的农田水利系统①。

浍，彭林认为就是农田中的沟洫，首先从甲骨文、金文"巜"字的字形推断，"巜"就是"浍"；另外，从二者含义上推断，也是相同的。《说文解字》云："巜，水流浍浍也。方百里为巜，广二寻，深二仞。"②又《周礼·考工记·匠人》中对浍的描述为"方百里为同。同间广二寻，深二仞，谓之浍"③，因此断定巜即为浍，是殷代沟洫制的重要史料④。夏、商、西周三朝，随着农业生产的发展，开始了小面积、小规模的沟洫灌溉⑤。近年来，随着考古工作的不断深入，殷墟发掘成就显著。据考古工作者的统计，仅在安阳小屯发掘以来，先后发现了水沟和大灰沟三十余条。这些水沟既可用于排水，又可用于农业的灌溉。李民认为，殷代确已出现了田间沟洫，借以防旱防涝⑥。

三、治 理 虫 害

甲骨卜辞中所记录的虫害主要是蝗虫灾害，殷人在长期的农业实践中已经总结出了治理蝗虫的经验。主要有以下两种方式。

1. 网捕

殷墟甲骨文中还有两则辞例，当与治蝗有关。

---

① 彭林：《释巜》，《考古》1985年第8期。
② （汉）许慎撰：《说文解字》，中华书局，1963年，第239页。
③ （汉）郑玄注，（唐）贾公彦疏，赵伯雄整理，王文锦审定：《周礼注疏》卷四十二《考工记·匠人》，北京大学出版社，1999年，第1158页。
④ 彭林：《释巜》，《考古》1985年第8期。
⑤ 彭曦：《初论战国、秦汉两次水利建设高潮——兼说都江堰工程史》，《农业考古》1986年第1期。
⑥ 李民：《殷墟的生态环境与盘庚迁殷》，《历史研究》1991年第1期。

（31）庚戌卜，贞：有🅰秋，隹帝令伐？　（《合集》14157 典宾类）

郭若愚认为，"秋"前的🅰字，不好释读，但就其构形来看，网居其上，似将蝗虫全部罩住之意，此字很形象地反映了殷人用网捕捉蝗虫的情景①。殷商时期，既然先民们发明了田网，那么，用网这种很实用的方法来捕捉蝗虫，应该是既合理又普遍的现象。前文已提到，文献对治蝗的方法也有不少记载。仅《春秋》所记桓公五年秋、庄公二十九年、文公八年十月、宣公十三年秋和十五年秋、襄公七年八月、哀公十二年十二月和十三年九月及十二月，都有"螽灾"（即蝗灾）的记载。遗憾的是，这些记载都未提及灭蝗的具体方法。前文提到的成书于战国后期的《吕氏春秋·不屈》云："蝗螟，农夫得而杀之。"②农夫如何而得？《汉书·平帝纪》亦云，元始二年（公元2年）曾派使者捕蝗。使者又如何捕蝗③？可以推想，春秋时期除沿用商代以火诱杀蝗虫外，极有可能还使用了带柄的网具来捕杀蝗虫这种既经济又实用的方法。

2. 火烧

前文已经谈到殷人从事农业生产常受蝗虫之害，卜辞多见商王对蝗虫至与不至的问卜，并有宁秋与告秋主要祭神方式，所祭拜的主要对象多为自然神灵、远祖神灵、先公上甲以及近祖祖乙等。这是一种消极的禳灾办法。实际上，在殷墟甲骨文中，除了用网捕之外，我们很难梳理出其他具体的灭蝗手段。有学者从村南系带"火"的"秋"字形体（参前文《合集》29715、32854等），以此认为这是殷人用火灭蝗的主要证据。杨升南就曾指出："秋字既与灾祸相连，就是蝗虫的蝗，当是可能的……从火，表示用火灭掉蝗……甲骨文秋字从火，正是商人灭蝗的方法之一。"④彭邦炯在释"螽"与"秋"的演化关系时也指出：秋字成为谷熟季节之意，也当是以烟火驱杀了危害禾苗的螽蝗，从而保住了禾苗

---

① 郭若愚：《释𪚥》，《上海师范学院学报》1979年第2期。
② （战国）吕不韦著，陈奇猷校释：《吕氏春秋新校释》，上海古籍出版社，2002年，第1206页。
③ 郭若愚：《释𪚥》，《上海师范学院学报》1979年第2期。
④ 杨升南：《商代经济史》，贵州人民出版社，1992年，第180~181页。

才有谷熟可收而引申出来的意思，只有烟火驱杀了吃禾的蝗虫，才与谷熟收获相关[①]。

用火驱赶蝗虫的方法到春秋时期依然使用。《诗经·大田》："既方既皁，既坚既好，不稂不莠。去其螟螣，及其蟊贼，无害我田稚。田祖有神，秉畀炎火"。《正义》曰："食心曰螟，食叶曰螣，食根曰蟊，食节曰贼。"《尔雅》云："随所食为名。"郭云："皆蝗类也。"[②]诗中所列都是蝗虫之属，都会残害田里的庄稼。怎样去除它们呢？遵照田祖之神的启示，以炎火驱赶之。朱熹《诗集传》训为："必去此四虫，然后可以无害田中之禾。然非人力所及也，故愿田祖之神，为我持此四虫，而付之炎火之中也。姚崇遣使捕蝗，引此为证。夜中设火，火边掘坑，且焚且瘗，盖古之遗法如此。"[③]《吕氏春秋·不屈》云："蝗螟，农夫得而杀之，奚故？为其害稼也。"[④]由上可知，殷周之时以火烧之法灭蝗是可能的。王宇信、杨升南两位学者还认为，有的"秋"字下从火，当是从火攻的一种积极办法。用火烧灭蝗，时至近代在河南等地还是百姓所用的一种方法。据河南人讲，从前遇蝗灾时，民众毕出捕打蝗虫。打下的蝗虫甚巨，或挖深坑掩埋，或置于火堆焚烧。从火的"苞"字，正是殷商时期采用火来灭蝗的真实写照[⑤]。

除此之外，针对蝗虫的来袭与肆虐，殷人可能尚有其他防御方法，如杂种五谷、粪种田地、中耕管理、深挖沟洫、抛荒撂荒等。只不过，今天我们从卜辞中看不到这其中的任何信息。

四、治疗疾病

陈邦贤指出，中国医学的演进，始而巫，继而巫和医混合，再进

[①] 彭邦炯：《商人卜蟊说——兼说甲骨文的秋字》，《农业考古》1983年第2期。
[②] （汉）毛亨注，（汉）郑玄笺，（唐）孔颖达疏，龚抗云、李传书、胡渐逵整理，肖永明、夏先培、刘家河审定：《毛诗正义》卷十四《大田》，北京大学出版社，1999年，第849页。
[③] （宋）朱熹：《诗集传》卷十三《小雅·甫田》，中华书局，2011年，第208页。
[④] （战国）吕不韦著，陈奇猷校释：《吕氏春秋新校释》，上海古籍出版社，2002年，第1206页。
[⑤] 王宇信、杨升南主编：《甲骨学一百年》，社会科学文献出版社，1999年，第533页。

而巫和医分立①。诚如其所言，中国古史中巫和医连用之词非常之多。《逸周书·大聚解》载："卿立巫医，具百药以备疾灾，畜五味以备百草。"②《墨子·迎敌祠》载："举巫、医、卜有所长，具药宫之，善为舍。望气舍近守官，巫必近公社，必敬神之。巫、卜以请报守，守独智巫、卜望气之请而已。"③文献中巫与医连用，又常与药相关联，可知巫者是与治疗疾病有密切关系的。甲骨卜辞记录巫医治疗疾病主要有以下几种情形。

1. 诊断病因

中医治疗，首先要弄清病因，才能辨证施治。有学者指出，商人认为疾病之源大致有以下四种原因：鬼神作祟、气候突变、饮食不洁、梦魇所致。

（32）贞：隹帝肇王疾？／贞：不隹下上肇王疾？二告

（《合集》14222 典宾类）

（33）□午卜，殻［贞］：业疾止，隹黄尹蛊（害）？三

（《合集》13682 典宾类）

其能降下病疾的神灵包括上帝、自然界众神及祖先。可以说所有的鬼神都能降下灾咎致病。

（34）业疾齿，隹蛊？　　　　　（《合集》13658 典宾类）

甲骨文的蛊写作 ▨（《合集》201 正）、▨（《合集》2530 正）、▨（《合集》17186）、▨（《合集》22416）等，作皿中有很多小虫的样子。菜蔬之中有虫，或腐肉生蛆是古人常见的事。古人很容易想象诸如蛔虫、肚泻、牙痛等，是饮食不慎、吞下小虫所致。

（35）贞：亚多鬼梦，亡疾？四月　　（《合集》17448 典宾类）

（36）□王梦子，亡疾？　　　　　（《合集》17384 典宾类）

商人相信梦是精灵引起的，精灵能降下灾祸，所以也相信梦能招致

---

① 陈邦贤：《中国医学史》，上海书店，1984 年，第 7 页。
② 黄怀信、张懋镕、田旭东：《逸周书汇校集注》，上海古籍出版社，2007 年，第 399 页。
③ 吴毓江撰，孙启治点校：《墨子校注》，中华书局，2006 年，第 876 页。

病疾[1]。甲骨文中卜问病因的辞例很多，举例如下：

（37）贞：佳多匕肇王疾？　　　　　　　（《合集》2521 典宾类）

（38）癸巳卜，㱿贞：子渔疾目，祼告于父乙？一

（《合集》13619 典宾类）

（39）贞：疾耳，佳有蛊（害）？　　　　（《合集》13630 宾一类）

（40）甲辰卜，出贞：王疾首，亡徙（延）？

（《合集》24956 出一类）

上述辞例中贞问的有眼病、耳病、头痛病等，巫医根据征兆、卜问或请神问鬼等方式寻找病因。

2. 禳除疾病

甲骨文有一御字写作𝄞（《合集》713）、𝄡（《合集》903 正）、𝄢（《合集》2418 正）等，作一人跪于某物之前请愿之状，又可引申为阻止、抵挡之意。许进雄认为，御为一种祛除疾病的积极方法，乞求鬼神祛除灾祸的根源[2]。兹将甲骨文中御与疾相关的辞例举例如下：

（41）贞：于羌甲御，克㞢疾？　　　　　（《合集》641 典宾类）

（42）丁巳卜，争：疾疋，御于父庚？　　（《合集》775 宾一类）

（43）贞：疾口，御于匕甲？　　　　　　（《合集》11460 典宾类）

（44）□巳卜，［贞］㞢疾言，［御］☒（《合集》13638 典宾类）

（45）贞：疾止，于匕庚御？　　　　　　（《合集》13689 典宾类）

（46）贞：㞢疾身，御于且丁？一　　　　（《合集》13713 宾一类）

（47）庚戌卜，朕耳鸣，㞢御于且庚羊百，㞢用五十八，㞢女三十，匀，今日？

（《合集》22099 午组）

（48）癸未卜，王贞：畏梦，余弜御？　　（《合集》17442 典宾类）

殷人以御治疗的疾病种类颇多，脚趾、口腔、耳朵、身体，甚至做噩梦都可以用来禳除。

---

① 许进雄：《中国古代社会——文字与人类学的透视》，中国人民大学出版社，2008 年，第 494 页。

② 许进雄：《中国古代社会——文字与人类学的透视》，中国人民大学出版社，2008 年，第 491 页。

3. 灸刺按摩

甲骨文中有这样一条辞例：

（49）☐其殷？/☐殷？ （《合集》17979 典宾类）

其中的"殷"字，甲骨本写作形🗡（《合集》15733）、🗡（《合集》17979）、🗡（《合集》18979）等，本意象一人身腹有疾，一人手持针刺病之形[①]。

（50）丁卯卜，争贞：㞢🗡羸。/贞：🗡不其羸。

（《合集》13974 典宾类）

胡厚宣将🗡释为疢，即瘵字，意思是象一人卧病床上，从木象以火艾灸病之形，即象以艾木灸疗之形[②]。

（51）今日🗡羸。 （《合集》13864 典宾类）

（52）丙辰卜，殻贞：寻好🗡[③]征（延）羸。（《合集》13712 典宾类）

胡厚宣认为🗡和🗡是为同一个字。象一人因病仰卧床上，另人以手按摩其腹部之形[④]。考古发现商代遗址中也出土了与针灸有关的医疗器具。在河北藁城台西遗址中出砭石 3 件，作拱背凹刃，尖端圆钝，长度约为 20 厘米，形似镰刀，或称砭镰，可用于切破痈脓，排除瘀血。其中一件，出土时装在一只黑色带盖扁长方形漆盒之中[⑤]。湖南石门皂市商代遗址中，出土一种长约 13 厘米、外表光滑的石棒，据说此石棒可用于叩击体表的砭石[⑥]。在安阳大司空村 SM308 墓的人架背下，还发现有两件骨锥，呈八字形放置，锥尖对着人体，其中一锥的锥尖刺入胸椎骨[⑦]。此种锥刺破肌肤而深深扎入体内，似乎属于针刺治

---

① 胡厚宣：《论殷人治疗疾病之方法》，《中原文物》1984 年第 4 期。
② 胡厚宣：《论殷人治疗疾病之方法》，《中原文物》1984 年第 4 期。
③ 该字多隶定为"疫"字，曹锦炎认为是"又疾"合文。见曹锦炎《甲骨文合文研究》，《古文字研究》（第十九辑），中华书局，1992 年，第 445～460 页。
④ 胡厚宣：《论殷人治疗疾病之方法》，《中原文物》1984 年第 4 期。
⑤ 马继兴：《台西村商墓中出土的医疗器具砭镰》，《文物》1979 年第 6 期。
⑥ 周世荣：《湖南石门县皂市发现商殷遗址》，《考古》1962 年第 3 期。
⑦ 中国社会科学院考古研究所：《殷墟发掘报告：1958—1961》，文物出版社，1987 年，第 258 页。

疗失败致死的病例。如此看来,商人已经懂得了针砭技术是毋庸置疑的了。

4. 药物治疗

商代使用药物治疗疾病并非向壁虚造,甲骨文、文献和考古遗址中都发现有殷人用药物治病的线索。刘钊先生曾举例甲骨文中两条宾组的卜辞:

(53)□戌卜,宾贞:㞢梦,王秉。 (《合集》17444 宾三类)

(54)甲戌卜,宾贞:㞢梦,王秉,才仲宗,不[隹]囚(祸),八月。 (《合集》17445 宾三类)

刘钊认为上文中的和,正象酸枣树带有许多针刺之形,应当释为"棘"①。虽然该辞例看不出来是"枣"字,但"枣"字与"棗""棘"较为密切,最初的构形都是参照"棗"这类带荆棘之物而造,属同类。战国长沙马王堆亦有"煮枣"用药之说。上揭卜辞是说武丁患病后,卜问是否以枣为药进行治疗。

文献中亦有商人使用药物治病的材料。《素问·汤液醪醴论》载:"自古圣人之作汤液醪醴者,以为备耳。"②皇甫谧《甲乙经》序云:"伊尹亚圣之才,撰用《神农本草》,以为《汤液》。"③伊尹根据《神农本草经》创制了汤药。汤药是中国历史上的重大发明,不仅减少了药物的毒性,提高药物的功效,而且为生药转向熟药、单味药转向复味药提供了条件;不仅服用方便,减少药物的副作用,而且在医疗上也拓宽了用药的领域,拓展了药物研究和发展的空间。药材的发现和使用是人类走向文明的重要标志,但是生药给人们带来健康的同时,也带来了危险。伊尹将水加入生药之中,使毒素大大降低,健康的成分大大高于危险,让水成为治病的良药,为人民的健康提供了保障。伊尹本人又兼具巫人身份,这与商代巫医不分的情况是吻合的,我们有理由相信,药物诞生于

---

① 何景成:《甲骨文字诂林补编》,中华书局,2017年,第976~978页。
② 南京中医药大学:《黄帝内经素问译释》,上海科学技术出版社,2009年,第136页。
③ (晋)皇甫谧原著,王军点校:《针灸甲乙经》,人民军医出版社,2005年,序第1页。

巫人治病的过程中。

考古发现也证实了商代使用药物的可能性。1973年,在河北藁城台西遗址,发现了三十余枚去壳的植物种子,经专家鉴定,其中的桃李仁和郁李仁"都具有缓泻作用,不能随便食用,解释为药用方宜。这说明在古代饮食质量差的情况下,人们多患便秘,因而需要常备缓泻的药品。这几味药也是古籍中记载的常用药"[1],藁城台西商代药物的出土,证明了商代使用药物治疗疾病的事实无可辩驳。许进雄指出,商代甲骨卜辞第一期以后,若视已考释的甲骨文,几乎不再卜问御除疾病的事,可能因商人已知祈祷禳除无效,而改用药物的反映[2]。

综上,随着殷人对于疾病认识的不断深入,治疗的方案也在日益趋于积极有效,禳除之法虽有巫医不分的元素,但也不失为一种积极的心理治疗。至于针灸、按摩和药物治疗,更是体现了殷人对于疾病的经验越来越丰富,并且已经懂得利用生活中的食物和工具对身体进行调节和治疗。可以看作是一种更加积极的治疗方式。

---

[1] 耿鉴庭、刘亮:《藁城商代遗址中出土的桃仁和郁李仁》,《文物》1974年第8期。
[2] 许进雄:《中国古代社会——文字与人类学的透视》,中国人民大学出版社,2008年,第492页。

第五章 殷商时期的灾害与生态环境

生态环境包括气候、土地、水和生物四个主要方面。我们首先了解殷墟的土地资源和生物资源状况,其次对其水资源作一探讨,最后着重考察殷商时期气候的变化在土地、生物和河流等方面的呈现。从甲骨文所反映的灾害基本情况来看,殷墟一期、二期占卜大雨、延雨等反映降水状况的辞例较多,占卜河流泛滥的辞例较多,宁水的辞例较多。而三期、四期燎祭的辞例更为丰富,反映祈雨内容的辞例比较多。

第一节 殷墟的地理位置

墟,故城。殷墟,即殷的故城。经过多年的考古勘探和发掘,殷墟的范围逐渐扩大。最近的发掘报告表明,殷墟的范围大致包括东起今安阳市北的郭家湾,向西经高楼庄、薛家庄、梅园庄、戚家庄、孝民屯、北辛庄、范家庄,向北过洹河东经侯家庄、武官庄、小营、小司空村、大司空村至郭家湾,东西6千米,南北5千米,总面积近30平方千米的区域[①]。殷墟是商王朝的政治核心区,王畿是其统治的核心区,包括现在河南的全境。

殷墟的主要区域位于今河南的安阳境内,处于安阳盆地与华北平原交会的二级台地之上。安阳盆地位于太行山东麓,大约位于北纬36度,东经144度。盆地范围东西长约20千米,南北宽约10千米,面积200

---

① 中国社会科学院考古研究所:《中国考古学·夏商卷》,中国社会科学出版社,2003年,第295页。

平方千米左右。地势呈西高东低,海拔由130米逐渐降至80米左右。境内最高峰为赵掌尖,海拔1856米。南北两侧是海拔200米以下的低丘,东部与华北平原相接①。洹河(又名安阳河)发源于西部的太行山,自西南流入,先东北行,后东南行,再汇入卫河和海河,最后在天津注入渤海。总的看来,殷墟就处于一个三面环山、一面为开阔平原的地理环境之中。

殷墟有着适中的地理位置。从当时商王控制的有效区域来看,殷墟正处于这个区域的中心点上。

东西南北四至所达区域正好处于同一个半径之内,这与古人择中的观念是相符的。"古之王者,择天下之中而立国,择国之中而立宫,择宫之中而立庙。"②即古代的王会把国都建立在国土的中心区域内。史念海认为,都城的最早的作用是王朝或政权以之来统治或控制全国的疆土,达到了这样的目的,王朝或政权才能长治久安。远古时期有些人设想,为了能够更好地统治或控制,都城所在地以居全国疆土的中央为宜③。在殷人的观念中,殷墟是居于天下之中的。文献、甲骨文和考古材料都可以对此提供佐证。《史记·货殖列传》载:"昔唐人都河东,殷人都河内,周人都河南。夫三河在天下之中,若鼎足,王都所更居也,建国各数百千岁。"④因殷墟位于黄河凹处北岸以东,且位于殷商畿内,故称河内。与河南、河东相对,并称为"三河"。"三河"分别为夏、商、周王朝腹地,亦是"中原"的代名词。河内、河南以黄河为界,河内、河东以太行山为界。无论是夏朝所都河东、殷人所都河内还是周人所都河南,都是当时其统治地区的中心地带。《尚书·禹贡》将天下分

---

① 唐际根、周昆叔:《姬家屯遗址西周文化层下伏生土与商代安阳地区的气候变化》,《殷都学刊》2005年第3期。
② (战国)吕不韦著,陈奇猷校释·《吕氏春秋新校释》,上海古籍出版社,2002年,第1119页。
③ 史念海:《中国古代都城建立的地理因素》,《中国古都和文化》,中华书局,1998年,第213~240页。
④ (西汉)司马迁:《史记》卷一二九《货殖列传》,中华书局,1959年,第3262~3263页。

为九州，冀州被视为九州之中心。《山海经·大荒北经》载："黄帝乃令应龙攻之冀州之野。"①郭璞注："冀州，中土也。"②《日知录》云："古之天子常居冀州，后人因之，遂以冀州为中国之号。"③殷墟正是位于冀州之内。甲骨卜辞中也可以看到殷人对于商居国土之中的观念。甲骨文中已经有了东、西、南、北、中的概念，如：己巳王卜，贞：[今]岁商受[年]？王占曰：吉。/东土受年？/南土受年？吉。/西土受年？吉。/北土受年？吉。(《合集》36975 黄类)辞例出现东、南、西、北和商一起占卜的情形，东、南、西、北是方位的概念，商与它们处于同等的位置，所以也是表达方位的，应该是居中的方位。商人把商或中商与四方、四土相连，显然已经具有了清晰的方位感。商王的都城是居于王朝的中心区域的。另外，从占卜的顺序看，殷人似乎已经有了顺时针的概念。如中—东—南—西—北和南—西—北—东—中，都是按照顺时针方向出现的。这与《山海经》的方位编排次序也是一致的，如南山经、西山经、北山经、东山经和中山经。又如《海外经》的四个部分：海外南经、海外西经、海外北经、海外东经，《海内经》的四个部分：海内南经、海内西经、海内北经、海内东经，《大荒经》的四个部分：大荒东经、大荒南经、大荒西经、大荒北经，都是按照顺时针的方向进行排列的。这与商人对于方位的理解应当有着一定的关联。此外，多年的考古工作也越来越证实，商代后期，商文化分布区逐渐呈现出北扩南缩的特点。在东方，商文化扩展至今山东中部的潍河流域，除山东半岛东端以外的山东地区皆纳入商文化的范畴。在北方，商文化扩展至今京津地区，甚至辽西部分地区也有商文化分布。但是，商文化在南方却呈现收缩的趋势，其分布区北缩至今河南南阳至信阳一线。原本为商王朝势力范围的湖北、湘北、赣北地区，商代后期商王朝已失去对这一地区的控制。在西方，商族势力也呈现出收缩之势，武乙之后商王朝逐渐失去了对关中地区的控制。因此，商王盘庚在选择新都位置时，毅然选中

---

① 袁珂：《山海经校注》，北京联合出版公司，2014年，第362页。
② 袁珂：《山海经校注》，北京联合出版公司，2014年，第363页。
③ 黄汝成：《日知录集释》，上海古籍出版社，2014年，第31页。

了今安阳一带,原因之一是这里位居商代后期控制区的腹地①。

综上,殷商时期已经形成了较为固定的方向概念和较为浓厚的择中观念。殷墟正是处于王朝版图的核心区内,一方面有利于对四方的控制,另一方面有利于政治区的安全与稳固。

第二节 殷墟的自然资源

殷墟具有优质的土壤。《尚书·禹贡》载:"冀州……厥土惟白壤……厥田惟中中。"②《说文解字》:"壤,柔土也。"段注:"壤亦土也。以万物自生言则言土。土犹吐也,以人所耕而树艺言则言壤。"③《禹贡》所谓之白壤,即是黄河中下游地区常见的黄土。根据现代卫星遥感红外照片的影像色调和土壤的物理化学性质综合分析研究,殷墟所处的冲积扇土壤中所含的水分较高且比较湿润,腐殖质较厚且肥沃,这正说明这里古代水灾较少并有良好的植被条件④。越来越多的考古发现表明,今京广铁路以西洹河两岸,史前时期以来并无剧烈地貌变化,两岸地面堆积有较厚的早期全新世黄土。但京广铁路以东洹河段,约在东周时期发生过大幅度的河道变迁。有迹象表明,东周以前,包括商代及史前时期在内,洹河出安阳盆地东缘(今京广铁路一线),是流向东南的。除当时河道南北两侧堆积有延伸的条带状早期全新世黄土外,其余地段,包括现今洹河所经地区,当时地势低,地面堆积主要是一种黑色土壤⑤。肥沃的土壤为原始农业的发展创造了优越的条件。就目前所掌握的情况看,商代已经进入一个农业相对稳定成熟的时期,殷墟肥沃的土壤正是

---

① 张国硕:《殷商国家军事防御体系研究》,《郑州大学学报》(哲学社会科学版) 2005年第6期。
② 李学勤主编:《十三经注疏》,北京大学出版社,1999年,第160~163页。
③ (汉)许慎撰,(清)段玉裁注:《说文解字注》,上海古籍出版社,1981年,第683页。
④ 申斌:《宏观物理测量技术在殷商考古工作中应用初探》,《殷都学刊》1985年第2期。
⑤ 中国社会科学院考古研究所:《中国考古学·夏商卷》,中国社会科学出版社,2003年,第286~287页。

其农业发展的前提和保障。

　　殷墟拥有险要的山川位置。《战国策·魏策一》载:"殷纣之国,左孟门而右漳、滏,前带河,后被山。"①《史记·孙子吴起列传》载:"殷纣之国,左孟门,右太行,常山在其北,大河经其南。"②《淮南子·泰族训》载:"纣之地,左东海,右流沙,前交趾,后幽都。"③可见,商代晚期的疆域在不断扩大,东到大海,西到沙漠,南到今越南,北达今河北北部。其都城所在地殷墟更是左有孟门关,右有漳河、滏阳河,前有河,后靠山,形势异常险要。《读史方舆纪要·河南四·彰德府》载:殷墟之地,"山川雄险,原隰平旷,据河北之襟喉,为天下之腰膂"④。殷墟不但有雄伟的大山和蜿蜒的河流,而且有广阔的平原,扼黄河以北的咽喉,是天下的脊梁。清乾隆重修《彰德府志》载:"其地襟带漳洹,阻宅山阜,辙迹所会,此为要冲。"⑤漳河和洹河纵横其间,又有大山和高平之地,交通会聚之地,要冲之所在。就目前安阳殷墟的形势来看,处于晋、冀、鲁、豫四省交会之处,平均海拔约 78 米。东有滔滔黄河,西有巍巍太行,北有漳河和滏阳河,南有淇水、荡水,洹水横贯其中,孟门关雄踞南方出口。这样险要的形势才造就了殷商十二王 273 年不再徙都的传奇。

　　殷墟含有丰富的矿藏。容庚、张维持认为,安阳西旧产铜,也产自然铜,相邻的河北涉县也产铜;殷墟之南的河南淇县有锡山⑥。石璋如也认为:"殷代铜矿砂之来源,可以不必在长江流域去找,甚至不必过黄河以南,由济源而垣曲,而绛县,而闻喜,在这中条山脉中,铜矿的蕴藏比较丰富。"⑦为此,他以安阳为中心展开调查发现,在以 100 千米

---

① (西汉)刘向集录:《战国策》,上海古籍出版社,1985 年,第 782 页。
② (西汉)司马迁:《史记》卷六十五《孙子吴起列传》,中华书局,1959 年,第 2166~2167 页。
③ 何宁:《淮南子集释》,中华书局,1998 年,第 1414 页。
④ (清)顾祖禹:《读史方舆纪要》,中华书局,2005 年,第 2315 页。
⑤ 清乾隆五年重修《彰德府志》影印本之序言。
⑥ 容庚、张维持:《殷周青铜器通论》,文物出版社,1984 年,第 121 页。
⑦ 石璋如:《殷代的铸铜工艺》,《"中央研究院"历史语言研究所集刊》第二十六本,1955 年,第 102 页。

为半径的范围内发现铜矿 3 个、锡矿 4 个。在以 200 千米为半径的范围内发现铜矿 6 个、锡矿 3 个。在以 300 千米为半径的范围内发现铜矿 11 个、锡矿 4 个。在以 400 千米为半径的范围内发现铜矿 6 个、锡矿 6 个。除了铜锡矿藏外，殷墟一带还可能有铅矿。李敏生等指出，商代出土的青铜器中含铅量是很高的，而且在殷墟的贫民墓葬中还出土纯度很高的铅器①。杨升南认为，商代用铅主要采自本地，从用铅器的阶层就可以作此判断。若铅要从遥远的南方运到中原其价必定不低，就是一般平民也是用不起的②。上述几位学者对于殷墟矿藏情况的推断是可信的。现代卫星遥感技术拍摄的影像清晰显示，在安阳以西的太行山的东侧有多层叠置的洪积—冲积扇，而殷墟西南部的太行山两侧，如济源地区、太行山—中条山一带，有良好的形成金属矿藏的条件③。

综上，我们可以看出，殷墟具有良好的自然资源，包括肥沃的土壤、险要的地理形势、充沛的水源和丰富的矿产，这些都给殷墟经济的发展和政治的稳定提供了有力的保障。

第三节　殷墟的生物资源

殷墟的生物资源主要包括动物资源和植物资源，它们是生态环境资源的重要组成部分。在甲骨文、考古材料和文献材料中都有较为丰富的记载。

一、殷墟的动物资源

甲骨卜辞记录了多种动物资源。从甲骨占卜用料来看，目前殷墟

---

① 李敏生、黄素英、季连琪：《殷墟金属器物成分的测定报告（二）——殷墟西区铜器和铅器测定》，《考古学集刊》（第 4 集），中国社会科学出版社，1984 年，第 328~333 页。
② 杨升南：《商代经济史》，贵州人民出版社，1992 年，第 396 页。
③ 申斌：《宏观物理测量技术在殷商考古工作中应用初探》，《殷都学刊》1985 年第 2 期。

出土的十六万片甲骨中，主要是兽骨和龟甲。卜骨主要取自牛、羊、猪、鹿等动物，且产于本地。龟甲在殷商时期的占卜用料中比重是最大的。这些龟类大多数是当地的安阳田龟，个别为远方的贡物①。从甲骨卜辞的内容来考察，在数量众多的商王田猎卜辞中，记录有许多野生动物。据不完全的统计，甲骨文中有已能释出的动物名称达70余字，代表三十多种动物。另外还有少数是表示动物大类的字，如畜、兽、鸟、鱼、贝等。三十多种动物中有二十多种属于野生动物，如象、虎、兕、鹿、狐、麑、雉等②。

从甲骨卜辞来看，商王捕获的鹿类的动物数量众多，每次往往数以百计。卜辞中的鹿类动物包括：鹿（最为普通的一种或为总称）、麋鹿（四不象）、麚（梅花鹿）、麇（麝鹿）四个种类。就目前田猎卜辞记载的情况看，商王捕获的麋鹿最多，也与殷墟发现的麋鹿的骨骼最多的情况是相符的。兹举例如下：

（1）乙未卜：今日王兽，田率，禽？允获虎二、兕一、鹿十二、豕二、麋百廿七、□二、兔廿三、［雉］七。□月。（《合集》10197 典宾类）

（2）允隻麋四百五十一。　　　　　　　（《合集》10344 反宾三类）

（3）□禽兕？允禽。隻麋八十八、兕一、豕卅又二。

（《合集》10350 宾三类）

（4）□［隻］麋二百□才襄。　　　　　（《合集》10990 典宾类）

（5）丙戌卜：丁亥王陷，禽？允禽三百又卌八。二

（《合集》33371 历一类）

（6）□□［卜］，才宫贞：□卯，往来［亡災］，兹［孚］，隻□麋卌八□犹一。　　　　　　　　　　　　（《合集》37458 黄类）

（7）□□［卜］，［贞：王］田于演，往来［亡災，兹孚］，隻麋十

---

① 秉志：《河南安阳之龟壳》，原载《静生生物调查所汇报》第一卷第十三号，收入《安阳发掘报告》第三期，1931年，第446页。

② 毛树坚：《甲骨文中有关野生动物的记述——中国古代生物学探索之一》，《杭州大学学报》（哲学社会科学版）1981年第2期。

又八。　　　　　　　　　　　　　　（《合集》37459 黄类）

捕获鹿的卜辞举例如下：

（8）戊午卜，㱿贞：我兽敏，禽？之日兽，允禽。［隻］虎一、鹿四十、狐［二］百六十四、麑百五十九。囲峜㞢友二峜□四□。二告

（《合集》10198 典宾类）

（9）丁卯［卜］，□贞：王兽字正□□禽隻□□鹿百六十二，□百十四，豕十，旨一。　　　　　（《合集》10307 典宾类）

（10）☒兽隻，禽鹿五十㞢六。　　　（《合集》10308 典宾类）

（11）壬申卜，㱿贞：甫禽麋？丙子陷，允禽二百㞢九。一

（《合集》10349 典宾类）

（12）甲［子卜，王，我其逐］鹿，隻？允隻十。才蚰。二月。一

（《合集》10950 自宾间类）

仅就上文搜集到的这些辞例来看，捕获的麋和鹿的总数已经超过了千头。可见其野生动物数量是非常多的。

甲骨卜辞中使用大量的牛、豕、羊等作为祭祀的牺牲，如：

（13）丁巳卜，争贞：降酉千牛？二告。　（《合集》1027 宾一类）

（14）丁巳卜：又燎于父丁百犬、百豕、卯百牛？

（《合集》32674 历一类）

胡厚宣曾根据《铁云藏龟》等二十多种书籍和若干未经著录之书的材料统计，在殷商时期的祭祀中用掉 1000 头牛的 1 次，500 头牛的 1 次，400 头牛的 1 次，300 头牛的 3 次，100 头牛的 1 次，50 头牛的 1 次，40 头牛的 1 次，33 头牛的 1 次，30 头牛的 14 次，20 头牛的 3 次，15 头牛的 3 次，10 头牛的 53 次，9 头牛的 20 次，8 头牛的 2 次，6 头牛的 8 次，5 头牛的 43 次，4 头牛的 9 次，3 头牛的 65 次，2 头牛的 47 次，1 头牛的 184 次[①]。牛科动物起源于中新世，是由原古鹿类分化的一支混杂而进化的，在上新世和更新世，向着很多复杂的适应辐射方向发展，欧亚大陆是它们早期发展的区域，以我国为中心的亚洲中部和东部地区是早期偶蹄类辐射的中心地区，很多牛科动物的化石在我国的

---

① 胡厚宣：《甲骨学商史论丛初集》（外一种），河北教育出版社，2002 年，第 464 页。

上新世和更新世的地层中被发现，包括原始牛、水牛、野牛、羚羊和转角羚羊等。在牛科动物中一般将牛属、水牛属、倭水牛属、非洲野牛属和野牛属的动物通称为牛类，大约有16种。牛的体形高大，成活的周期较长，成本较高。如甲骨卜辞所载，在一次祭祀中用到千头牛或者几百头牛，如果只凭人工圈养，恐难以供给，即便是几百头猪也是很难做到的。所以商代用于祭祀的数量众多的牛和猪，恐怕也多是野生动物。

多年以来，考古发掘出土了大量动物骨骼。1928～1937年，在殷墟考古发掘中，收集到大量动物骨骼，经古生物学家德日进、杨钟健等人的鉴定，认为多数属于哺乳类动物，达29种之多。数量在"一千以上者仅肿面猪，四不象鹿，及圣水牛三种……其中一百以上者为家犬、猪、獐、鹿、殷、羊、及牛等六种……在一○○以下者，为数甚多，计有狸、熊、獾、虎、黑鼠、竹鼠、兔及马等八种。至在十以下者，为狐、乌苏里熊、豹、猫、鲸、田鼠、貘、犀牛、山羊、扭角羚，象及猴等十二种"[①]。1959年和1973年，在北辛庄制骨作坊遗址清理出兽骨数万件，可辨认的有马、猪、羊、狗等骨骸，以牛、猪居多[②]。1960年，在安阳大司空村发掘一处殷墟范围内目前已知最大的制骨作坊，作坊内出土了骨料、骨半成品和废料等共计3.5万多块。此外，还出土有250多块角料。骨料多采用兽类的肢骨，少数利用肋骨和盆骨。能辨认的有牛、猪、狗、羊、鹿的骨骸，以牛骨为多；角料则多是鹿角[③]。1986年和1987年在花园庄南地一座灰坑中清理出各种兽骨数万件，其中比较单纯，绝大多数是废弃的牛骨[④]。1987年，中国社会科学院考古研究所安阳工作队在殷墟小屯东北一带发现了鸟类骨骸，经古生物学家侯连

[①] 德日进、杨钟健：《安阳殷墟之哺乳动物群》，《中国古生物志》丙种第十二号第一册，实业部地质调查所，1936年；杨钟健、刘东生：《安阳殷墟之哺乳动物群补遗》，《中国考古学报》第四册，地史古生物教研室，1949年。
[②] 中国社会科学院考古研究所：《殷墟的发现与研究》，科学出版社，1994年，第95～96页。
[③] 中国社会科学院考古研究所：《殷墟的发现与研究》，科学出版社，1994年，第93～94页。
[④] 中国社会科学院考古研究所安阳工作队：《1986—1987年安阳花园庄南地发掘报告》，《考古学报》1992年第1期。

海的鉴定,这些鸟类多是大型的猛禽,至少有 5 目 5 科 6 属 8 种鸟类,包括:雕(或鹰)、家鸡、褐马鸡、丹顶鹤、冠鱼狗等①。1997 年,河南安阳花园庄遗址中出土了大量的动物骨骼,包括丽蚌、蚌、青鱼、鸡、狗、犀、家猪、麋鹿、黄牛、水牛、绵羊共 11 种②。考古发现的雕刻艺术品中也有许多动物的形象,殷墟妇好墓中就出土了大量的动物造型器物,如龙、凤、熊、象、虎、马、兔、鹰、鹦鹉、鹅、鱼、鳖、蚌等③,除了龙凤这些带有图腾性质的形状外,其他写实的造型都应该是人们所熟悉的动物。这些动物在殷墟时期存在了较长的时间,除了今天能见到的家畜猪、牛、马、羊、鸡之外,很多野生动物已经不能在安阳见到,如虎、象、熊、鹰等。这其中,既有习性适于温暖潮湿的野生动物,也有少数适应于草原大漠的野生动物,反映出殷墟生态环境的多样性,同时也证明了当时气候的多样共存和多变复杂性④。

史籍文献也记录了大量动物活动的场景。《史记·周本纪》载:"麋鹿在牧,蜚鸿满野。"⑤描述的就是殷周之际商郊牧野麋鹿奔跑、飞鸿遍野的情形。又《诗经·鹿鸣》:"呦呦鹿鸣,食野之苹……呦呦鹿鸣,食野之蒿……呦呦鹿鸣,食野之芩。"⑥描绘了商周之际,田野山间鹿儿啃食植物、自由奔跑的场景。据《逸周书·世俘解》载:武王伐纣后在一次狩猎中"禽虎二十有二、猫二、麋五千二百三十五、犀十有二、氂七百二十有一、熊百五十有一、羆百一十有八、豕三百五十有二、貉十有八、麈十有六、麝五十、麋三十、鹿三千五百有八"⑦,共计捕获野兽

---

① 侯连海:《记安阳殷墟早期的鸟类》,《考古》1989 年第 10 期。
② 袁靖、唐际根:《河南安阳市洹北花园庄遗址出土动物骨骼研究报告》,《考古》2000 年第 11 期。
③ 中国社会科学院考古研究所:《殷墟妇好墓》,文物出版社,1980 年,第 157~171、199~203 页。
④ 朱彦民:《关于商代中原地区野生动物诸问题的考察》,《殷都学刊》2005 年第 3 期。
⑤ (西汉)司马迁:《史记》卷四《周本纪》,中华书局,1959 年,第 129 页。
⑥ (汉)毛亨注,(汉)郑玄笺,(唐)孔颖达疏,龚抗云、李传书、胡渐逵整理,肖永明、夏先培、刘家河审定:《毛诗正义》卷九《鹿鸣》,北京大学出版社,1999 年,第 556、558、560 页。
⑦ 黄怀信、张懋镕、田旭东:《逸周书汇校集注》,上海古籍出版社,2007 年,第 433~434 页。

一万多只。此次活动在灭商后不久，当是在殷墟附近。如此众多的动物可以反映出商末周初殷墟一带良好的生态环境。

二、殷墟的植物资源

甲骨文中有许多字与木字有关，可以反映出殷商时期植物的种类是多样的。象形类的字，如木（ᚁ《合集》5749，冒地而生）、桑（ᚂ《合集》10058，蚕所食叶木）、柚（ᚃ《合集》10954，似橙而酢）、柳（ᚄ《合集》36526，小杨）等。会意类的字，如：枚（ᚅ《合集》19078，可为杖之干）、杞（ᚆ《合集》13890，枸杞）、朝（ᚇ《合集》33130，日生于林间）、采（ᚈ《合集》13377，摘集果子）、春（ᚉ《合集》20074，风和日暖，种子发芽）。指事类的字，如：束（ᚊ《合集》21256，树木或灌丛的棘刺）、栎（ᚋ《合集》36746，适合制作琴具的木材）。从以上字形中都可以看出，殷墟植物资源中，不但有乔木，而且有灌木，人们对于这些植物的性质、特点、用途以及结出的果实都有了一定的认识。植物资源也包括我们在前文提到的粮食作物，也可以反映一定的环境特点。另据学者考证，甲骨文中"林"字使用率较高，或指地名，或指方国。其意与林地有着一定关联，还出现了大量的"麓"地①。

考古资料也可证明殷商时期殷墟一带的植物种类是非常丰富的。专家们通过对殷墟姬家屯遗址西周文化层下伏生土中31个类型植物孢粉的研究，发现有11个乔木属，14个灌木及草本科、属，5个蕨类科、属或纲。在这些花粉中，有大量的栎、榆、椴、胡桃、枫杨等阔叶树花粉，这些植物花粉的传播距离通常只有几千米，反映了盆地周围低山丘陵上分布有偶含常绿栎的落叶阔叶林植被；蒿、藜、禾草的花粉显示的是盆地草原植被的面貌；姬家屯红褐色土中偶含今天主要分布在中亚热带的山核桃和分布至北亚热带的常绿栎花粉，这一现象说明该地曾经

---

① 朱彦民：《商代中原地区的草木植被》，《殷都学刊》2007年第3期。

属于中全新世亚热带北缘古气候①。中国社会科学院考古研究所工作人员在对殷墟遗址的晚商地层中的一批植物种子进行鉴定后发现，其中有粟、小麦、黍等农作物，有蓼属、莎草属、菟丝子属、藜属等植物，还有狗尾草、马齿苋、李属种仁以及禾本科植物等②。张光直指出，商代被鉴别的两种树木是 Rehderodendron sp. 和 Melliodendron sp.，这两种树皆为现在仍生长在长江上游地区的混合平生植物林的成员③。也就是说，安阳地区很可能进入到了长江流域的混合平生植物林带。

  文献中也有对于殷墟及其附近植物情况的记载。《诗经·淇奥》载："瞻彼淇奥，绿竹猗猗……瞻彼淇奥，绿竹青青……瞻彼淇奥，绿竹如箦。"④又《诗经·竹竿》云："籊籊竹竿，以钓于淇。"⑤淇水隈曲之内的竹子非常茂盛，看上去如一张大床。可以拿着细细的竹竿，在淇水钓鱼。《诗经·击鼓》载："爰居爰处？爰丧其马？于以求之？于林之下。"⑥许多死伤病亡的士兵被安置在树林之下。邶地位于今河南汤阴县东南，距离殷墟数十千米。《诗经·斯干》曰："如竹苞矣，如松茂矣。"⑦虽然为形容殷民之众多，但可以看出，在时人眼中，竹和松的长势还是非常好的。《诗经·殷武》载："陟彼景山，松柏丸丸。"⑧此篇是

---

  ① 唐际根、周昆叔：《姬家屯遗址西周文化层下伏生土与商代安阳地区的气候变化》，《殷都学刊》2005 年第 3 期。

  ② 中国社会科学院考古研究所：《中国考古学·夏商卷》，中国社会科学出版社，2003 年，第 289 页。

  ③〔美〕张光直著，毛小雨译：《商代文明》，北京工艺美术出版社，1999 年，第 121～122 页。

  ④（汉）毛亨注，（汉）郑玄笺，（唐）孔颖达疏，龚抗云、李传书、胡渐逵整理，肖永明、夏先培、刘家河审定：《毛诗正义》卷三《淇奥》，北京大学出版社，1999 年，第 215、217、219 页。

  ⑤（汉）毛亨注，（汉）郑玄笺，（唐）孔颖达疏，龚抗云、李传书、胡渐逵整理，肖永明、夏先培、刘家河审定：《毛诗正义》卷三《竹竿》，北京大学出版社，1999 年，第 236 页。

  ⑥（汉）毛亨注，（汉）郑玄笺，（唐）孔颖达疏，龚抗云、李传书、胡渐逵整理，肖永明、夏先培、刘家河审定：《毛诗正义》卷三《击鼓》，北京大学出版社，1999 年，第 130 页。

  ⑦（汉）毛亨注，（汉）郑玄笺，（唐）孔颖达疏，龚抗云、李传书、胡渐逵整理，肖永明、夏先培、刘家河审定：《毛诗正义》卷十一《斯干》，北京大学出版社，1999 年，第 681 页。

  ⑧（汉）毛亨注，（汉）郑玄笺，（唐）孔颖达疏，龚抗云、李传书、胡渐逵整理，肖永明、夏先培、刘家河审定：《毛诗正义》卷二十《殷武》，北京大学出版社，1999 年，第 1466 页。

记商王武丁登大伾山祭拜祖神之事，景山位于今河南浚县境内，形容景山上的松柏郁郁葱葱。

总的看来，殷墟的动物资源和植物资源是丰富而多样的。这首先归于其优越的地理位置、肥沃的土地和充沛的水源。正如李民指出的那样，"当时的殷墟是前带河，后被山，北有漳、滏，南有开阔平原，而洹水流经其间；气候较为温暖，土质较松软，周围又有许多沼泽地和丛林，既利于农业，又利于狩猎和手工业；东边的大河虽然常有泛滥之虞，但殷墟居于由西向东的漫漫倾斜地带，可受大河之利，而无大河造成的洪水灾害；这里既是农牧业基地，又有矿源，也是手工业发展的良好场所，实在是一个建都的好地方"①。

第四节　殷墟的水资源

殷墟的水资源分两部分来考察，一是河流，一是水井。

一、殷墟的河流

殷墟境内水源充沛，河流众多，卜辞中所涉及的就有河、灢水、滴水、洹水等河流。由于殷墟位于东亚季风区内，所以常有河流季节性地泛滥。

（1）壬辰：王其涉河□易日？　　　　　（《合集》5225 典宾类）

（2）□涉河□王□生七□　　　　　　　（《合集》5226 典宾类）

（3）贞：弓乎涉河？一　　　　　　　　（《合集》5684 宾三类）

卜辞中的"河"字，有四种不同的意义，或为殷先公之名，或为地名，或为人名，或为河名。上述几揭辞例中"河"都与"涉"连用，涉表示徒步蹚水过河，其中的河一定指的是河流。古代文献中的"河"一般指黄河，黄河在安阳北边，距离安阳约 100 千米，商王到达黄河岸边

---

① 李民：《殷墟的生态环境与盘庚迁殷》，《历史研究》1991 年第 1 期。

的可能性是存在的。

（4）庚戌卜：豹，弜帝于瀧，雨？二三　　（《合集》14363 宾一类）

（5）☐燎瀧☐二牛？　　　　　　　　　　（《合集》20612 自宾间类）

（6）辛丑卜：燎瀧三牢？戋。三　　　　　（《合集》21099 自小字类）

瀧，位置不详，当为河名。燎，燎祭，一种求雨的祭祀活动，燎祭于此河，说明此河神具有降雨的能力。祭祀瀧河用的祭品或用牛和羊。

（7）[乙]丑卜，行贞：王其寻舟于滴。亡灾。才八月。

　　　　　　　　　　　　　　　　　　　（《合集》24608 出二类）

（8）王其省，涉滴，亡灾？不雨。　　　　（《合集》27783 何二类）

（9）乙未卜：王涉滴？　　　　　　　　　（《合集》27802 无名类）

（10）王其又于滴，才又石燎，又雨？　　（《合集》28180 无名类）

（11）桒年于滴？　　　　　　　　　　　（《合集》40110 典宾类）

（12）宁于滴？　　　　　　　　　　　　（《屯南》930 历二类）

滴水，即漳河。《说文解字》云："漳，浊漳，出上党长子鹿谷山。东入清漳。清漳，出沾山大要谷，北入河。"[①]漳水有两个源头，一称浊漳水，发源于山西省长子县，东北流至襄垣县北，东南流入河南林州市北界，与清漳水汇合；一称清漳水，发源于山西省昔阳县南，南流入河南省林州市北界，与浊漳水汇合。从辞例内容来看，其一，滴河是保护殷墟的一条重要河流，可阻断外面的敌人，商王向西北出巡要渡过此河。其二，滴河经常会泛滥，商王乘坐的船有翻的可能，要对滴神进行宁祭，以消弭灾患。其三，滴河之神可以保佑获得丰收。其四，滴河之神具有降雨的能力。

（13）☐☐[卜，㱿贞]：洹弗乍兹邑[囧（祸）]？/☐☐[卜]，㱿贞：洹其乍兹邑囧（祸）？　　　　　　（《合集》7854 典宾类）

（14）洹弗乍兹邑囧（祸）？四月。　　　（《合集》7859 典宾类）

（15）☐☐卜，出贞：☐㞢于洹九犬、九豕？（《合集》24413 出二类）

（16）辛巳卜：其告水入于上甲，祝人乙，一牛，工受又？

　　　　　　　　　　　　　　　　　　　（《合集》33347 无名类）

[①]（汉）许慎撰：《说文解字》，中华书局，1963 年，第 226 页。

洹水，古称安阳河。《左传·成公十七年》载："初，声伯梦涉洹。"杨伯峻注："洹水即今之安阳河。"①《史记·项羽本纪》云："项羽乃与期洹水南殷虚上。"《集解》引应劭之语："洹水，在汤阴界。"瓒曰："洹水在今安阳县北，去朝歌殷都一百五十里。"②陈梦家认为："洹泉与洹即洹水，又名安阳河。《太平御览》卷八十三引《竹书纪年》语：文丁'三年，洹水一日三绝'。洹水在殷都之旁，对于农业收成有极大的关系，所以卜问其祸否并致祭之。……洹水浸岸，故为祸兹邑，兹邑指安阳之殷都。"③为了消除洹水的危害，商王常常用牺牲对洹水进行祭祀，向祖先祈祷。洹河泛滥的危害是很大的，如：

（17）戊午卜，争［贞］：☑水其

姚孝遂认为，"

鉴于对于洹水深刻的认识，殷人对付洹水的办法也是多样的，不仅依靠祈祷，还有一些积极的应对措施，如导引分流洹水等。

（18）辛卯卜，大贞：洹引，弗辜（敦）邑？七月。

（《合集》23717 出一类）

《说文解字》云："引，开弓也。"又《集韵》曰："引，导也。"⑥洹引，即洹导，疏导洹水之意。商王卜问，是否可以疏导洹水使城邑不受侵害。洹水沿殷都东面、北面流过，且有壅塞和季节性的泛滥，遇到大水，开沟疏导分流是治水的良方。20 世纪 50 年代，考古工作者在殷墟宫殿附近发现了大灰沟。围绕在殷都宫殿宗庙周围西、南两面，灰沟的东、北两端分别与洹河西岸与北岸相接，全长 1100 米，沟深约 5 米，

---

① 杨伯峻：《春秋左传注》，中华书局，1990 年，第 899 页。
② （西汉）司马迁：《史记》卷七《项羽本纪》，中华书局，1982 年，第 310 页。
③ 陈梦家：《殷虚卜辞综述》，中华书局，1988 年，第 265 页。
④ 姚孝遂：《殷墟与洹河》，《史学月刊》1990 年第 4 期。
⑤ 张宇卫：《甲骨卜辞"
⑥ （清）陈廷敬等编：《康熙字典》（修订版），社会科学文献出版社，2008 年，第 366 页。

宽 7~12 米。有学者认为，此壕沟除了与洹水一起构成殷都防御的屏障外，还对洹水起着疏导和分流的作用，尤其是在雨水来临、洪水猛涨之时①。大禹治水就是疏导引水的成功案例。《史记·李斯列传》载："禹凿龙门，通大夏，疏九河，曲九防，决渟水致之海。"②大禹的疏导之法也叫疏分法，具体做法就是"高高下下，疏川导滞"③，对洹水的治理也要分两个步骤来进行，首先要除去河道中的障碍，然后再增加泄水的去路，即拓宽河道的入口。这样就可以有效引导洹水通畅流出，不致壅塞成灾。显然，殷人对于洹水的治理是吸取了前人经验的，也是富有成效的。

二、殷墟的水井

中国古代很早就会打井，文献中有"黄帝穿井""伯益作井"之说。就目前考古发现来看，距今 6000 多年的余姚河姆渡遗址的水井时间最早④。龙山文化时期，中原地区的人们也相继掌握了凿井取水技术。河北邯郸涧沟遗址⑤、河南洛阳矬李遗址⑥、河南汤阴白营遗址⑦和山西襄汾陶寺遗址⑧等都发现了水井遗迹，殷商时期使用水井毋庸置疑。甲骨文中有井字，写作井（《京津》2004），像两纵两横构成的方形框架。但从甲骨卜辞看，井的用意或表示方国名，或表示人名。岛邦男《殷墟卜辞综类》中收录的五十二条有关井的辞例中无一是表水井之意。但考古

---

① 中国社会科学院考古研究所：《殷墟的发现与研究》，科学出版社，1994 年，第 58 页。
② （西汉）司马迁：《史记》卷八十七《李斯列传》，中华书局，1982 年，第 2553 页。
③ 徐元诰撰，王树民、沈长云点校：《国语集解》，中华书局，2002 年，第 95 页。
④ 浙江省文物管理委员会、浙江省博物馆：《河姆渡遗址第一期发掘报告》，《考古学报》1978 年第 1 期。
⑤ 北京大学、河北省文化局邯郸考古发掘队：《1957 年邯郸发掘简报》，《考古》1959 年第 10 期。
⑥ 洛阳博物馆：《洛阳矬李遗址试掘简报》，《考古》1978 年第 1 期。
⑦ 安阳地区文物管理委员会：《河南汤阴白营龙山文化遗址》，《考古》1980 年第 3 期。
⑧ 高天麟、张岱海、高炜：《龙山文化陶寺类型的年代与分期》，《史前研究》1984 年第 3 期。

发现为我们提供了可靠的证据。1973年,考古工作者在河北藁城台西遗址生活区附近发现了两口商代的水井①。1979年,考古人员在郑州商城遗址发现了水井,表明至少到商代中期已经开始使用水井取水②。《世本·作》篇载:"汤旱,伊尹教民田头凿井以溉田。"看来商人还可能取井水进行灌溉。随着多年来考古工作的开展,在安阳殷墟及其周围地区发现了数量众多的水井。列表统计如下:

水井所在区域	数量(眼)	基本情况	资料来源
安阳殷墟E区	若干	自1928年起,在安阳殷墟发现若干深达5米以上的坑穴遗迹,可能为水井。如E16圆井和E181方井	石璋如:《第七次殷墟发掘:E区工作报告》,《安阳殷墟发掘报告(1—4期)》,南天书局出版社,1978年,第721页
小屯西地	若干	1958~1959年,在安阳殷墟发现若干"窖穴","至于较深的窖穴,也可能是当时的水井",如小屯西地GH202开口为圆形,坑深超过发掘时的地下潜水面,可能是商代的水井	中国科学院考古研究所安阳发掘队:《1958—1959年殷墟发掘简报》,《考古》1961年第2期;中国社会科学院考古研究所:《殷墟发掘报告:1958—1961》,文物出版社,1987年,第102页
小屯南地	若干	1973年,在小屯南地发掘了若干殷代"窖穴","个别的深至10米以下尚不到底,可能是当时的水井"	中国科学院考古研究所安阳工作队:《1973年安阳小屯南地发掘简报》,《考古》1975年第1期
苗圃北地	1	1984年秋,殷代圆形竖穴水井,深约3米	中国社会科学院考古所安阳队:《1982—1984年安阳苗圃北地殷代遗址的发掘》,《考古学报》1991年第1期

---

① 河北省文物管理处台西考古队:《河北藁城台西村商代遗址发掘简报》,《文物》1979年第6期。
② 郑州市博物馆:《郑州商代遗址发掘简报》,《考古》1986年第4期。

续表

水井所在区域	数量（眼）	基本情况	资料来源
刘家庄村北	2	1995年、1996年发掘。95T1J1，圆形竖穴水井，深4.8米，殷文化第四期。96T1J2，长方形竖井，深5.3米，不晚于殷墟文化第二期	安阳市文物工作队：《1995—1996年安阳刘家庄殷代遗址发掘报告》，《华夏考古》1997年第2期
小屯村西北	若干	1983年冬，在小屯村西北地发掘一批殷代水井，深度不详	岳洪彬：《殷墟科学发掘80周年大事记（1928~2008）》，《殷墟与商文化——殷墟科学发掘80周年纪念文集》，科学出版社，2011年，第648页
安阳白家坟东地	3	1997年发掘，殷墟文化第一期	中国社会科学院考古研究所安阳工作队：《殷墟考古又有重大突破》，《中国文物报》1997年8月31日第1版
洹北花园庄东地	3	1998~1999年，J2、J4均为长方形竖穴水井，深分别为7.8米和4米，年代为洹北花园庄早期	中国社会科学院考古研究所安阳工作队：《1998年~1999年安阳洹北商城花园庄东地发掘报告》，《考古学集刊（15）》，文物出版社，2004年，第296~358页
安阳白家坟东地	1	1999年7~9月发掘，殷代水井，深度不详	徐广德、何毓灵：《安阳市白家坟东地殷代遗址与墓葬》，《中国考古学年鉴·2000》，文物出版社，2002年，第194页
安阳洹北商城	4	1999年10~12月，商代水井	徐广德、岳洪彬、何毓灵：《安阳市洹北商城Ⅳ2区》，《中国考古学年鉴·2000》，文物出版社，2002年，第194页
安阳孝民屯东南地	1	2000年发掘，圆形竖穴灰坑，直径3米，可能为水井，殷墟文化第四期	中国社会科学院考古研究所安阳工作队：《2000—2001年安阳孝民屯东南地殷代铸铜遗址发掘报告》，《考古学报》2006年第3期

续表

水井所在区域	数量（眼）	基本情况	资料来源
小屯南地	不详	2002年发掘，深度不详	岳洪彬：《殷墟科学发掘80周年大事记（1928~2008）》，《殷墟与商文化——殷墟科学发掘80周年纪念文集》，科学出版社，2011年，第651页
安阳殷墟孝民屯	不详	2003年发掘，铸铜遗址，殷商时期	《殷墟孝民屯大面积发掘的重要收获》，《中国文物报》2005年6月15日第1版
中国社会科学院考古所安阳工作站北楼	3	2003~2004年发掘，殷墟文化时期	岳洪彬、岳占伟、何毓灵：《小屯宫殿宗庙区布局初探》，《三代考古》（二），科学出版社，2006年，第331页
大司空村南地	10余	2004年3~9月发掘，殷代水井，井口形状主要呈长方形、圆形，深度一般超过10米	中国社会科学院考古研究所：《安阳大司空——2004年发掘报告》，文物出版社，2014年，第512~565页
小屯宫殿宗庙区	1	2004~2005年发掘，宗庙区甲组基址西侧，长方形竖穴水井，深度12.6米，殷墟文化第一期	中国社会科学院考古研究所安阳工作队：《2004—2005年殷墟小屯宫殿宗庙区的勘探和发掘》，《考古学报》2009年第2期
安阳市铁三路北段和梅园庄北地	3	2005年下半年，在上述两地分别发掘水井2眼和1眼，深度不详	岳洪彬：《殷墟科学发掘80周年大事记（1928~2008年）》，《殷墟与商文化——殷墟科学发掘80周年纪念文集》，科学出版社，2011年，第652页；岳洪彬、岳占伟：《安阳市梅园庄北地商代遗址》，《中国考古学年鉴·2006》，文物出版社，2011年，第653~654页

续表

水井所在区域	数量（眼）	基本情况	资料来源
郭家庄东和苗圃北地	10	2007年在郭家庄东（物华公寓小区）和苗圃北地，分别发掘了1眼和9眼水井，深度不详	岳洪彬：《殷墟科学发掘80周年大事记（1928~2008年）》，《殷墟与商文化——殷墟科学发掘80周年纪念文集》，科学出版社，2011年，第653、654页
安阳市同乐花园小区	若干	2008~2012年发掘，若干殷代水井，深度不详	唐际根：《殷墟发掘80周年学术纪念会综述》，《中国社会科学院古代文明研究中心通讯》2009年第17期；许宏：《夏商周考古学科前沿研究报告（2010—2012）》，《中国历史与考古学科前沿研究报（2010—2012）》，中国社会科学出版社，2014年，第188页
安阳殷墟刘家庄北地遗址	30余	2008年2~10月共发掘殷代水井30余眼，"多数井口呈圆形或椭圆形，偶见圆角方形或长方形者，并深普遍在10米以上"，其中J30为椭圆形竖穴水井，深10.7米，殷墟文化第四期晚段。J31为不规则形竖穴水井，深10.3米，殷墟文化第三期晚段	中国社会科学院考古研究所安阳工作队：《河南安阳市殷墟刘家庄北地2008年发掘简报》，《考古》2009年第7期
花园庄南地	2	2008年8~10月发掘，深度不详	中国社会科学院考古研究所：《安阳市花园庄南地制陶作坊遗址》，《中国考古学年鉴·2009》，文物出版社，2010年，第270页
洹北商城宫城中部二号基址	1	2008年10~12月发掘1眼圆形竖穴水井J1，深8.5米，水位线位于井口向下3~3.5米，水井年代约为洹北花园庄晚期	中国社会科学院考古研究所安阳工作队：《河南安阳市洹北商城宫殿区二号基址发掘简报》，《考古》2010年第1期

续表

水井所在区域	数量（眼）	基本情况	资料来源
王裕口村南地	18	2009年3~12月发掘，J5为长方形竖穴水井，深9.1米，殷墟文化第三期；J18为椭圆形竖穴水井，深10米，殷墟文化第四期	中国社会科学院考古研究所安阳工作队：《河南安阳市殷墟王裕口村南地2009年发掘简报》，《考古》2012年第12期
安阳市安钢大道	4	2010年6~8月发掘商代水井，深度不详	岳洪彬：《殷墟科学发掘80周年大事记（1928~2008年）》，《殷墟与商文化——殷墟科学发掘80周年纪念文集》，科学出版社，2011年，第654页
刘家庄北地	30余	2010年3月至2011年12月发掘，殷代水井。其中J21为近圆形竖穴水井，深10.4米，殷墟文化第二期	中国社会科学院考古研究所安阳工作队：《河南安阳市殷墟刘家庄北地2010~2011年发掘简报》，《考古》2012年第12期

井水是一种安全、卫生、便捷的水源，是农耕社会定居的重要保障。井水受气候和地理条件的影响较少，所以受到殷人更多的重视。仅从上表中几百眼水井的分布来看，大多位于手工业作坊区和房址附近，其用途主要是手工业生产和生活用水。水井大大提高了人们的生产技能和生活质量。

总的看来，殷墟的水资源是丰富的。多条河流为农业灌溉和交通提供了便利条件，熟练的凿井技术为生活和生产带来了方便。商王盘庚将都城迁居于此，正是看中了此地良好的生态环境。《尚书·盘庚》载："汝不谋长，以思乃灾，汝诞劝忧。今其有今罔后，汝何生在上？"[①]"朕及笃敬，恭承民命，用永地于新邑。"[②]盘庚是从长远着眼，经过仔细考察之后才做的决定，这个新邑是可以长久居住下去的。

---

① （汉）孔安国传，（唐）孔颖达疏，廖名春、陈明整理，吕绍纲审定：《尚书正义》卷九《盘庚中》，北京大学出版社，1999年，第237页。

② （汉）孔安国传，（唐）孔颖达疏，廖名春、陈明整理，吕绍纲审定：《尚书正义》卷九《盘庚下》，北京大学出版社，1999年，第244页。

第五节　殷墟的气候

自盘庚迁殷到商纣灭亡，共持续了 273 年。这段时间里，殷墟的气候不是一成不变的，总的趋势是从初期的温暖湿润转向了晚期的干旱寒冷。

古生物学家在对安阳地区的 29 种哺乳动物骨骼化石进行研究后发现：安阳的哺乳动物中有大量属于亚热带的动物种类[1]。竺可桢则结合动物骨骼和植物孢粉对五千年来中国的气候变化进行了考察。他指出：仰韶和殷墟时代是中国的温和时代，当时安阳地区有着十分丰富的亚热带植物种类和动物种类。如动物中的水獐、竹鼠、貘、水牛和野猪等都是热带和亚热带的种属。从仰韶文化到安阳殷墟，大部分时间高于现在 2℃左右，一月温度约比现在高 3～5℃[2]。根据程洪、朱明道、张家诚等人的研究，在其他因素不变的条件下，如果某地年平均气温降低 1℃，相当于该地区向北推移 200～300 千米。反之则向南推移 200～300 千米。假设殷墟一带的年平均气温比现在高 2℃，那么相当于该地区向南推移 400～300 千米，相当于现在长江流域一带。可以推定商代安阳的气候和现在长江流域一带的气候大致相当，属于亚热带暖湿气候[3]。这一观点得到了很多考古专家的印证，唐际根、周昆叔认为，姬家屯红褐色土中偶含现今主要分布在中亚热带的山核桃和可分布至北亚热带的常绿栎花粉，证明该地属于中全新世亚热带北缘古气候[4]。

---

[1] 德日进、杨钟健：《安阳殷墟之哺乳动物群》，《中国古生物志》丙种第十二号第一册，实业部地质调查所，1936 年；杨钟健、刘东生：《安阳殷墟之哺乳动物群补遗》，《中国考古学报》第四册，地史古生物教研室，1949 年。

[2] 竺可桢：《中国近五千年来气候变迁的初步研究》，《考古学报》1972 年第 1 期。

[3] 程洪：《新史学：来自自然科学的"挑战"》，《晋阳学刊》1982 年第 6 期；朱明道、张家诚：《国土利用的几个气候问题》，《国土研究班讲稿选编》，国家建委人事教育局教育处、国家建委国土局办公室，第 344～357 页（引自倪根金：《试论气候变迁对我国古代北方农业经济的影响》，《农业考古》1988 年第 1 期）。

[4] 唐际根、周昆叔：《姬家屯遗址西周文化层下伏生土与商代安阳地区的气候变化》，《殷都学刊》2005 年第 3 期。

甲骨卜辞也可以为殷商前期的湿润气候提供证据。在商代，卜雨之事可以发生在每个月份：

（1）癸巳卜，争贞：今一月不其雨？　　（《合集》12487 正典宾类）
（2）贞：甲寅雨？二月。　　　　　　　（《合集》12502 正宾三类）
（3）贞：今夕不其雨？三月。　　　　　（《合集》12538 宾三类）
（4）癸丑卜，贞：旬甲寅雨？四月。一　（《合集》13361 宾一类）
（5）贞：今日不其雨？五［月］。一　　（《合集》12582 宾三类）
（6）贞：□雨？六月。　　　　　　　　（《合集》12584 宾三类）
（7）贞：今夕其雨？七月。　　　　　　（《合集》12607 宾三类）
（8）贞：今夕其雨？八月。　　　　　　（《合集》24810 出二类）
（9）贞：今夕不雨？九月。　　　　　　（《合集》12616 宾三类）
（10）贞：今夕其雨？十月。　　　　　 （《合集》12623 宾三类）
（11）丙寅卜，争贞：今十一月帝令雨？（《合集》5658 典宾类）
（12）贞：其雨？十二月。　　　　　　 （《合集》10389 宾三类）
（13）贞：及今十三月雨？　　　　　　 （《合集》14227 典宾类）

胡厚宣认为："惟卜辞中有一至可注意之现象，即自一月迄十二月十三月，一年之中，无月不可以降雨。既卜雨矣，则于时必有降雨之可能。则殷代安阳一带之雨量，必远较今日为丰。"[①]他还发现，在殷墟发现的十万多件甲骨中，有数千件是与求雨或求雪有关的，在能确定日期的甲骨中，有137件是求雨雪的，有14件是记载降雨的，这些记载分散于全年，但最频繁的是在一年的非常需要雨雪的前五个月，在这段时间内落雪很少见[②]。

在殷墟出土的有关大象的骨骼和器物也为这一地区的气候提供了证据。在殷墟妇好墓中出土了多件象牙器，其中包括两件象牙雕刻杯和一件象牙雕花筒。玉象长鼻上伸，体硕腿粗，悠然可掬，栩栩如生[③]。从

---

① 胡厚宣：《甲骨学商史论丛初集》（外一种），河北教育出版社，2002年，第858、866、875页。
② 胡厚宣：《甲骨学商史论丛初集》（外一种），河北教育出版社，2002年，第866页。
③ 中国社会科学院考古研究所安阳工作队：《安阳殷墟五号墓的发掘》，《考古学报》1977年第2期；中国社会科学院考古研究所：《殷墟妇好墓》，文物出版社，1980年，第160页。

象牙被用作装饰材料和对大象形象的刻画来看，当时的人们对于大象是熟悉的。殷墟考古发掘中也发现了埋葬大象的象坑。1935 年秋殷墟 M1400 附近发现一座象坑，其中埋有象一头和象奴一人；1976 年，在武官村商代祭祀坑中又发掘出一具幼象骨骸，佩有铜铃饰物①。如果这些大象来自于本地或能够在本地生活较长时间的话，那就说明殷墟一带的气候是湿热的。

但这些证据仍然无法确切表明大象是野生的，顶多能证明大象曾经在殷墟出现过。其实，关于殷墟大象是否为本土所生，一直都有争论。大致有三种看法，一种是以古生物学家德日进、杨钟健和刘东生为代表，认为大象是外地工人搬运而来；一种是以徐中舒、胡厚宣和日本的林巳奈夫为代表，认为大象为殷地中原所产；第三种是以李济、陈梦家为代表持不确定态度。就目前所见涉及捕获野象的 16 组田猎卜辞来看，属于商末典型的黄组田猎的卜辞共计 11 版，包含 5 个地名，捕获大象 32 头。其中㕇地 4 版，捕象 14 头；榆地 3 版，获象 5 头；目地 1 版，获象 3 头；䨷地、丧地共见者 1 版，所获野象 8 头以上。此外，还有田猎地缺失的两版残辞，捕获野象至少 2 头。有学者从上述黄组田猎卜辞所涉及的曾经有野象出没的地点来考察，认为殷商时期野象的主要活动区域应该在今山东省的泰山之周边②。

我们且不论野象活动的地点距离殷墟有多远，就目前捕获的数量来看，也并不乐观，毕竟只有几十头。另据目前考古情况来看，殷墟本地发现的大象骨骼数量并不多，这也是一个极其薄弱的环节。大象属于热带、亚热带食草动物，喜热，亚洲象最长可存活 60 年左右，殷墟 270 多年时间里，应该可以看到数量众多的大象骨骼；从发现的象牙雕刻来看，数量也是极少的，只在殷墟妇好墓中发现了 3 件相关的器物，这对殷地产大象的结论并没有太大的说服力。但如果从另一个角度考虑，殷墟的气温发生了变化，比如转冷，那还是能够说得通的。再结合大象

---

① 中国社会科学院考古研究所安阳工作队：《安阳武官村北地商代祭祀坑的发掘》，《考古》1987 年第 12 期。

② 陈絜：《商周东土开发与象之南迁不复》，《历史研究》2016 年第 5 期。

的寿命，那么殷墟气温的转寒，应该在盘庚迁殷后的60年左右。学界根据甲骨文分期与殷墟陶器分期的研究结果，将殷墟文化的绝对年代推断为，殷墟文化第一期约相当于盘庚、小辛、小乙时期及武丁早、中期，殷墟文化第二期约相当于武丁晚期、祖庚、祖甲时期，殷墟文化第三期约相当于廪辛、康丁、武乙、文丁时期，殷墟文化第四期约相当于帝乙、帝辛时期①。有学者提出殷墟一、二期之间是气候由暖湿转向冷干的转折点②，这是有一定道理的。1997年3~6月，中国社会科学院考古研究所安阳工作队在安阳白家坟东地的考古发掘中，发现了三口殷代的水井。其中一口水井年代属于殷墟文化第一期，该井壁上发现有使用期间明显的水位线痕，距该水井4米处，发现一处殷墟文化二期的窖穴，经测量发现，二期窖穴的底部距离一期水位线痕2.5米。考古人员推测，殷墟文化第一期某个时候，黑水河一带的地下水位曾大大高于殷墟二期③。这正说明，殷墟一期的温度和湿度都是比殷墟二期高的。气候转冷之后，大象逐渐离开了殷墟，向南方退却。

殷墟文化四期气候转冷的记录是多方面的，文献、甲骨文和考古发现都可以提供证明。《墨子·非攻下》和《今本竹书纪年》都有商纣之时"雨土于薄""雨土于亳"的记载，王晖、黄春长、郭旭东等学者都认为"雨土"即下"沙尘暴"，是干旱的表现④。丁山认为，《纪年》中"文丁三年，洹水一日三绝"的记录反映了当时黄河流域发生了严重的灾害⑤。

考古工作者通过对姬家屯西周文化层伏生土采样分析后发现，孢粉随地层和时期的变化在发生类型和数量的变化。其中最为明显的变化是到古土壤末期花粉减少，而喜干凉的蒿、藜、禾本科花粉与卷柏孢子的

---

① 杨宝成：《试论殷墟文化的年代分期》，《考古》2000年第4期。
② 魏继印：《殷商时期中原地区气候变迁探索》，《考古与文物》2007年第6期。
③ 中国社会科学院考古研究所安阳工作队：《殷墟考古又有重大突破》，《中国文物报》1997年8月31日第1版。
④ 王晖、黄春长：《商末黄河中游气候环境的变化与社会变迁》，《史学月刊》2002年第1期；郭旭东：《殷商时期的自然灾害及其相关问题》，《史学集刊》2002年第4期。
⑤ 丁山：《商周史料证考》，中华书局，1988年，第158~159页。

数量增加。这也反映了商代末期气候向干冷的转变①。对黄土地层和环境变迁的研究也证明了这一趋势。在距今 3100 年前后，东亚季风格局突变，西北季风势力增强，从此进入一个相对缺水的时期，沙尘暴强度增大，地表土壤退化。这时候气候干旱，沙尘暴频繁发生，风尘堆积速率提高，分布遍及整个黄土高原、厚度达 40~80 厘米的现代风成黄土就是最近 3100 多年来的降尘堆积覆盖层。那层褐色或者黑垆土就被掩埋在黄土层下面转变成为古土壤层。3100 多年以来现代黄土沉积增厚的同时，又不断地被人们耕作利用，目前地表耕作层都是这层黄土的顶部。黄土高原土壤退化不仅表现在土壤剖面的宏观诊断特征上，从土壤学或者环境变迁学科微观分析数据结果来看，与古土壤层相比，现代黄土层的颗粒成分显著变粗，碳酸钙含量增加，碱性增大，磁化率突然降低，氧化铁和有机质含量剧减。从农牧业土地资源利用的角度来看，黄土高原由古土壤层向现代层的转变，指示着水、土、生物资源（或者说土地资源）急剧地自然退化②。

但是，殷商末年气候的变化又是有反复的。因为晚商时期殷墟的地层中，有莎草属、蓼属等生长在沼泽地、水沟的植物存在的现象③。这说明，即使是在转为干冷的过程中也有小段暖湿的存在。有学者通过对安阳殷墟刘家庄北地出土的大于 4 毫米的 12797 块木炭样品进行鉴定，这些木炭分别属于 18 种木本植物，其中落叶的栎属出土概率最高，表明落叶的栎属是当地的优势种，对群落环境起主要作用。通过对鉴定出的木炭树种进行共存因子法分析，结果表明，商代晚期年均气温为 7.4~15.9℃，年降水量为 620~1200 毫米，湿润指数为 -14.2~52.6。对树种的生态特性和共存因子法分析表明，商代晚期气候与现今并没有明显的不同。通过对遗址出土的大块木炭进行树轮年代学研究，重建了

---

① 魏继印：《殷商时期中原地区气候变迁探索》，《考古与文物》2007 年第 6 期。
② 黄春长、赵世超、王晖：《西周兴衰与自然环境变迁》，《光明日报》2001 年 2 月 17 日第 A04 版。
③ 唐际根、周昆叔：《姬家屯遗址西周文化层下伏生土与商代安阳地区的气候变化》，《殷都学刊》2005 年第 3 期。

商代晚期的降水量,结果表明商代晚期气候是波动的,既有干旱时期,又有湿润时期。商代晚期后段气候不是干旱,反而雨量更大①。

总之,殷商时期的气候是处于变化之中的。前期温暖湿润,殷墟文化一期到二期(或武丁中后期),降水量开始减少,气温降低,大象逐渐退出中原。殷墟文化三期温度、湿度不断降低。殷墟文化四期转为干冷,但其中又有阶段性的集中降雨。

第六节 殷墟的灾害与生态环境

农业是受气候影响最为直接的部门,气候的变化必然会引起农业产量的浮动,农业区域的移动常常会激化社会矛盾,触发社会危机。殷墟成为商代后期的都城不是商王盘庚的一时冲动,而是经过了深思熟虑的。一方面,我们可以从《尚书》中找到些蛛丝马迹。《尚书·盘庚上》载:"天其永我命于兹新邑,绍复先王之大业。"《尚书正义》曰:"先王以久居垫隘,不迁则死,见下民不能相匡正以生,故谋而来徙。以徙为善,未敢专决,又考卜于龟以徙。既获吉兆……"②殷人相信占卜,迁都之事甚大,商王必先占卜。占卜对于商人来说其实是一种有意识的准备活动,正如前文所言,商王不会仅凭一次占卜对重要的事情做出决断,对贞或多次的占卜正是对遇到的问题进行仔细勘察、谨慎思考的具体体现。盘庚迁殷,虽然未能对殷墟的生态环境给予具体的描述,但是从对先王所居城邑环境的描写可以作一对比和衬托。从旧都"久居垫隘"的情况来看,殷墟的环境一定不会再是羸弱困苦,是适于人们居住和生活的。另一方面也可以从周初定洛邑为东都的过程中得到一些旁证。《尚书·召诰》曰:"惟太保先周公相宅……太保朝至于洛,卜宅。

---

① 王树芝、岳洪彬、岳占伟:《殷商时期高分辨率的生态环境重建》,《南方文物》2016年第2期。

② (汉)孔安国传,(唐)孔颖达疏,廖名春、陈明整理,吕绍纲审定:《尚书正义》卷九《盘庚上》,北京大学出版社,1999年,第226页。

厥既得卜，则经营。"①这是一次对洛邑城址的测定。相，省视之意，相宅，即亲自省视所宅之地。《逸周书·周书序》载："武王平商，维定保天室，规拟伊洛，作《度邑》。"②度邑，就是察看地形，选定城址。《史记·周本纪》对武王勘察新都也有详细的记录："武王至于周，自夜不寐。周公旦即王所，曰：'曷为不寐？'王曰：'告女：维天不飨殷，自发未生於今六十年，麋鹿在牧，蜚鸿满野。天不享殷，乃今有成。……我未定天保，何暇寐？'王曰：'定天保，依天室……自洛汭延于伊汭，居易毋固，其有夏之居。我南望三涂，北望岳鄙，顾詹有河，粤詹雒、伊，毋远天室。'营周居于雒邑而后去。"③又《尚书·洛诰》载："予惟乙卯，朝至于洛师。我卜河朔黎水，我乃卜涧水东、瀍水西，惟洛食。我又卜瀍水东，亦惟洛食。"④这是周公为洛邑选择城址，卜于黄河、黎水、涧水、瀍水、洛水，终于定在了瀍水以东的地方。春秋时期，对都邑生态环境的认识更为深刻。《左传·成公六年》载韩献子之语："郇、瑕氏土薄水浅，其恶易觏。易觏则民愁，民愁则垫隘，于是乎有沈溺重膇之疾。不如新田，土厚水深，居之不疾，有汾、浍以流其恶，且民从教，十世之利也。"⑤都邑之地，必须要土壤肥沃，水源优质，这样才利于生存和发展。殷墟作为商代的都城经历了8世12王，273年，不亚于春秋时期晋国的迁都，不可不谓高瞻远瞩。生态环境是起到决定性作用的因素。

即便殷墟有着良好的生态环境，也没有阻挡这一区域灾害的发生，原因何在？一方面是气候的变化，另一方面是人口的增加，环境承载力的下降。纵观人类历史的发展，气候始终是影响并导致灾害最为重要的

---

① （汉）孔安国传，（唐）孔颖达疏，廖名春、陈明整理，吕绍纲审定：《尚书正义》卷十五《召诰》，北京大学出版社，1999年，第390页。
② 黄怀信、张懋镕、田旭东：《逸周书汇校集注》，上海古籍出版社，2007年，第1130页。
③ （西汉）司马迁：《史记》卷四《周本纪》，中华书局，1959年，第128~129页。
④ （汉）孔安国传，（唐）孔颖达疏，廖名春、陈明整理，吕绍纲审定：《尚书正义》卷十五《洛诰》，北京大学出版社，1999年，第405页。
⑤ 杨伯峻：《春秋左传注》，中华书局，1990年，第828~829页。

因子，对人类历史的发展起到决定性的作用。竺可桢将近五千年来的历史气候变迁解析为四个冷期和四个暖期，有人将其与中国历史的王朝兴衰相结合进行研究，发现冷期王朝走向分裂，暖期王朝趋向统一，结果决非巧合。中国自距今一万年前诞生了农业，到夏代出现了国家，农业逐渐成为国家经济最重要的组成部分，商代农业持续发展，粮食产量不断提高，农业已经成为王朝的支柱产业。农业是受气候影响最为显著的行业，在时间和空间上具有典型的季节性和地域性的特征，这是与植物本身的特征息息相关的。自农业出现以来，逐渐在我国形成了南稻北粟的种植特征。历史上的暖期，气候温暖，湿度增加，作物得到充分的光照和水分，容易获得丰收，粮食丰收，经济繁荣，王朝兴盛。反之，寒冷时期，气候转寒，湿度降低，作物遭遇寒流，得不到应有的光照和水分，产量减少，经济衰退，王朝衰弱。所以，气候对于王朝的影响举足轻重。

当然这其中也有人对环境的影响，涉及另一个因素，即环境承载力的下降。人口学理论认为，生态系统是与人口数量、人口的消费方式以及生产商品的技术能力相关的。人口、消费和技术三者任何一方的增长都会破坏生态系统。中国历史王朝的终结，标志性的事件就是王朝都城的沦陷，国君的灭亡。王都初建之时，人口较少，土地广阔，人均占有资源较多，环境承载力强。随着大量人口的迁入，加之时间推移之下人口的繁衍，王都区域内人口数量迅速增加，人均占有资源下降，环境承载力急剧减弱。盘庚迁殷时，"曷震动万民以迁"，即有近万人迁到殷地，这几乎是当时旧都的全部人口，加上殷地当时的原住民不会超过2万人，至殷墟二期人口达7万左右，三期相当于文丁以前王邑人口增至12万人以上，四期乙辛时大概达到14.6万以上[①]。200年左右的时间，人口已经增加了6倍多，也就意味着人均资源仅约是盘庚时期的1/7。土地承载不了如此众多的人口，必然引起资源的短缺。自商王武丁以来，商王朝开始大规模的征伐活动，便是典型的例证。到商纣末年，更是展开对远方方国的战争，以期获得更多的土地和资源，其最终目的也是为了缓解环境的压力。对殷墟多年的考古发掘也证明了这种变化，在

---

① 宋镇豪：《夏商社会生活史》，中国社会科学出版社，1994年，第114~115页。

殷墟的考古发掘中，人们发现殷墟中心区的殷代文化遗存远远多于边缘区域；殷墟边缘区的殷文化遗存，早期的少，而晚期的多，可见殷都的发展是由中心向四周辐射延伸的，是经过200多年的经营而不断扩充发展的[①]。扩充区域的过程正是缓解殷墟环境压力的过程。

气候变化和环境承载力下降最直接的体现就是各种灾害的增多。水灾、旱灾和虫灾是殷商时期最主要的三种灾害，并称为三大农业自然灾害。一方面，灾害增多，农业减产，导致饥荒。另一方面，人口增加，人均粮食产量减少，饥荒出现频度加大。李伯重指出："对中国历史上气候变化对于人口的影响进行了分析，把这种影响分为直接和间接两个方面。所谓'直接影响'，即气候变化引起农业产量的增减、农业区域的移动，从而导致人口发生变化；而所谓'间接影响'，则指的是气候恶化通常激化社会矛盾、触发社会危机，引起原有社会结构解体，同时还会引起外来烈性传染病的传播，从而导致人口减少；反之则引起人口的增加。"[②]对于灾害，邹逸麟曾说："当自然界的变异，对社会造成不可承受的损失时，才称之为灾害……自然灾害不仅决定于来自其原动力的自然界，还决定于其承受体的人类社会。"[③]人口的增多，也意味着人们感知灾害的机会增加了。林地转变为农田，农业种植面积增长的同时，水土流失加剧，局部的环境恶化，灾害增多。客观地说，"自然界的变化是引起灾害的决定性因素，不以人的意志为转移，从这个意义上来说，自然灾害是不可抗拒的，如地震、水灾、旱灾等；另一方面，由于人们的乱砍滥伐，带来的泥石流和山体滑坡，加上政府疏于防范以至于大堤溃决，从这个意义上说是人为制造了灾害"[④]。所以，我们认为，殷商王朝的覆灭，是天灾和人祸共同作用的结果。殷商末年遇到了自然灾害，由于王朝政治的腐败，对灾害的防范和救助能力大大下降，在自然和社会两种因素的共同打击之下，王朝轰然坍塌。

---

① 朱士光主编：《中国八大古都》，人民出版社，2007年，第262页。
② 李伯重：《气候变化与中国历史上人口的几次大起大落》，《人口研究》1999年第1期。
③ 邹逸麟：《"灾害与社会"研究刍议》，《复旦学报》（社会科学版）2000年第6期。
④ 刘继刚：《灾害视阈下的三代更替》，《中原文化研究》2014年第6期。

参考文献

一、古典文献

【1】（汉）班固：《汉书》，中华书局，1959年。

【2】方诗铭、王修龄：《古本竹书纪年辑证》，上海古籍出版社，2005年。

【3】（清）顾祖禹：《读史方舆纪要》，中华书局，2005年。

【4】何宁：《淮南子集释》，中华书局，1998年。

【5】黄怀信、张懋镕、田旭东：《逸周书汇校集注》，上海古籍出版社，2007年。

【6】李学勤主编：《十三经注疏》，北京大学出版社，1999年。

【7】（汉）刘向集录：《战国策》，上海古籍出版社，1985年。

【8】（战国）吕不韦著，陈奇猷校释：《吕氏春秋新校释》，上海古籍出版社，2002年。

【9】南京中医药大学：《黄帝内经素问译释》，上海科学技术出版社，2009年。

【10】（汉）司马迁：《史记》，中华书局，1959年。

【11】王维堤、唐书文：《春秋公羊传译注》，上海古籍出版社，2004年。

【12】（清）王先谦：《荀子集解》，中华书局，2012年。

【13】王先慎：《韩非子集解》，中华书局，1998年。

【14】吴毓江撰，孙启治点校：《墨子校注》，中华书局，2006年。

【15】（明）徐光启：《农政全书》，中华书局，1956年。

【16】徐元诰撰，王树民、沈长云校：《国语集解》，中华书局，2002年。

【17】杨伯峻：《春秋左传注》，中华书局，1990年。

【18】杨伯峻：《论语译注》，中华书局，1980年。

【19】袁珂：《山海经校注》，北京联合出版公司，2014年。

【20】（汉）许慎撰，段玉裁注：《说文解字注》，上海古籍出版社，1981年。

【21】（晋）皇甫谧著，王军点校：《针灸甲乙经》，人民军医出版社，2005年。

【22】（宋）朱熹：《诗集传》，中华书局，2011年。

【23】（明）李时珍著，刘衡如点校：《本草纲目》，人民卫生出版社，1979年。

【24】胡奇光、方环海撰：《尔雅译注》，上海古籍出版社，2012年。

【25】（清）陈立撰，吴则虞点校：《白虎通疏证》，中华书局，1994年。

【26】万国鼎：《氾胜之书辑释》，农业出版社，1957年。

【27】黄汝成：《日知录集释》，上海古籍出版社，2014年。

【28】黎翔凤撰，梁运华整理：《管子校注》，中华书局，2004年。

【29】（北魏）杨衒之撰，范祥雍校注：《洛阳伽蓝记校注》，上海古籍出版社，1985年。

【30】（汉）孔安国传：《尚书正义》，上海古籍出版社，2007年。

【31】焦循传，沈文倬点校：《孟子正义》，中华书局，1987年。

【32】（清）陈廷敬等编著：《康熙字典》（修订本），社会科学文献出版社，2008年。

二、学术著作

【1】〔英〕G·R.埃尔顿著，刘耀辉译：《历史学的实践》，北京大学出版社，2008年。

【2】〔日〕白川静著，王巍译：《中国古代民俗》，春风文艺出版社，1991年。

【3】卜风贤：《周秦汉晋时期农业灾害和农业减灾方略研究》，中国社会科学出版社，2006年。

【4】蔡哲茂：《甲骨缀合集》，台北乐学书局，1999年。

【5】蔡哲茂：《甲骨缀合续集》，文津出版社，2004年。

【6】岑仲勉：《黄河变迁史》，人民出版社，1957年。

【7】常玉芝：《商代周祭制度》，中国社会科学出版社，1987年。

【8】陈邦贤：《中国医学史》，上海书店，1984年。

【9】陈来：《古代宗教与伦理——儒家思想的根源》，生活·读书·新知三联书店，1996年。

【10】陈梦家：《殷虚卜辞综述》，中华书局，1988年。

【11】〔日〕岛邦男:《殷墟卜辞研究》,上海古籍出版社,2006年。

【12】邓云特:《中国救荒史》,上海书店,1984年。

【13】丁山:《商周史料考证》,中华书局,1988年。

【14】丁山:《中国古代宗教与神话考》,上海书店出版社,2011年。

【15】董作宾:《董作宾先生全集·乙编》,台湾艺文印书馆,1977年。

【16】傅筑夫、王毓瑚:《中国经济史资料·秦汉三国编》,中国社会科学出版社,1982年。

【17】葛全胜等:《中国历朝气候变化》,科学出版社,2010年。

【18】郭宝钧:《中国青铜器时代》,生活·读书·新知三联书店,1963年。

【19】郭沫若:《殷契粹编》,日本文求堂,1937年。

【20】郭永秉:《古文字与古文献论集续编》,上海古籍出版社,2015年。

【21】何景成:《甲骨文字诂林补编》,中华书局,2017年。

【22】河南省文化局文物工作队:《郑州二里冈》,科学出版社,1959年。

【23】胡厚宣:《甲骨学商史论丛初集》(外一种),河北教育出版社,2002年。

【24】黄德宽等:《古汉字发展论》,中华书局,2014年。

【25】黄怀信:《〈逸周书〉源流考辨》,西北大学出版社,1992年。

【26】黄天树:《殷墟王卜辞的分类与断代》,科学出版社,2007年。

【27】黄天树:《黄天树古文字论集》,学苑出版社,2006年。

【28】黄天树:《黄天树甲骨金文论集》,学苑出版社,2014年。

【29】黄天树主编:《甲骨拼合集》,学苑出版社,2010年。

【30】黄天树:《甲骨拼合续集》,学苑出版社,2011年。

【31】黄天树:《甲骨拼合三集》,学苑出版社,2013年。

【32】黄天树:《甲骨拼合四集》,学苑出版社,2016年。

【33】黄天树主编:《甲骨拼合五集》,学苑出版社,2019年。

【34】李民:《殷商社会生活史》,河南人民出版社,1993年。

【35】李孝定:《甲骨文字集释》,"中央研究院"历史语言研究所,1965年。

【36】李学勤、彭裕商:《殷墟甲骨分期研究》,上海古籍出版社,1996年。

【37】李学勤:《殷代地理简论》,科学出版社,1959年。

【38】〔法〕列维-布留尔著，丁由译：《原始思维》，商务印书馆，1981年。

【39】林宏明：《契合集》，万卷楼图书股份有限公司，2013年。

【40】林沄：《林沄文集》，上海古籍出版社，2019年。

【41】刘风华：《殷墟村南系列甲骨卜辞整理与研究》，上海古籍出版社，2014年。

【42】刘一曼、韩江苏：《甲骨文书籍提要》（增订本），上海古籍出版社，2017年。

【43】刘钊：《书馨集续编——出土文献与古文字论丛》，中西书局，2018年。

【44】罗振玉：《殷墟书契考释三种》，中华书局，2006年。

【45】满志敏：《中国历史时期气候变化研究》，山东教育出版社，2009年。

【46】彭邦炯：《甲骨文农业资料考辨与研究》，吉林文史出版社，1997年。

【47】〔日〕崎川隆：《宾组甲骨文分类研究》，上海人民出版社，2011年。

【48】裘锡圭：《裘锡圭学术文集》，复旦大学出版社，2012年。

【49】饶宗颐：《甲骨文通检》第二分册《地名》卷，香港中文大学出版社，1994年。

【50】饶宗颐：《殷代贞卜人物通考》，香港大学出版社，1959年。

【51】容庚、张维持：《殷周青铜器通论》，文物出版社，1984年。

【52】单育辰：《楚地战国简帛与传世文献对读之研究》，中华书局，2014年。

【53】沈培：《殷墟甲骨卜辞语序研究》，文津出版社，1992年。

【54】史念海：《河山集（二集）》，生活·读书·新知三联书店，1981年。

【55】宋镇豪：《夏商社会生活史》，中国社会科学出版社，1994年。

【56】宋镇豪主编：《商代史》（十卷本），中国社会科学出版社，2010年。

【57】孙海波：《甲骨文编》，中华书局，2004年。

【58】孙亚冰、林欢：《商代地理与方国》，中国社会科学出版社，2010年。

【59】唐兰：《殷虚文字记》，上海古籍出版社，2016年。

【60】王宇信、杨升南主编：《甲骨学一百年》，社会科学文献出版社，1999年。

【61】王蕴智：《殷商甲骨文研究》，科学出版社，2010年。

【62】王震中：《中国古代文明的探索》，云南人民出版社，2005年。

【63】温少峰、袁庭栋：《殷墟卜辞研究——科学技术篇》，四川省社会科学院出版社，1983年。

【64】吴泽：《中国历史大系·吴泽文集》，华东师范大学出版社，2002年。

【65】 许进雄:《中国古代社会——文字与人类学的透视》,中国人民大学出版社,2008年。

【66】 杨升南:《商代经济史》,贵州人民出版社,1992年。

【67】 杨郁彦:《甲骨文合集分组分类总表》,台湾艺文印书馆,2005年。

【68】 姚萱:《殷墟花园庄东地甲骨卜辞的初步研究》,线装书局,2006年。

【69】 于省吾:《甲骨文字释林》,中华书局,1979年。

【70】 于省吾主编:《甲骨文字诂林》,中华书局,1996年。

【71】 袁祖亮主编,刘继刚著:《中国灾害通史·先秦卷》,郑州大学出版社,2008年。

【72】 袁祖亮主编,焦培民著:《中国人口通史·先秦卷》,人民出版社,2007年。

【73】 张光直:《考古学专题六讲》,文物出版社,1986年。

【74】 〔美〕张光直著,毛小雨译:《商代文明》,北京工艺美术出版社,1999年。

【75】 张亚初、刘雨:《西周金文官制研究》,中华书局,1986年。

【76】 赵诚:《甲骨文简明字典——卜辞分类读本》,中华书局,1988年。

【77】 郑杰祥:《商代地理概论》,中州古籍出版社,1994年。

【78】 《中国各民族宗教与神话大词典》编审委员会编:《中国各民族宗教与神话大词典》,学苑出版社,1993年。

【79】 中国社会科学院考古研究所:《殷墟发掘报告:1958—1961》,文物出版社,1987年。

【80】 中国社会科学院考古研究所:《殷墟的发现与研究》,科学出版社,1994年。

【81】 中国社会科学院考古研究所:《殷墟妇好墓》,文物出版社,1980年。

【82】 中国社会科学院考古研究所:《中国考古学·夏商卷》,中国社会科学出版社,2003年。

【83】 "中央研究院"历史语言研究所编:《安阳殷墟发掘报告(1—4期)》,南天书局出版社,1978年。

【84】 郭沫若:《卜辞通纂考释》,文求堂书店,1933年。

【85】 林宏明:《醉古集——甲骨的缀合与研究》,台北万卷楼,2011年。

【86】 王国维:《王国维先生全集》,台湾大通书局,1976年。

【87】 杨升南、马季凡:《商代经济与科技》,中国社会科学出版社,2010年。

【88】甘肃省文物考古研究所、吉林大学北方考古研究室:《民乐东灰山考古——四坝文化墓地的揭示与研究》,科学出版社,1998年。

【89】洛阳市文物工作队编:《洛阳皂角树——1992~1993年洛阳皂角树二里头文化聚落遗址发掘报告》,科学出版社,2002年。

【90】杨树达:《积微居小学述林全编》,上海古籍出版社,2007年。

【91】吕振羽:《简明中国通史》,人民出版社,1959年。

【92】中国社会科学院考古研究所编:《殷周金文集成》(修订增补本)第四册,中华书局,2007年。

【93】王晖:《商周文化比较研究》,人民出版社,2000年。

【94】王蕴智主编:《中原文化大典·文物典·古文字》,中州古籍出版社,2008年。

【95】李宗焜:《甲骨文字编》,中华书局,2012年。

【96】郭沫若主编:《中国史稿》,人民出版社,1962年。

【97】孙淼:《夏商史稿》,文物出版社,1987年。

【98】邹衡:《夏商周考古学论文集》,文物出版社,1980年。

【99】杨升南:《甲骨文商史丛考》,线装书局,2007年。

【100】王玉哲:《中国上古史纲》,上海人民出版社,1959年。

【101】傅筑夫:《中国经济史论丛》,生活·读书·新知三联书店,1980年。

【102】岑仲勉:《黄河变迁史》,人民出版社,1957年。

【103】中国社会科学院考古研究所编:《小屯南地甲骨》,中华书局,1983年。

【104】刘钊主编:《新甲骨文编》,福建人民出版社,2014年。

【105】钟伯生:《殷商卜辞地理论丛》,台湾艺文印书馆,1989年。

【106】叶玉森:《殷墟书契前编集释》,大东书局,1934年。

【107】邹逸麟:《中国历史地理概述》,上海教育出版社,2007年。

【108】河北省文物考古研究所:《藁城台西商代遗址》,文物出版社,1985年。

【109】中国社会科学院考古研究所:《安阳小屯》,世界图书出版公司,2004年。

【110】中国社会科学院考古研究所:《安阳大司空——2004年发掘报告》,文物出版社,2014年。

【111】朱士光主编:《中国八大古都》,人民出版社,2007年。

三、学 术 论 文

【1】 晁福林:《论殷代神权》,《中国社会科学》1990 年第 1 期。

【2】 晁福林:《商代的巫与巫术》,《学术月刊》1996 年第 10 期。

【3】 陈国梁:《囷窌仓城:偃师商城第 XIII 号建筑基址群初探》,《中原文物》2020 年第 6 期。

【4】 陈絜:《商周东土开发与象之南迁不复》,《历史研究》2016 年第 5 期。

【5】 陈世辉:《殷人疾病补考》,《中华文史论丛》(第 4 辑),上海古籍出版社,1963 年。

【6】 程洪:《新史学:来自自然科学的"挑战"》,《晋阳学刊》1982 年第 6 期。

【7】 董莲池:《"䇂"字释祷说的几点疑惑》,《古文字研究》(第二十七辑),中华书局,2008 年。

【8】 范毓周:《殷代的蝗灾》,《农业考古》1983 年第 2 期。

【9】 范毓周:《〈殷人疾病补考〉辨正》,《东南文化》1998 年第 3 期。

【10】 费杰、侯甬坚、刘晓东,等:《基于黄土高原南部地区历史文献记录的唐代气候冷暖波动特征研究》,《中国历史地理论丛》2001 年第 4 期。

【11】 高天麟、张岱海、高炜:《龙山文化陶寺类型的年代与分期》,《史前研究》1984 年第 3 期。

【12】 葛全胜、郑景云、满志敏,等:《过去 2000 年中国温度变化研究的几个问题》,《自然科学进展》2004 年第 4 期。

【13】 龚胜生、刘杨、张涛:《先秦两汉时期疫灾地理研究》,《中国历史地理论丛》2010 年第 3 期。

【14】 顾颉刚、刘起釪:《〈盘庚〉三篇校释译论》,《历史学》1979 年第 1、2 期。

【15】 郭若愚:《释鼁》,《上海师范学院学报》(哲学社会科学版)1979 年第 2 期。

【16】 郭旭东:《殷商时期的自然灾害及其相关问题》,《史学集刊》2002 年第 4 期。

【17】 郭永秉:《谈古文字中的"要"字和从"要"之字》,《古文字研究》(第二十八辑),中华书局,2010 年。

【18】侯连海：《记安阳殷墟早期的鸟类》，《考古》1989年第10期。

【19】胡厚宣：《殷代农作施肥说》，《历史研究》1955年第1期。

【20】胡厚宣：《殷代农作施肥说补证》，《文物》1963年第5期。

【21】胡厚宣：《再论殷代农作施肥问题》，《社会科学战线》1981年第1期。

【22】冀小军：《说甲骨金文中表祈求义的叒字——兼谈叒字在金文车饰名称中的用法》，《湖北大学学报》（哲学社会科学版）1991年第1期。

【23】黎虎：《殷都屡迁原因试探》，《北京师范大学学报》1982年第4期。

【24】李伯重：《气候变化与中国历史上人口的几次大起大落》，《人口研究》1999年第1期。

【25】李聪：《甲骨文"叒"字补释》，《甲骨文与殷商史》（新九辑），上海古籍出版社，2019年。

【26】李民：《殷墟的生态环境与盘庚迁殷》，《历史研究》1991年第1期。

【27】李亚光：《从甲骨文看商代的自然灾害及救治》，《锦州师范学院学报》（哲学社会科学版）2003年第5期。

【28】连劭名：《卜辞所见商代自然崇拜中的火》，《中原文物》2001年第3期。

【29】连劭名：《卜辞所见商代的自然崇拜和巫术》，《故宫博物院院刊》2000年第3期。

【30】刘宝才：《巫咸事迹小考》，《西北大学学报》（哲学社会科学版）1982年第4期。

【31】刘继刚：《论先秦时期的祭祀禳灾》，《河南科技大学学报》（社会科学版）2012年第5期。

【32】刘继刚：《灾害视阈下的三代更替》，《中原文化研究》2014年第6期。

【33】刘继刚：《甲骨文所见殷商时期的防灾活动》，《中国农史》2018年第3期。

【34】刘继刚：《甲骨文所见殷商时期的灾害救助体系》，《中国农史》2021年第6期。

【35】陆思贤：《释甲骨文中的"巫"字》，《内蒙古师大学报》（哲学社会科学版）1984年第4期。

【36】满志敏：《关于唐代气候冷暖问题的讨论》，《第四纪研究》1998年第1期。

【37】满志敏：《唐代气候冷暖分期及各期气候冷暖特征的研究》,《历史地理》1990年第2期。

【38】毛树坚：《甲骨文中有关野生动物的记述——中国古代生物学探索之一》,《杭州大学学报》(哲学社会科学版)1981年第2期。

【39】彭邦炯：《商人卜螽说——兼说甲骨文的秋字》,《农业考古》1983年第2期。

【40】彭明瀚：《浅议殷人的田祭》,《农业考古》1992年第3期。

【41】商承祚：《〈石刻篆文编〉字说（二十七则）》,《中山大学学报》(哲学社会科学版)1980年第1期。

【42】申斌：《宏观物理测量技术在殷商考古工作中应用初探》,《殷都学刊》1985年第2期。

【43】唐际根、周昆叔：《姬家屯遗址西周文化层下伏生土与商代安阳地区的气候变化》,《殷都学刊》2005年第3期。

【44】童恩正：《中国古代的巫》,《中国社会科学》1995年第5期。

【45】王冠英：《殷都屡迁原因、过程及殷后期诸王之改革》,《北京师范大学学报》1988年第1期。

【46】王贵民：《商代农业概述》,《农业考古》1985年第2期。

【47】王晖、黄春长：《商末黄河中游气候环境的变化与社会变迁》,《史学月刊》2002年第1期。

【48】王晖：《商代卜辞中祈雨巫术的文化意蕴》,《文史知识》1999年第8期。

【49】王晖：《殷墟卜辞所见我国最早的传染流疫考》,《殷都学刊》2007年第2期。

【50】王建军：《商代甲骨文所反映的水灾研究》,《中原文化研究》2013年第6期。

【51】王建军：《殷商时期宾组甲骨灾害刻辞研究》,《郑州大学学报》(哲学社会科学版)2020年第3期。

【52】王树芝、岳洪彬、岳占伟：《殷商时期高分辨率的生态环境重建》,《南方文物》2016年第2期。

【53】王巍：《公元前2000年前后我国大范围文化变化原因探讨》,《考古》2004年第1期。

【54】王元林、孟昭锋：《先秦两汉时期地质灾害的时空分布及政府应对》,《陕西

师范大学学报》(哲学社会科学版) 2011 年第 3 期。

【55】王蕴智:《出土资料中所见的"羸"和"龙"》,《郑州大学学报》(哲学社会科学版) 2004 年第 6 期。

【56】王蕴智:《妇㜮贞娩考》,《殷都学刊》2009 年第 2 期。

【57】王子杨:《甲骨文旧释"凡"之字绝大多数当释为"同"——兼谈"凡"、"同"之别》,《出土文献与古文字研究》(第五辑),上海古籍出版社,2013 年。

【58】魏继印:《殷商时期中原地区气候变迁探索》,《考古与文物》2007 年第 6 期。

【59】吴宏岐、党安荣:《隋唐时期气候冷暖特征与气候波动》,《第四纪研究》1998 年第 1 期。

【60】夏鼐、王力、韩儒林,等:《关于古籍整理的笔谈(五)》,《文献》1982 年第 4 期。

【61】谢明文:《"䖵"、"䖵"等字补释》,《中国文字》(新 36 期),台湾艺文印书馆,2011 年。

【62】谢明文:《说凤及其相关之字》,《出土文献与古文字研究》(第七辑),上海古籍出版社,2018 年。

【63】杨宝成:《试论殷墟文化的年代分期》,《考古》2000 年第 4 期。

【64】杨贵:《对夏商周亩产量的推测》,《中国农史》1988 年第 2 期。

【65】姚孝遂:《殷墟与洹洹》,《史学月刊》1990 年第 4 期。

【66】游修龄:《殷代的农作物栽培》,《浙江农学院学报》1957 年第 2 期。

【67】于省吾:《商代的谷类作物》,《东北人民大学人文科学学报》1957 年第 1 期。

【68】袁靖、唐际根:《河南安阳市洹北花园庄遗址出土动物骨骼研究报告》,《考古》2000 年第 11 期。

【69】岳占伟、岳洪彬:《谈谈殷墟都城的毁灭原因》,《殷都学刊》2012 年第 1 期。

【70】张国硕:《殷商国家军事防御体系研究》,《郑州大学学报》(哲学社会科学版) 2005 年第 6 期。

【71】张宇卫:《甲骨卜辞"粵"字新说》,《甲骨文与殷商史》(新十辑),上海古籍出版社,2020 年。

【72】[韩] 赵容俊:《甲骨卜辞所见之巫者的救灾活动》,《殷都学刊》2003 年第 4 期。

【73】〔韩〕赵容俊：《甲骨卜辞所见之巫者的医疗活动》，《史学集刊》2004年第3期。

【74】〔韩〕赵容俊：《甲骨卜辞所见之巫者的建筑巫术活动》，《殷都学刊》2009年第4期。

【75】郑州市博物馆：《郑州商代遗址发掘简报》，《考古》1986年第4期。

【76】朱凤瀚：《论卯祭》，《古文字研究》（第二十四辑），中华书局，2002年。

【77】朱士光、王元林、呼林贵：《历史时期关中地区气候变化的初步研究》，《第四纪研究》1998年第1期。

【78】朱彦民：《关于商代中原地区野生动物诸问题的考察》，《殷都学刊》2005年第3期。

【79】朱彦民：《商代晚期中原地区生态环境的变迁》，《南开学报》（哲学社会科学版）2006年第5期。

【80】邹逸麟：《"灾害与社会"研究刍议》，《复旦学报》（社会科学版）2000年第6期。

【81】刘钊：《卜辞所见殷代的军事活动》，《古文字研究》（第十六辑），中华书局，1989年。

【82】郭静云：《甲骨文"宁秋"考——兼论"秋"字的象形意义》，《甲骨文与殷商史》（第十辑），上海古籍出版社，2020年。

【83】张秉权：《卜辞所见殷商政治统一的力量及其达到的范围》，《"中央研究院"历史语言研究所集刊》第五十本第一分册，1979年。

【84】宋镇豪：《夏商人口初探》，《历史研究》1991年第4期。

【85】杨升南：《商时期的雨量》，《中国史研究》2008年第4期。

【86】竺可桢：《中国近五千年来气候变迁的初步研究》，《考古学报》1972年第1期。

【87】张秉权：《殷代的农业与气象》，《"中央研究院"历史语言研究所集刊》第四十二本第二分册，1970年。

【88】耿鉴庭、刘亮：《藁城商代遗址中出土的桃仁与郁李仁》，《文物》1974年第8期。

【89】〔韩〕赵容俊:《甲骨卜辞所见之巫者的交通鬼神》,《东方考古》(第1集),科学出版社,2004年。

【90】冯时:《河南濮阳西水坡45号墓的天文学研究》,《文物》1990年第3期。

【91】冯时:《中国早期星象图研究》,《自然科学史研究》1990年第2期。

【92】闻一多:《释省眚》,《中国文字》第四十九册,1973年。

【93】齐思和:《毛诗谷名考》,《中国史探研》,河北教育出版社,2000年。

【94】何景成:《说"列"》,《中国文字研究》(第二辑),大象出版社,2008年。

【95】沈培:《释甲骨文、金文与传世典籍中跟"眉寿"的"眉"相关的字词》,《出土文献与传世典籍的诠释——纪念谭朴森先生逝世两周年国际学术研讨会文集》,2010年。

【96】河北省文物管理处、邯郸市文物保管所:《河北武安磁山遗址》,《考古学报》1981年第3期。

【97】郎树德:《大地湾农业遗存黍和羊的发现及启示》,《古今农业》1987年第1期。

【98】浙江省文管会、浙江省博物馆:《河姆渡发现原始社会重要遗址》,《文物》1976年第8期。

【99】王炳华:《新疆农业考古概述》,《农业考古》1983年第1期。

【100】严文明:《中国稻作农业的起源》,《农业考古》1982年第1期。

【101】彭明瀚:《商代江西的农业经济与文明》,《农业考古》2003年第1期。

【102】于省吾:《略论西周金文中的"六𠂤"和"八𠂤"及其屯田制》,《考古》1964年第3期。

【103】胡厚宣:《释牢》,《中央研究院历史语言研究所集刊》第八本第二分册,1939年。

【104】陈梦家:《商代的神话与巫术》,《燕京学报》1936年第20期。

【105】河南省文化局文物工作队第一队:《郑州旭旮王村遗址发掘报告》,《考古学报》1958年第3期。

【106】郭宝钧:《B区发掘记之二》,《安阳发掘报告》(第四期),1933年。

【107】四川省文物管理委员会、四川省文物考古研究所、广汉市文化局,等:《广

汉三星堆遗址二号祭祀坑发掘简报》,《文物》1989 年第 5 期。

【108】刘正:《火历新探——对荆楚文化和原始宗教信仰的思想史研究》,《武汉大学学报》(人文科学版) 2002 年第 2 期。

【109】张政烺:《卜辞裒田及其相关诸问题》,《考古学报》1973 年第 1 期。

【110】彭林:《释⺁》,《考古》1985 年第 8 期。

【111】徐云峰:《武丁时期稻谷生产中的一次旱灾》,《农业考古》1983 年第 2 期。

【112】彭曦:《初论战国、秦汉两次水利建设高潮——兼说都江堰工程史》,《农业考古》1986 年第 1 期。

【113】胡厚宣:《论殷人治疗疾病之方法》,《中原文物》1984 年第 4 期。

【114】曹锦炎:《甲骨文合文研究》,《古文字研究》(第十九辑),中华书局,1992 年。

【115】马继兴:《台西村商墓中出土的医疗器具砭镰》,《文物》1979 年第 6 期。

【116】周世荣:《湖南石门县皂市发现商殷遗址》,《考古》1962 年第 3 期。

【117】史念海:《中国古代都城建立的地理因素》,《中国古都和文化》,中华书局,1998 年。

【118】石璋如:《殷代的铸铜工艺》,《"中央研究院"历史语言研究所集刊》第二十六本,1955 年。

【119】李敏生、黄素英、季连琪:《殷墟金属器物成分的测定报告(二)——殷墟西区铜器和铅器测定》,《考古学集刊》(第 4 集),中国社会科学出版社,1984 年。

【120】秉志:《河南安阳之龟壳》,原载《静生生物调查所汇报》第一卷第十三号,收入《安阳发掘报告》第三期,1931 年。

【121】葛亮:《一百二十年来甲骨文材料的初步统计》,《汉字汉语研究》2019 年第 4 期。

【122】张俊成:《殷墟祈雨卜辞及其相关问题》,《内江师范学院学报》2010 年第 3 期。

【123】杜小钰:《试论殷墟卜辞中的"虹"——殷人农业中的旱神》,《中国农史》2010 年第 4 期。

【124】王浩:《殷墟卜辞所见焚巫祷雨习俗探讨》,《文物季刊》1999 年第 3 期。

【125】龚光明:《先秦害虫观念与防治浅探》,《河北北方学院学报》(社会科学版)2012年第6期。

【126】陈剑:《据〈清华简(五)〉的"古文虞"字说毛公鼎和殷墟甲骨文的有关诸字》,《古文字与古代史》(第五辑),2017年。

【127】饶宗颐:《古史重建与地域扩张问题》,《九州》(第二辑),商务印书馆,1999年。

【128】丁山:《由三代都邑论其民族文化》,《中央研究院历史语言研究所集刊》第五本第一分册,1935年。

【129】刘绪、雷兴山:《洹北花园庄遗址与河亶甲居相》,《文物世界》1999年第4期。

【130】王建军:《宾组卜辞的字形特征及类型划分》,郑州大学博士学位论文,2006年。

【131】陈剑:《据郭店简释读西周金文一例》,《北京大学中国古文献研究中心集刊》,北京燕山出版社,2001年。

【132】陈炜湛:《甲骨文用义词研究》,《古文字学论集初编》,香港中文大学出版社,1983年。

【133】赵平安:《从楚简"娩"的释读谈到甲骨文的"娩妫"——附释古文字中的"冥"》,《简帛研究》,广西师范大学出版社,2001年。

【134】孙俊、赵鹏:《"艰"字补释》,《甲骨文与殷商史》(新二辑),上海古籍出版社,2011年。

【135】徐明波:《殷墟黄组卜辞断代研究》,四川大学博士学位论文,2007年。

【136】彭裕商:《卜辞中的"土""河""岳"》,《四川大学学报丛刊》(第1辑),四川人民出版社,1982年。

【137】徐中舒:《殷人服象及象之南迁》,《中央研究院历史语言研究所集刊》第二本第一分册,1930年。

【138】中国社会科学院考古研究所安阳队:《1991年安阳后冈殷墓的发掘》,《考古》1993年第10期。

【139】中国社会科学院考古研究所安阳工作队:《安阳郭家庄160号墓》,《考古》

1991年第5期。

【140】 中国社会科学院考古研究所安阳工作队：《1969—1977年殷墟西区墓葬发掘报告》，《考古学报》1979年第1期。

【141】 安阳市文物工作队：《殷墟戚家庄东269号墓》，《考古学报》1991年第3期。

【142】 朱建明：《从逐疫文化现象谈良渚文化的衰落》，《南方文物》1999年第4期。

【143】 恩格斯：《反杜林论》，《马克思恩格斯选集》（第三卷），人民出版社，1972年。

【144】 沈建华：《甲骨文中所见廿八宿星名初探》，《初学集——沈建华甲骨学文选》，文物出版社，2008年。

【145】 中国社会科学院考古研究所安阳工作队：《1986—1987年安阳花园庄南地发掘报告》，《考古学报》1992年第1期。

【146】 朱彦民：《商代中原地区的草木植被》，《殷都学刊》2007年第3期。

【147】 浙江省文物管理委员会、浙江省博物馆：《河姆渡遗址第一期发掘报告》，《考古学报》1978年第1期。

【148】 北京大学、河北省文化局邯郸考古发掘队：《1951年邯郸发掘简报》，《考古》1959年第10期。

【149】 洛阳博物馆：《洛阳锉李遗址试掘简报》，《考古》1978年第1期。

【150】 安阳地区文物管理委员会：《河南汤阴白营龙山文化遗址》，《考古》1980年第3期。

【151】 河北省文物管理处台西考古队：《河北藁城台西村商代遗址发掘简报》，《文物》1979年第6期。

【152】 郑州市博物馆：《郑州商代遗址发掘简报》，《考古》1986年第4期。

【153】 中国科学院考古研究所安阳发掘队：《1958-1959年殷墟发掘简报》，《考古》1961年第2期。

【154】 中国科学院考古研究所安阳工作队：《1973年安阳小屯南地发掘简报》，《考古》1975年第1期。

【155】 中国社会科学院考古研究所安阳队：《1982-1984年安阳苗圃北地殷代遗址的发掘》，《考古学报》1991年第1期。

【156】 安阳市文物工作队：《1995-1996年安阳刘家庄殷代遗址发掘报告》，《华夏

考古》1997 年第 2 期。

【157】 岳洪彬：《殷墟科学发掘 80 周年大事记（1928～2008 年）》，《殷墟与商文化——殷墟科学发掘 80 周年纪念文集》，科学出版社，2011 年。

【158】 中国社会科学院考古研究所安阳工作队：《殷墟考古又有重大突破》，《中国文物报》1997 年 8 月 31 日第 1 版。

【159】 中国社会科学院考古研究所安阳工作队：《1998～1999 年安阳洹北商城花园庄东地发掘报告》，《考古学集刊（15）》，文物出版社，2004 年。

【160】 徐广德、何毓灵：《安阳市白家坟东地殷代遗址与墓葬》，《中国考古学年鉴·2000》，文物出版社，2002 年。

【161】 中国社会科学院考古研究所安阳工作队：《2000-2001 年安阳孝民屯东南地殷代铸铜遗址发掘报告》，《考古学报》2006 年第 3 期。

【162】 徐广德、岳洪彬、何毓灵：《安阳市洹北商城Ⅳ 2 区》，《中国考古学年鉴·2000》，文物出版社，2002 年。

【163】 岳洪彬、岳占伟、何毓灵：《小屯宫殿宗庙区布局初探》，《三代考古》（二），科学出版社，2006 年。

【164】 中国社会科学院考古研究所安阳工作队：《2004-2005 年殷墟小屯宫殿宗庙区的勘探和发掘》，《考古学报》2009 年第 2 期。

【165】 岳洪彬、岳占伟：《安阳市梅园庄北地商代遗址》，《中国考古学年鉴·2006》，文物出版社，2011 年。

【166】 唐际根：《殷墟发掘 80 周年学术纪念会综述》，《中国社会科学院古代文明研究中心通讯》2009 年第 17 期。

【167】 许宏：《夏商周考古学科前沿研究报告（2010-2012）》，《中国历史与考古学科前沿研究报（2010-2012）》，中国社会科学出版社，2014 年。

【168】 中国社会科学院考古研究所安阳工作队：《河南安阳市殷墟刘家庄北地 2008 年发掘简报》，《考古》2009 年第 7 期。

【169】 中国社会科学院考古研究所：《安阳市花园庄南地制陶作坊遗址》，《中国考古学年鉴·2009》，文物出版社，2010 年。

【170】 中国社会科学院考古研究所安阳工作队：《河南安阳市洹北商城宫殿区二号

基址发掘简报》,《考古》2010 年第 1 期。

【171】 中国社会科学院考古研究所安阳工作队:《河南安阳市殷墟王裕口村南地 2009 年发掘简报》,《考古》2012 年第 12 期。

【172】 中国社会科学院考古研究所安阳工作队:《河南安阳市殷墟刘家庄北地 2010~2011 年发掘简报》,《考古》2012 年第 12 期。

【173】 倪根金:《试论气候变迁对我国古代北方农业经济的影响》,《农业考古》1988 年第 1 期。

【174】 中国社会科学院考古研究所安阳工作队:《安阳殷墟五号墓的发掘》,《考古学报》1977 年第 2 期。

【175】 中国社会科学院考古研究所安阳工作队:《安阳武官村北地商代祭祀坑的发掘》,《考古》1987 年第 12 期。

【176】 黄春长、赵世超、王晖:《西周兴衰与自然环境变迁》,《光明日报》2001 年 2 月 17 日第 A04 版。

【177】 刘继刚:《从甲骨文"灾"字看殷商时期的灾害》,《河南科技大学学报》(社会科学版) 2017 年第 1 期。

后　　记

　　能走上灾害史研究这条学术之路，完全归功于恩师袁祖亮先生的引领。2002年9月，我辞去商丘师范学院的工作，考取了郑州大学中国古代史硕士研究生，开启了艰苦的学术生涯。入校半年，"非典"来袭，恩师时任全国政协常委、河南省人大副主任，课堂内外的言传身教无不体现出先生心系国计民生的博大情怀，他提议同学们合作写一部关于历史时期中国灾害的通史著作，旨在认识灾害、揭示灾害、应对灾害。由于大家都觉得先秦部分比较困难，所以导师指定我研究最早的一段——先秦灾害史。我知道会很艰难，但没有料到会如此的艰难。我用了六年时间，才最终完成了22万字的博士论文——《先秦灾害史研究》。

　　相对于其他部分而言，先秦灾害史研究已经带有很强的通史性了，从旧石器时代到公元前221年，长达几百万年。但灾害史资料的搜集真的是太不容易了，数量有限、真伪难辨的文献资料，零零散散、支离破碎的考古材料，缺漏迭出、晦涩难懂的古文字资料，研究生阶段，我无数次想要放弃。六年中，我翻阅了几乎所有自创刊以来的考古、历史学期刊，向古文字学的老师和同学们一次次求教，硬是把自己变成了一个可以看得懂考古报告和古文字学论文的中国古代史专业的博士。

　　2008年博士毕业后我到了河南科技大学工作，本以为可以过上轻松的教书生活，却被国家社科基金项目申报挡住了去路。当时师兄弟中已经有两位获立了国家社科基金项目，袁延胜师兄和闵祥鹏师弟给了我极大的帮助，不但把申报书与我分享，还亲自为我讲解他们的心得。2010年教师节，恩师把我们召集到身边，鼓励我们要在自己博士论文的领地里潜心挖掘，用新材料和新观点推动学术研究的深入。在与老师和师兄弟们多次商讨后，我选择了以《甲骨文所见殷商灾害研究》为题申报国家社科基金项目，并于2012年成功获得立项。之后，我用了五年多时间辛勤耕耘,于 2018 年 3 月顺利结项。

在国家社科基金项目研究过程中,国家形势也发生了重大变化。2012 年党的十八大召开以来,经济转型、社会转变,时代飞速发展。由于突发事件迭出,国家应急能力随之经受重大考验。作为史学工作者,我牢记恩师教诲——学以致用,关注民生,我努力把对中国古代灾害史的研究与当代社会危机应对紧密结合。2019 年,在教育厅重大基础项目的支持下,我进一步将此前的资料整理扩展为"灾害观念与社会应对",汇聚了我多年来对先秦灾害研究的心得。

甲骨文是研究殷商灾害的珍贵材料,虽然晦涩难懂,但却是一座宝藏,必须得挖。幸运的是我遇到了一批古文字功底扎实的好朋友、好同学,比如郑州大学的王建军先生、齐航福先生,河南大学的门艺女士,从在郑州大学历史学院读书时就与他们交往,博士毕业后的十多年间,虽然不在同一座城市,但对甲骨文与殷商灾害的研讨从未停止,是他们的真诚帮助让我逐步掌握了如何使用甲骨资料。考古材料对殷商灾害史研究也是不可或缺的,攻读博士阶段还对考古类的文章似懂非懂,幸而当时与考古学专业同学一起上课,在徐昭峰、张翔宇、魏继印、徐蕊等同学的悉心帮助下,我渐渐读懂了考古报告中神秘的信息,开始掌握了更多的研究方法,学术视野不断拓宽。

近二十年的研究中,我对先秦灾害史的理解也在不断加深。甲骨文和考古学提供的新材料是我创新研究的助力剂,只有不断掌握最新学术成果,与灾害史有机结合,才能拓宽思路、提炼新观点、新思想。虽然新世纪以来,甲骨学和考古学研究取得了长足进展,但与先秦灾害有关的内容仍然十分有限。为此,我阅读了学界关于灾害史研究的理论,如史念海先生的历史地理学和卜风贤先生的农业灾害史研究理论等,为先秦灾害史资料的分析提供了更多合理的思路。我也深知,文献资料对于史学研究是极其重要的,虽然先秦文献文字简约,但相对于甲骨卜辞和考古材料来说,还是具有较完整的叙事能力。甲骨卜辞所记录的具体时间往往难以确定,考古材料记录的时间也会有长达几十年乃至上百年的偏差,在研究过程中更多地还是以定性推理为主要方法,以甲骨材料和考古材料作为有力补充。因此,书稿在命名时,虽然采用"甲骨文所见殷商时期的灾害与社会应对",但仍然是以文献资料勾勒主要线条,以甲骨文材料和考古材料对相关材料进行补充描述。在此,要向学界的同仁们表示歉意,因为自己的古文字功底实在是太有限了,惟有借助于大家的研究,才能推动先秦灾害史的进一步深入。

最后的成书是在河南中医药大学完成的。2020年底,我调动至河南中医药大学管理学院工作,学校和学院领导给予我大力的支持,为我提供了良好的科研环境,使我能静下心来,对书稿细细打磨。河南大学门艺博士古文功底厚实,学术严谨,不但为我提供了甲骨学界最新的研究资料,让书稿得到及时更新和丰富,而且还对文中的甲骨辞例进行了一一核对,删减了许多不当的辞例,增添了更为贴切的内容。对领导和同仁们的关爱与帮助表示诚挚的感谢!

感谢为此书出版付出辛勤工作的张亚娜社长和闫广宇编辑!

感谢河南中医药大学和河南科技大学的诸位同事!感谢为本书进行插图的门艺博士!

感恩一路走来帮助过我的老师们、朋友们!游弋学海,友谊相伴,感恩有你。

著 者

2022年4月6日